LA
FAMILLE TRICOT,

PAR

MAXIMILIEN PERRIN.

ÉDITION ILLUSTRÉE DE 25 VIGNETTES PAR BERTALL.

PRIX : 95 CENTIMES.

PARIS

GEORGES BARBA, LIBRAIRE-ÉDITEUR

7, RUE CHRISTINE, 7

— Tous droits réservés —

LA FAMILLE TRICOT

PAR MAXIMILIEN PERRIN

I. — Déjeuner chez un garçon,

Un tilbury s'arrête rue Saint-Lazare devant une maison d'assez belle apparence. Un jeune élégant, après avoir jeté les guides à son domestique, descend du léger équipage et demande au portier :

— M. Zéphirin.

— Au quatrième, la porte en face l'escalier.

Il monte, frappe à la porte indiquée ; ne recevant pas de réponse, il joint aux coups de poing les coups de la pomme d'acier d'une de ces légères badines dont se servent nos fashionables. Lassé de cet exercice inutile, il se décide à la retraite ; mais non sans pester contre celui qui est cause de cette gymnastique ascensionnelle.

— Peste soit de l'original ! M'inviter à déjeuner, me prier, me supplier, me faire promettre par les serments les plus sacrés, et ne pas s'y trouver ! La plaisanterie me semble tout au plus mauvaise.

En disant ces mots, il avait atteint le bas de l'escalier, et allait déjà s'élancer dans sa voiture, lorsqu'en passant devant la loge du portier il crut reconnaître la voix de son distrait amphitryon. En effet c'était M. Zéphirin qui, posé à califourchon sur une chaise, un cahier de papier à la main,
149.

Tragiquement drapée dans une nappe, mademoiselle Ursule Loquet déclamait des vers du tendre Racine.

gesticulait comme un traître de mélodrame en train d'émouvoir ses spectateurs ébahis. En entendant une voix qui appelle Zéphirin, celui-ci se retourne, reconnaît son ami et l'invite à pénétrer dans l'antre du cerbère.

— Plaisantes-tu, lorsque tu devrais m'attendre chez toi, de me faire monter inutilement ton éternel escalier ?

— Entre..... entre donc, mon cher Jules, dit M. Zéphirin à notre jeune homme ; entre encourager un talent naissant, une Rachel en herbe, dont la grâce, la beauté, les talents vont éclipser toutes les tragédiennes passées, présentes et futures. Viens la juger et me dire si les hommages que je lui rends ne sont point encore mille fois au-dessous de son talent.

En disant ces mots, Zéphirin présentait à M. Jules mademoiselle Ursule Loquet, héritière présomptive de M. Loquet, portier de la maison. Elle était tragiquement drapée dans une nappe, et récitait des vers de Racine sans que la présence du nouvel arrivant l'interrompît dans sa dramatique occupation.

— Oui, mon cher, continua Zéphirin, mademoiselle est une artiste en herbe ;

4

elle a des dispositions superbes, un organe enchanteur, un port magnifique!

... Mademoiselle Ursule, enchantée de ces louanges et voulant appuyer par des preuves de son talent les hommages que Zéphirin lui rend, n'en crie que plus fort; Zéphirin l'encourage du geste et de la voix, et ne s'aperçoit point que Jules, étourdi de son tapage, a regagné la cour.

— Votre ami est bien peu aimable, dit mademoiselle Loquet en s'interrompant au beau milieu de sa tirade; voyez, plutôt que de m'entendre, il s'en va, il est galant le monsieur!

Zéphirin court aussitôt après Jules, qui regagnait sa voiture.

— Où vas-tu donc? plaisantes-tu? lui dit-il.

— Plaisantes-tu, toi-même? je viens, après tes invitations réitérées, déjeuner chez toi; j'arrive, personne au logis.

— Ne te fâche pas, mon cher Jules! Impatienté d'attendre, car tu es en retard; j'étais descendu, pour passer le temps, donner une leçon de déclamation à mon élève.

— Comment! tu es donc maître de déclamation?

— Quand je dis maître, c'est-à-dire répétiteur; car la petite est entre les mains d'un professeur; ce que j'en fais, c'est par pure galanterie... Elle est gentille, puis cela me procure quelques distractions gratuites, des soirées au théâtre Chantereine...

— Et pour de pareilles distractions tu fréquentes ton portier! c'est lui qui est chargé des menus plaisirs?

— Mon cher, jamais un homme ne déroge en fréquentant une jolie fille, n'importe dans quelle classe le sort l'ait placée... En prononçant ces derniers mots, Zéphirin se rengorge comme un homme enchanté de ce qu'il vient de dire.

— Laissons là, dit Jules, ta tragédienne, et pense à me faire déjeuner.

Enfin seuls, les deux amis prirent place devant une table déjà copieusement garnie:

— Tu vois que mon intention n'était pas de te laisser jeûner, cher ami! Moi, oublier que je reçois Jules Delmar, qui me fait l'amitié de déjeuner chez moi, oh! non, non! Et Léon, que devient-il? voilà quinze jours que je ne l'ai vu.

— Nous avons passé la soirée ensemble aux Bouffes.

— Qu'avez-vous vu?

— La Gazza ladra et Semiramide.

Tout en causant ainsi, Zéphirin allait et venait s'empressant de charger la table et de regagner le temps passé auprès de mademoiselle Ursule Loquet:

— J'irais volontiers aux Italiens, mais c'est trop cher pour un rentier comme moi. J'aime beaucoup les grands théâtres, mais je n'y vais que très-rarement: ordre, économie, c'est ma devise.

— Cependant, reprend Jules, avec mille écus tu peux te donner ce plaisir; mais non, tu préfères thésauriser.

— Que dis-tu donc, thésauriser? comptes-tu donc pour rien les pertes auxquelles un pauvre rentier est exposé? Sans chercher plus loin, les six mille francs que j'ai prêtés à Léon et qu'il devait me rendre après son mariage; c'était, disait-il, pour les cadeaux de noce; le mariage a manqué, et mon argent a disparu avec les cadeaux de profil.

— Tranquillise-toi, Léon est incapable de te faire aucun tort, et plus tard.... Nos causeurs furent interrompus par un coup frappé à la porte. Zéphirin court ouvrir.

— Ah! bonjour, mon cher Zéphirin! comment va ta santé? Ah! parbleu, Jules ici, eh bien! mes chers amis, vous déjeunez en sournois, à ce qu'il me paraît, sans m'en dire mot!

— Mon cher Léon, tu as un grand bonheur, c'est d'arriver toujours dans les bonnes occasions, dit Jules en se levant et prenant la main de Léon.

— Oui, je vais prévenir madame Loquet de nous servir; nous allons faire un déjeuner charmant. Et Zéphirin sortit en fredonnant: Plus on est de fous, plus on rit!

— J'étais loin de penser à te trouver ici, mon cher Jules.

— Je n'ai pu refuser l'invitation de ce bon Zéphirin, mais toi?...

— Moi, dit Léon, je venais lui emprunter de l'argent. Hier, en te quittant, je suis allé chez la petite marquise de Bercy; il y avait un cercle d'honnêtes gens aimables comme toi et moi; on jouait un jeu d'enfer, j'ai perdu cinquante napoléons, juste toute ma fortune en ce moment....

— Tu joueras donc toujours, malgré les belles promesses que tu me faisais dernièrement en m'empruntant encore mille francs?

— Mon ami, pas de morale, je t'en prie, peu à peu je me corrigerai; mais, vois-tu, Jules, tu aurais peu de confiance dans une conversion si prompte. L'avant-dernière perte que je fis était de quinze cents francs, et ma dernière n'est que de mille francs: tu vois, ça baisse, je me corrige.

— A table, à table! s'écrie Zéphirin rentrant avec un plat de chaque main et une bouteille sous chaque bras. Il était suivi de madame Loquet, estimable portière pesant cent cinquante kilos, et forcée par son exubérance de passer toutes les portes de profil.

— Femme charmante! s'écria Léon courant à la portière et lui prenant des mains les comestibles dont elle était chargée.

— Monsieur, j'ai t'été forcée de vous faire attendre, j' vous en demande ben pardon, c'est qu'il m'a fallu habiller ma fille, elle était très-pressée, on l'attendait pour une répétition, et cela est une chose qui ne souffre point de retard.

— Non, en vérité, dit Zéphirin, nous vous excusons, madame Loquet, en faveur du talent éminent de la charmante Ursule.

— Elle est jolie, votre fille, madame Loquet; en vérité, j'oserais lui assurer un grand succès à ses débuts; foi de Léon, il faut que je la protége; toutes les jolies femmes ont des droits à ma bienveillance.

— Monsieur est ben bon: c' n'est pas parce qu'elle est ma fille, mais j' dirai qu'elle a ben du talent, monsieur Zéphirin; et les clercs de M. Binet, l'avoué du premier, sont tous surpris, enchantés de ses dispositions; j'espère que ces messieurs accepteront des billets pour la voir jouer Eriphile dans Iphigénie en Aulide; c'est à Chantereine, vous verrez, messieurs... Chère enfant! c'est pourtant pour faire un sort honorable à ses parents qu'elle s' donne tant de peine.

— C'est une carrière bien épineuse que votre fille entreprend: souvent après bien des travaux, bien des difficultés vaincues, on n'est encore qu'un acteur bien médiocre; et je pense qu'un état plus simple, plus modeste...

— Tu as raison, Léon; mais, Jules, avec ses grands principes, est capable de paralyser le génie naissant.

— Monsieur, dit madame Loquet contrariée des observations de Jules, monsieur veut peut-être dire que j'aurais dû faire de ma fille une couturière, une modiste. Fi donc! vingt-cinq sous par jour, jamais plus; faites-vous donc un sort avec vingt-cinq sous pour vivre vingt-quatre heures, sans compter les fêtes et dimanches, seul jour où l'on soit rentier sans revenus! de plus, la réputation scandaleuse des filles de ces états! Non, monsieur, non, ma fille ne sera point couturière, mais artiste.

— Ainsi soit-il, dit Léon en riant aux éclats de la colère de madame Loquet. Tu ferais beaucoup mieux de sabler de cet excellent bourgogne que de vouloir contre-carrer les goûts de la nature, les élans du génie.

— Croyez, dit Jules charmé de contrarier madame Loquet, que la réputation d'une actrice souffre beaucoup plus que celle d'une modiste, en ce que sa vie se déploie sur un plus grand cadre. Il est peu de vertu respectée dans une femme publique...

— C'est une indignation, une infamie, de traiter ainsi une pauvre fille!

Les trois amis partent d'un long éclat de rire; ce que voyant, madame Loquet, dont la fureur augmente, ne se connaît plus; elle jette loin d'elle la serviette et le tire-bouchon dont elle s'était armée pour les besoins du service, et deux innocentes bouteilles de champagne deviennent les victimes de cette noble colère; Zéphirin se désespère, s'emporte, la portière n'écoute rien et sort en maugréant contre les déjeuners.

— Diable soit de la morale! voilà par ta faute notre vin favori gisant dans la poussière! dit Zéphirin, que tu ne me feras pas payer la faute de Jules; il serait cruel pour moi et même pour toi de finir un si splendide festin sans le plus aimable des nectars.

— Dix francs de perdus, répond Zéphirin en repoussant les débris des bouteilles.

— Garde tes calculs pour un autre jour, harpagon! et si tu veux me prêter dix louis, je te payerai pour intérêt le double et le triple du vin que tu vois répandu.

— Allons, dit Jules, Germain, mon domestique, est en bas; envoie-le chercher d'autres bouteilles à mes frais et calme tes douleurs.

— A mes frais, messieurs! répond Zéphirin, qui craint de ternir l'éclat de son déjeuner par une lésinerie.

— On frappe, dit Jules, vois, c'est peut-être madame Loquet. Elle revient, soumise et repentante, implorer son pardon.

— Eh! c'est ce cher oncle Tricot! Quoi! bon oncle, rendre visite à un neveu, c'est trop aimable.

Nos jeunes gens se levèrent pour saluer le nouveau venu. C'était un ancien bonnetier retiré, gros papa d'une soixantaine d'années, portant ailes de pigeon, habit cannelle, culotte courte, bas chinés, tenue complète d'habitant du Marais, et oncle de Zéphirin, comme le lecteur vient de l'apprendre.

Le bonnetier répondit d'un air gauche aux salutations de Jules et de Léon, et vint place à table entre eux deux.

— Cher oncle, avons-nous déjeuné?

— Oui, mon ami; mais comme de la rue de l'Oseille ici il y a une bonne trotte, je t'avouerai que mon café est en bas de mes talons: j'accepterais volontiers un morceau de ce pâté.

— Désespéré que vous soyez venu si tard, respectable oncle, mais il est encore temps de regagner le temps perdu... Jules, verse à boire à mon oncle Tricot.

— Merci, monsieur, bien obligé.

— Monsieur, cette aile de volaille?...

— Volontiers.

Et Léon ainsi que Zéphirin s'empressent d'élever une pyramide de comestibles sur l'assiette du bonnetier.

— Mon oncle, comment vont ma tante, mes jolies cousines?

— Très-bien, mon neveu, très-bien; je venais pour t'apprendre....

— Monsieur, voulez-vous permettre de vous verser?...

— Volontiers, monsieur; assez, assez... Je disais donc, mon neveu, que je venais pour t'apprendre...

— Monsieur Tricot, dit Léon, un morceau de ce thon? il est parfait.

— Avec plaisir, monsieur.... Je disais, neveu, que je venais pour t'apprendre...

— Monsieur Tricot, voulez-vous accepter de cette salade d'anchois?

— Je suis confus, monsieur, de vos bontés; assez, mon assiette n'en peut tenir davantage.

— Buvez donc, respectable oncle... Et l'oncle, confus de tant d'honnêtetés, s'empresse de faire honneur aux mets que chacun lui présente.

— Je disais donc, Zéphirin, que je venais te faire part du...

— Monsieur, un peu de turbot?

— Léon, laisse donc le temps à mon oncle de me faire part de.... Diable! tu l'étoufferas à force d'honnêtetés et de soins; la table n'est pas louée et nous avons tout le temps..... Vous disiez donc, mon oncle?....

— Que je venais te faire part du mariage de ta cousine Elisa, notre fille aînée, et te convier à la messe et au repas.

— Comment, mon oncle, vous mariez ma cousine? et quel est l'heureux mortel qui doit être possesseur de tant de charmes?...

— Un charmant garçon, reprend le ci-devant bonnetier, d'une conduite exemplaire; il arrive demain de Beaugency.

— Ah! il est de la province? dit Jules.

— Oui, monsieur, négociant filateur à Beaugency; le plus curieux, c'est qu'il ne connaît pas ma fille; il lui a fait sa cour par procuration.

— Comment l'entendez-vous, faire sa cour par procuration?

— C'est-à-dire qu'un de ses amis s'est chargé de faire l'aimable auprès de ma fille en lui vantant les vertus, le moral, le superbe physique de son ami, et me l'a demandée en mariage.

— Singulier moyen! dit Zéphirin; je ne m'y fierais pas.

— Oh! M. Tirasoy est un homme incapable d'abuser de la confiance et de la mission qu'on lui confie, continue le bonnetier.

— Enfin, dit Léon, M. le chargé de procuration s'est fort bien acquitté de sa commission, à ce qu'il paraît, puisque bientôt sa mission sera couronnée du plus beau succès. Je regrette infiniment de ne pas avoir été l'heureux mortel chargé d'une affaire aussi aimable. Dieu! quel zèle j'aurais déployé, de quelle ardeur, de quel feu j'aurais peint l'amour de mon ami!... Comment appelez-vous votre gendre?

— Papillard.

— De mon ami Papillard?... Quelle gloire pour moi, lorsqu'aux genoux de l'amante de mon ami, je lui aurais, à force d'amour, de serments, de soupirs, arraché l'aveu de mon triomphe, c'est-à-dire celui de mon ami! Ainsi, monsieur Tricot, je retiens la place du chargé de procuration près de votre autre fille, si jamais celui qui doit obtenir sa main avait besoin d'un pareil interprète.

Tout en riant du singulier moyen employé par M. Papillard de Beaugency, les flacons s'étaient vidés et les têtes échauffées. Le malheur causé par la colère de madame Loquet avait été réparé. Jules, moins étourdi, complimentait l'oncle Tricot du mariage de mademoiselle Elisa Tricot, qu'il ne connaissait pas; Léon faisait sauter les bouchons en entonnant des refrains bachiques; Zéphirin cherchait dans le vin l'oubli des dépenses faites pour recevoir ses deux amis, les jeunes gens à la mode; M. Tricot, enchanté des prévenances de ces messieurs, et tant soit peu allumé par le champagne, veut enfin saisi d'une ardeur guerrière: il porte de la main une botte dans les côtes de Léon; celui-ci riposte.

— Ah! ah! papa Tricot, parez, parez donc! allons, allons donc!

Le bonnetier déploie toute son adresse sans s'apercevoir que sa perruque n'est plus dans sa pose naturelle, sa queue lui pend sur le devant de l'épaule comme l'épaulette d'un vieux grognard; mais, au moment où il se penche en arrière pour éviter un coup, son pied glisse, il perd l'équilibre et tombe sur le dos en entraînant sa chute une servante chargée de verreries.

On s'empresse de relever le vieux tapageur de s'informer s'il n'est point blessé; mais, sans y répondre, il demande sa revanche à son partner.

— Mon oncle, calmez votre ardeur guerrière! dit Zéphirin d'un air mécontent; car, si vous recommencez votre duel, je crains terriblement de ne plus avoir un verre pour mon service, vous voyez quel affreux dégât...

— Allons, papa Tricot, faisons la paix en goûtant ce punch... Et Léon, après avoir pris son verre, l'élève en disant:

— A la santé de la très-respectable dame Tricot, de son brave et intrépide époux, à la prospérité de leurs enfants, petits-enfants!... Eh quoi! tu ne bois pas, Jules? En vérité, tu es sobre comme une demoiselle; bois donc, ce punch est délicieux.

Jules, quittant un album qu'il s'amusait à feuilleter, se rend à l'invitation de Léon, et s'adressant à l'oncle:

— Avez-vous servi, monsieur Tricot?

— Oui, bon ami, répond ce dernier en relevant la tête avec fierté, et avant vous, dans le régiment de Royal-Cravate; superbe tenue, frisure poudrée, nos officiers, corbleu! montaient à cheval en bas de soie.

— C'était fort commode, dit Jules, en sortant d'une bataille ou était tout chaussé pour le bal, s'il s'en donnait un dans la ville que l'on prenait d'assaut.

— Messieurs, vous voyez dans mon cher oncle un des fameux vainqueurs de Mahon. C'est sans doute de là qu'il a rapporté cette ardeur de combats si funeste à mes verres et à mes carafes.

— Respectez votre oncle, mauvais sujet; et surtout, petit neveu, n'allez pas vous aviser de conter mes prouesses et ma petite intempérance d'aujourd'hui à madame votre tante: je serais grondé et mis à la tisane pour quinze jours. Dis-moi l'heure? comment, huit heures un quart, mauvais sujet! vous serez cause que mon épouse sera malade; cette pauvre bichette m'aura attendu pour dîner; allons, je vais vous quitter, mes chers enfants.

— Mon oncle, je vais descendre avec vous et envoyer chercher une voiture; car, certainement, je ne souffrirai pas que vous retourniez à pied.

Nos jeunes gens aident en riant le vieux bonnetier à rétablir le désordre de sa toilette. Jules lui donne son chapeau, Léon sa canne, Zéphirin rétablit de son mieux le désordre du jabot à petits plis.

M. Tricot, reconnaissant, invite ces messieurs à lui faire l'honneur de venir à la noce de sa fille. Nos jeunes gens, qui savent que mesdemoiselles Tricot sont jolies, et curieux de connaître le futur aux procurations, acceptent l'offre, promettent de se rendre à l'invitation, puis accompagnent l'oncle jusqu'au carré, en lui souhaitant un bon voyage.

— Que fais-tu ce soir, Jules, as-tu des projets?

— Aucun; mais mon oncle est seul toute la soirée, je vais rentrer près de lui pour faire sa partie. Quoique ta raison ne soit pas très-saine en ce moment, si tu veux m'y accompagner?

— J'y consens.

— Le comte aura pour toi l'indulgence voulue après un déjeuner de garçons.

— Volontiers, car je ne sais que faire jusqu'à minuit; je ne suis pas en fonds aujourd'hui; je voulais en emprunter à Zéphirin, mais je crains un refus.

— Quant à moi, tu n'oses. Je connais ta prodigalité; et tu sais que pour ton bien je ne te prête que juste ton nécessaire, lorsque tu as dépensé ton trimestre en avance. Dis-moi, mon cher Léon, comment, avec douze mille livres de rente, es-tu toujours aux expédients?

— Bah! ne m'en parle pas, ce coquin d'argent fait le tourment de ma vie: chez moi il ne fait que paraître et disparaître; mes bourreaux de créanciers connaissent le jour où je touche mes trimestres, ils assiégent ma porte du matin au soir; et lorsque j'ai à peu près satisfait cette masse incommode, ma bourse est à sec, ou peu s'en faut; s'ils voulaient prendre patience, me donner du temps, me permettre enfin d'amasser quelques économies, je les solderais entièrement et je jouirais en paix de ma douce tranquillité.

— Laisse-moi donc, avec tes plans de sagesse! ton entêtement au jeu et la passion pour les femmes te ruinent.

— Eh bien, ami sage et prudent, répondit Léon d'un air sentencieux, guide-moi, sois le mentor de ma faible raison; je m'abandonne à toi. Cependant, ajouta-t-il en reprenant son ton ordinaire, je ne te comprends pas: est-il possible qu'à ton âge, à vingt-deux ans, tu sois si peu empressé auprès des femmes! C'est si joli une femme, surtout une jolie!...

Sexe charmant, j'adore ton empire,
Mon bonheur est de te céder;
L'amour ne peut se commander,
Mais heureux celui qui l'inspire.

— Toi, bel indifférent, tu l'inspires, tu désespères la beauté, et tu la laisses languir, souffrir, et même mourir, si l'on en mourait encore dans notre siècle.

— Pourquoi, répond Jules, dire à une femme qu'elle est aimée de vous lorsqu'il n'en est rien, pourquoi la tromper?

— Pourquoi? parbleu, parce qu'elle te tromperait si tu l'aimais.

— Oui, les femmes auxquelles tu t'adresses, des femmes galantes, des grisettes.

La discussion de nos deux amis fut interrompue par le retour de Zéphirin.

— Le cher oncle est emballé, dit-il, et, de plus, enchanté de vos vertus.

— Mon ami, nous te quittons, il est neuf heures, et mon oncle est seul; je désire lui consacrer le reste de ma soirée; je pense que le sacrifice ne sera pas grand, et que je m'y prends un peu tard.

— Ah çà! mes garçons, c'est du bon convenu, nous serons de noce ensemble. De grâce, Léon, au moins, si tu es à table près de l'oncle Tricot, ne le grise pas comme tu viens de le faire, ma respectable tante t'arracherait les yeux.

— Ne crains rien! je veux me faire adorer de toute la sainte famille, comme je le suis déjà du cher papa. Allons, bonne nuit! nous te souhaitons des rêves couleur de rose.

Zéphirin, n'ayant pas de domestique, accompagna ses amis un flambeau à la main jusqu'à la porte de la rue. A peine rentré chez lui, il entendit la voix de mademoiselle Ursule dans l'escalier; elle regagnait sa petite chambre du cinquième. Se doutant bien qu'elle avait eu connaissance de la scène entre Jules et madame Loquet, il n'osait pas ouvrir sa porte, quoiqu'il brûlât de lui parler. Il écoute : Passera-t-elle ? Son anxiété est extrême. Mais un léger coup retentit sur la porte. — Oh ! bonheur ! c'est elle. Ce coup répond au cœur de l'amant, car vous devez vous être aperçu, cher lecteur, que Zéphirin éprouve plus qu'un vulgaire intérêt pour les beaux yeux de mademoiselle Ursule.

— Peut-on obtenir audience un instant, monsieur, actuellement que vos impertinents amis sont partis ? dit Ursule avec un air de dignité offensée.

— Ma chère amie, trop heureux certainement de recevoir chez moi la belle Eriphile, l'amante du fier Achille.

— Quel désordre ! quelle vie avez-vous donc menée aujourd'hui ? dit Eriphile en parcourant des yeux le dérangement de la chambre et les débris de cristaux brisés dans la chute de l'oncle. — En vérité, monsieur, l'on croirait voir chez vous la salle d'une orgie, et non la salle de festin de gens qui se permettent de moraliser et de blâmer la vocation des autres ; ce que je vois ne donne pas une haute idée de leur tempérance.

— Bonne amie, soyez aussi indulgente que belle, et ne grondez pas. Qu'avez-vous fait aujourd'hui ?

— J'ai travaillé, tandis que monsieur faisait bombance ! je me suis abîmé l'estomac pour jouer demain un rôle que je ne croyais jouer que dans quinze jours. Oh ! c'est une horreur ! Comme j'ai la poitrine fatiguée !

— Voulez-vous, femme adorable, goûter de ce madère excellent pour votre mal ?

— Volontiers, très-peu ! un de ces biscuits. Oh ! de la volaille, tenez, Zéphirin, je la préfère aux choses sucrées.

Notre galant s'empresse de servir Ursule, et Ursule d'oublier sa mauvaise humeur en mangeant la poularde de Zéphirin.

— Vous jouez demain ?

— Oui, à Chantereine : *Juliette* de *Romeo*.

— Et me sera-t-il permis de vous applaudir ?

— Certainement, mon ami, comme ce rôle entre parfaitement dans mes moyens, je serai bien ; je voudrais que votre Jules me vît, il vous dirait s'il faut que je renonce à mon état pour faire des rôles à ses maîtresses !

Ursule, vous avez raison, forçons-le à rendre hommage au talent ; c'est décidé, demain je veux qu'il vienne admirer cette tête charmante ; entendre cet organe entraînant ; voir cette taille, ce port de reine !...

— Finissez donc, monsieur, ne vous émancipez pas.

— Ursule , un baiser !

— Non, monsieur ; actuellement que vos fashionables sont partis, vous revenez à moi après m'avoir abandonnée toute la journée.

— Mais, douce amie, l'amour et l'amitié doivent avoir chacun leur tour. Faisons une bonne paix et qu'un baiser en soit le gage.

— Je suis trop bonne, en vérité... assez, vous passez la permission, et si vous n'êtes pas tranquille je n'entre plus chez vous. Eh bien ! ce madère , ces biscuits ?

— Voilà ! il est parfait, n'est-ce pas ?

— Oui, j'aime assez ce vin-là.

— En veux-tu goûter encore ?

— Comment *tu* , ah ! par exemple, ne vous gênez pas ; j'espère, monsieur, que ma conduite avec vous ne vous a pas encore jusqu'ici donné le droit de me tutoyer. Ah ! le bon vin , c'est comme de la liqueur, j'en ferais bien mon ordinaire, y en a-t-il encore ?

— Non , mais voici des liqueurs.

— Donnez-m'en à goûter et que je me sauve bien vite ; voyez, il est minuit et demi , à cette heure chez un garçon, quel scandale si les voisins le savaient ! Buvez donc avec moi, tenez - moi compagnie plutôt que de me manger des yeux... Méchant, ingrat, qui m'abandonne toute une journée, fi l'ingratitude ! quelle horreur !

Parmi l'énorme multitude
Des vices qu'on aime et qu'on fuit,
Pourquoi garder l'ingratitude !
Vice sans douceur et sans fruit.

— Ursule , nous venons de faire la paix, et vous grondez encore ! une jolie femme devrait être indulgente.

— Et vous, Zéphirin, être sage ; finissez ! voyez, vous déformez les plis de mon canezou. Ah ! mauvais sujet ! c'est bien , je ne viendrai plus te voir :

L'amour heureux veut du mystère.

Ainsi, lecteur, laissons nos amants finir tranquillement la nuit ensemble jusqu'à sept heures du matin, heure à laquelle mademoiselle Ursule, sortant à petits pas de la chambre de notre jeune homme, regagna la sienne.

II. — Le Théâtre d'amateurs. — La Conquête.

Jules Delmar était fils d'un brave général mort à Waterloo. Son père, Edouard Delmar, avait fait en épousant mademoiselle Dermouville

ce qu'on nomme un mariage d'amour. La naissance de Jules, en coûtant la vie à sa mère, jeta tant de tristesse dans le cœur du général, car il adorait sa femme, qu'il se retira avec son fils dans une terre , sa propriété, aux environs de Paris. Là il vivait complétement éloigné du monde, ne recevant que M. le comte Dermonville, son beau - frère, et ces deux grandes douleurs se consolaient entre elles en donnant tous leurs soins à l'éducation de Jules. On se console de la perte d'un fils ; mais jamais de celle d'une femme chérie, toutes nos affections et tout notre amour. Aussi au bout de trois ans de veuvage la douleur de M. Delmar était-elle aussi vivace que le premier jour. Il est vrai que la solitude absolue dans laquelle il vivait et la compagnie de M. Dermonville étaient peu propres à calmer cette grande douleur. La vue de son fils pouvait seule adoucir l'amertume de ses regrets.

Telle était la situation de M. Delmar, lorsqu'un ordre de l'empereur vint l'arracher à sa retraite pour lui donner le commandement d'une brigade dans la nouvelle armée qu'il rassemblait contre l'Allemagne. M. Dermonville promit d'élever Jules comme son fils ; et le général, après les avoir embrassés tous deux, quitta Paris, où il ne devait rentrer qu'après nos désastres de 1814. Quelques mois après il reprenait son épée pour ne la quitter qu'avec sa vie sur le champ de bataille de Waterloo.

Dès ce moment M. Dermonville crut devoir consacrer sa vie à l'éducation de l'orphelin. Il surveillait tout par lui-même , les maîtres de sciences et ceux d'agrément ; il assistait à toutes les leçons , et jouissait ainsi des progrès de son neveu. Celui-ci montrait surtout un goût décidé pour la peinture. C'est en fréquentant les musées pour étudier les grands maîtres que Jules fit connaissance avec Léon. Celui-ci n'avait peut-être pas les qualités solides de Jules, mais son esprit, sa gaieté inaltérables et son goût pour la peinture en avaient fait les meilleurs amis. Léon était possesseur de sa fortune, qu'il menait grand train ; le jeu et les femmes le ruinaient. Jules tenait à son secours. Léon jurait à son jeune mentor de s'amender, et le soir même il oubliait ses promesses et recommençait de plus belle.

Zéphirin n'était pas riche ; mais son économie lui permettait de faire quelques épargnes, qu'il prêta de même à Léon et qui subirent le sort qu'avait en jusqu'ici l'argent prêté par Jules. Zéphirin était loin d'avoir le brillant de nos deux jeunes gens : gros garçon sans esprit, mais amplement pourvu d'amour-propre ; portant , comme nous l'avons dit , l'économie jusqu'à l'avarice, ayant son couvert mis chez tous ses amis, surtout chez le comte Dermonville, avec lequel il faisait chaque soir la partie d'échecs, ce qui le rendait presque nécessaire au comte.

Cependant comme à la rigueur on ne peut pas toujours accepter sans rendre, Zéphirin s'était décidé à inviter Jules à déjeuner, sans en prévenir notre troisième ami, que son étoile amenait sans y être engagé.

Le lendemain du déjeuner chez Zéphirin, Jules terminait près de la fenêtre du salon une vue d'Italie ; le comte Dermonville, assis près du feu, suivait le travail de son neveu , Léon conseillait son ami.

— Cette vue est délicieuse , dit le comte ; il n'est rien de comparable à l'Italie, ce berceau de Virgile et de Raphaël !

— Il faut , mon cher Jules , que je t'envoie habiter quelque temps sous ce ciel inspirateur. Ton art ne souffre pas de médiocrité : il faut étudier les grands maîtres. Et, grâce à nos chers alliés , ce n'est plus qu'en Italie que tu trouveras ces précieux modèles.

— Je croyais , mon oncle , que vous détestiez ce pays ? la perte que vous y fîtes...

— Oui, mon fils, pauvre Edouard, l'Italie est son tombeau ; mais, toi, tu es prudent, tu ne t'y occuperas que de ton art.

— Je crois, dit Léon, que ce voyage me serait aussi utile qu'à Jules, et, s'il l'entreprenait, je vous demanderais, monsieur le comte, la permission d'être son compagnon de voyage.

Au souvenir de son fils le comte tomba dans une rêverie profonde, qui fut interrompue par l'arrivée de Zéphirin.

— Monsieur le comte, j'ai l'honneur de vous saluer. Eh bien, chers amis, comment va cette santé ? Superbe point de vue , paysage tout à fait romantique !... Or çà , mes amis, je viens vous apporter une loge pour le théâtre Chantereine : on réclame, en revanche, votre bon goût et votre indulgence. Spectacle tout à fait choisi, *Romeo et Juliette* et *la Mère Coupable ;* de plus, un ou deux vaudevilles.

— En voilà jusqu'au lendemain, dit Léon, si messieurs les amateurs font, comme à leur ordinaire, lever le rideau à huit heures.

— Du tout , du tout , ne t'y trompe pas ! ce soir troupe et société choisies, il y aura des directeurs de Paris et de la province. Vous devez penser qu'il y va de l'intérêt de nos acteurs de ne point les impatienter : ainsi, mes chers amis, je compte sur vous. Je vous rejoindrai dans la loge.

— Tu ne viens pas dîner avec nous ? tu nous y accompagneras.

— Désespéré , chers amis, mais ce plaisir ne m'est pas permis aujourd'hui. Je vais porter à mon oncle Tricot quelques billets de parterre pour sa famille. Monsieur le comte, cela me prive aujourd'hui de vous demander ma revanche, mais demain j'espère bien l'obtenir.

— Volontiers , dit le comte , je suis trop galant homme pour battre mon adversaire sans lui rendre satisfaction.

Zéphirin, en quittant ses amis, ne se rendit pas chez son oncle, mais à la rue Saint-Lazare, où l'amour l'attendait. Mademoiselle Ursule Loquet guettait sur le porte de la rue le retour du jeune homme.

— D'où venez-vous donc, monsieur? C'est indécent de faire ainsi attendre une dame! Vous savez pourtant combien vous m'êtes nécessaire aujourd'hui; d'abord il faut que vous me fassiez repasser mon rôle, puis que vous soyez assez aimable pour me faire une petite commission chez une de mes amies qui me prête ce soir une superbe parure de stras; j'espère ensuite que vous m'offrirez un fiacre pour transporter mes toilettes au théâtre; je n'ai pas du tout l'envie de me fatiguer, car j'ai trop besoin de mes moyens aujourd'hui.

Lorsque mademoiselle Loquet eut débité ses ordres, auxquels Zéphirin répondit par des signes approbateurs, ils montèrent ensemble les quatre étages.

Zéphirin ouvrit sa porte, Ursule fut s'installer dans un fauteuil.

— Voyons, monsieur, faites-moi repasser mon rôle de Florestine dans *la Mère coupable*. Je ne suis pas bien sûre.

— Comme vous serez charmante dans ce rôle! Ursule, un baiser avant de commencer... hein!!!

— Allons, Zéphirin, finissez, ne m'échauffez pas le teint, soyez sage!

— Femme charmante, amante adorée, comme je jouirai de ton triomphe, car je t'assure ce soir un succès colossal!

— Ah! Zéphirin, avez-vous encore de ce bon vin d'hier au soir?

— Non, chère amie, pas ici, mais à la cave.

— Eh bien, monsieur, allez m'en chercher.

— Comment! tu veux que je descende?

— Le grand malheur! est-ce que pour moi vous devez être chiche de vos pas, allez donc, mon estomac doit fatiguer horriblement ce soir, et le bon vin m'est nécessaire.

Zéphirin ne réplique rien, il prend son rat de cave et obéit.

— C'est aimable, dit Ursule restée seule : se faire prier pour une misère, le vilain cancre! il se figure qu'il est aimé de moi! aimer un homme aussi mesquin, fi donc!... En parlant, Ursule essayait des poses tragiques. Je crois que je serai jolie ce soir; oui, j'aurai de l'agrément. Où est donc mon rôle? Ah! le voici!

« Ciel! il est mon frère et j'ose avoir pour lui... Quel coup de lumière affreux, » et dans un tel sommeil qu'il est cruel de s'éveiller! »

— Ah! le joli foulard, il faut qu'il me le donne. Arrivez donc! que vous êtes lent!

— Me voilà tout à vous.

— Voyons, monsieur, dit Ursule en imitant la voix de notre amoureux, faites-moi cadeau de ce mouchoir, il me plaît; c'est dit?

— Non pas, non pas, impossible; c'est un foulard superbe, j'y tiens beaucoup.

— Vous n'êtes pas honteux, vilain avare, de refuser une telle bêtise à une femme que vous dites aimer! Gardez-le, je n'en veux pas; j'espère qu'un autre plus généreux, saura apprécier la valeur d'une maîtresse telle que moi. Quant à vous, tout au plus si vous êtes digne d'une grisette.

— Ne vous emportez pas, chère bobonne; ce mouchoir m'est précieux, c'est un souvenir.

— Oui, un souvenir de ce qu'il vous a coûté... Adieu, monsieur.

Zéphirin retint sa belle, qui voulait sortir, en lui accordant sa demande et en y ajoutant bien à regret le prêt d'une épingle en brillants qu'Ursule avait prise sur la pelote, et qu'elle trouvait nécessaire à sa toilette du soir.

Après avoir scellé la paix par un baiser, avoir repassé le rôle et repris des forces avec l'excellent vin tant aimé, nos amoureux se séparèrent, Zéphirin pour faire la commission de sa maîtresse, et la belle pour aller terminer les apprêts de ses costumes. Tout le monde à Paris connaît le théâtre Chanteraine, petite salle dans le fond de la Chaussée-d'Antin et le nom de la rue où elle est située. C'est là que plusieurs fois par semaine l'on peut se régaler du déplaisir d'entendre estropier Racine, Molière et déchanter l'opéra comique; le seul avantage que l'on puisse y trouver, c'est d'y voir de temps à autre des femmes charmantes et d'une moyenne vertu, mauvaises comédiennes d'une tournure et d'une élégance ravissantes, montant sur les planches théâtrales lorsque l'abandon d'un Mondor infidèle les oblige à remettre en public leurs appâts délaissés. C'est aussi dans ce petit temple de Melpomène et de Thalie que les histrions en herbe, se dévouent entièrement au théâtre, se forment à l'habitude de la scène, et plus d'un de nos acteurs à la mode ont fait retentir les cintres de cette salle de leurs bruyants essais. Sept heures étaient sonnées, les loges ainsi que le parterre étaient amplement garnis de spectateurs. Quand le plaisir ne coûte rien, il ne manque pas de curieux.

Aux premières, dans une loge, étaient placés Jules et Léon. Zéphirin, forcé de retourner trois fois de suite chez lui pour rapporter plusieurs objets oubliés par mademoiselle Loquet, n'était pas encore avec ses amis. Une dispute s'élève au parterre : nos jeunes gens se penchent pour connaître l'auteur du désordre, et aperçoivent M. Tricot et sa famille pénétrant de force à travers les banquettes; le bonnetier faisait appel à la générosité du public, afin qu'en se serrant un peu sa

famille obtînt des places. Madame Tricot parvient à se placer dans une encoignure, ses deux filles profitent de la galanterie de deux messieurs qui leur abandonnent leurs places. Quant au gros bonnetier, il exige que deux jeunes personnes se séparent pour lui faire une petite place entre elles.

— Mais, monsieur, cela nous est impossible, vous êtes si gros!

— Allons, un peu de complaisance, mesdemoiselles, l'une de vous se mettra sur mes genoux.

— Par exemple! voilà un plaisant personnage avec ses genoux! Pour qui nous prenez-vous? Otez-vous donc, vous nous étouffez...

— A la porte, le chapeau à trois cornes! s'écrie un farceur.

— A la porte! reprend-on de toutes parts.

Le bonnetier, étourdi, prend le parti de battre en retraite.

Madame Tricot, furieuse de voir son époux bafoué et rejeté de l'un à l'autre, se lève et appelle le bonnetier. Pendant ce temps, un autre se glisse derrière elle et lui souffle sa place.

— Mais, monsieur, c'est la mienne, dit-elle.

— J'ignore, madame, elle n'était pas marquée.

— J'en suis fâchée, mais vous allez vous ôter.

— Non, madame.

— Si, monsieur.

— Allez vous promener, vieille folle!

— Vieille folle! insolent, grossier personnage!...

— A la porte, la vieille! à la porte! Le public se lève en masse, et le vieux couple est repoussé avec perte jusqu'aux couloirs. Mademoiselle Tricot aînée, témoin de la défaite de ses parents, en fille bien élevée quitte la salle et va rejoindre les époux.

— As-tu vu, ma fille, ces polissons, comme ils respectent les gens d'âge? C'est pourtant votre père qui est la cause de tout cet désagrément.

— Mais, bobonne, tu te trompes; je voulais me placer, est-ce ma faute si ces gens manquent de complaisance?

— Taisez-vous, monsieur, et tâchez de trouver votre neveu Zéphirin pour qu'il nous place ailleurs, je n'ai pas dépensé un fiacre pour m'en retourner sans rien voir.

— Maman, ma sœur et moi avons eu la bonne fortune de conserver nos places, et, si vous souhaitez, nous allons vous céder nos places, nous attendrons Zéphirin pour nous replacer.

Monsieur et madame Tricot acceptent et s'installent paisiblement sur la banquette, pendant que les demoiselles vont s'asseoir dans le corridor, avec l'espoir que leur cousin les dédommagera du sacrifice.

Plusieurs élégants au costume ridicule, à la mine bête et blême, passant et repassant devant nos jeunes filles, les lorgnent sous le nez en leur lâchant un : Pas mal, en vérité.

— La loge numéro 4, s'il vous plaît?

— Aux premières à gauche, répond le contrôleur à M. Zéphirin arrivant tout en nage son billet à la main.

— Cousin! cousin!

— Quoi! charmantes cousines, vous n'êtes pas encore placées?

— Eh! le moyen de l'être? le parterre est plein comme un œuf, il nous a fallu céder nos places à papa et à maman; nous n'attendions. Allons, fais-nous mettre dans une loge; avec toi surtout, car les mœurs...

— Oh! cousines, les mœurs avant tout; mais je n'aurai pas l'avantage d'être en votre compagnie; c'est ici des intimes qui réclament ma présence, et j'ai le plus grand intérêt à ne pas les abandonner, des gens riches et du dernier ton, dont la connaissance m'est excessivement nécessaire et précieuse.

— C'est bien aimable à toi! dit Agathe, la plus jeune des deux, nous allons rester seules parmi tous ces grands imbéciles qui nous regardent et nous lorgnent chaque fois qu'ils passent.

Zéphirin pouvait céder deux places dans sa loge à ses jeunes cousines; mais le gaillard comptait posséder mademoiselle Ursule après la comédie et ne se souciait pas de mêler l'amour avec la parenté. Il fit tant, qu'après avoir placé les deux voisins de M. et madame Tricot dans une baignoire et installa les jeunes filles auprès de leurs parents.

Les trois coups sont frappés, il est huit heures; après un quart d'heure que le signal est donné, le rideau lève.

— Messieurs, dit après les trois salutations de rigueur, un grand maigre en bottes crottées, s'avançant au-dessous du trou du souffleur, la tragédie de *Romeo et Juliette*, que nous devions avoir l'honneur de vous représenter, ne pouvant avoir lieu pour cause d'indisposition, nous vous prions de vouloir bien accepter en place *Iphigénie en Aulide*. Mademoiselle Ursule, artiste distinguée, qui veut bien se charger du rôle d'Iphigénie, n'étant pas préparée, réclame votre indulgence.

L'indulgence réclamée fut précédée d'un tapage d'enfer causé par les mécontents et d'une vingtaine de coups de sifflet.

— Vous n'y perdrez pas, dit Zéphirin entrant dans la loge de Jules et Léon, elle est très-bien dans ce rôle, elle en a saisi toutes les nuances avec infiniment de tact.

— Pourquoi, dit Léon, réclame-t-elle notre indulgence, si, comme tu nous le dis, elle connaît si bien son rôle?

— Ruse d'actrice, reprend Jules, pour enlever les suffrages.

— Non, mon cher, elle se méfie de l'émotion que cause la présence du public. Mais, silence, voilà le rideau.

La tragédie commence. Ulysse est tellement engraissé en attendant, en Aulide , qu'il plaise à Eole de faire souffler ses bouffées , qu'il est obligé de sortir et d'entrer de profil dans les coulisses.

Agamemnon, le roi des rois, dit assez bien; mais ce qui nuit infiniment à son jeu, c'est d'être forcé de se tenir courbé pour éviter, tant il est de grande taille, de cacher son diadème et sa barbe dans les frises du théâtre.

Un garçon coiffeur qui se destine au théâtre remplit le rôle du superbe Achille. C'est un jeune homme au nez aquilin .. d'une longueur prodigieuse; haut de quatre pieds et demi, gesticulant comme un polichinelle, ne sortant pas des quatre poses qu'il a étudiées, restant dans toutes ses scènes cloué à la même place et récitant les vers avec l'accent d'un habitant des bords de la Garonne.

Le second acte, attendu avec impatience par Zéphirin, est arrivé. Ursule-Iphigénie paraît, des murmures flatteurs accompagnent son entrée; Zéphirin dans son ivresse frappe plus fort que dix claqueurs ensemble, et si longtemps que Jules est forcé de l'inviter à cesser parce qu'il lui rompt la tête.

Tout allait bien sur la scène, lorsque Agamemnon dit à Iphigénie :

. . . . Eh bien, ma fille , embrassez votre père.

La princesse, après avoir reçu l'accolade paternelle, se trouve avoir sur le front l'empreinte des moustaches de son papa, qui, ayant oublié chez lui les postiches, les avait remplacées avec du liége brûlé; malgré les rires du public, Iphigénie continua la scène avec la tache imprimée sur son front virginal. Le reste de la tragédie marcha assez passablement, à peu près des fautes de mémoire et des fausses entrées.

Les loges s'emplissent de dames, qu'à leur critique mordante, à leur bavardage, on reconnaît habituées des planches. Acteurs et actrices sont déchirés à belles dents, et chacune de ces dames vante la façon dont elle joue tel ou tel rôle. Mais comme elles sont jolies, elles attirent les regards de Jules et de Léon.

— Vois donc, dit ce dernier à son ami, les beaux yeux de la petite en chapeau bleu; sa main est charmante, elle touche presque la mienne, je meurs d'envie de la lui presser.

— Ne t'en avise pas, mon cher, vois quelle tenue inconvenante, elle s'attire les regards de toute la salle.

— Parce qu'elle est divine, répond Léon; en vérité je ne conçois pas, il te faut des Minerves pour t'émouvoir. Quant à moi, je sais que le bonheur avec les femmes de ce genre suit de près l'entrée en connaissance et précède de bien près la séparation. On n'a pas besoin d'une cour éternelle et de se morfondre en soupirs pour obtenir un regard, une espérance; avec ces femmes le triomphe est certain et le dénoûment rapide. Je parierais que tu n'en es encore qu'aux premières avances avec cette jeune veuve auprès de laquelle tu roucoulais si tendrement aux deux derniers bals de madame Sennecour; pourtant tu as tes libres entrées chez elle, et la petite raffole de toi.

— Ce n'est certainement pas ici, tu dois le penser, que je te répondrai à ce sujet; de grâce, abstiens-toi d'en parler davantage.

Après cette réponse, Jules, qui paraît contrarié, se tourne d'un autre côté tandis que Léon se dispose à entamer conversation avec sa voisine aux beaux yeux et au chapeau bleu; mais le lever de la toile mit obstacle à ce projet.

Encore une annonce! décidément la représentation de ce soir a du malheur.

— Messieurs, un de nos camarades qui devait jouer le rôle de Figaro nous ayant manqué de parole, M. Barré veut bien se charger de le remplir; mais, ne le sachant pas, il est forcé de le jouer la pièce à la main, et réclame votre indulgence.

Autres marques de mécontentement, nouveaux rires de la part des spectateurs. — Silence! on n'entend pas.

La pièce marche de travers, aucun acteur ne sait son rôle, les spectateurs s'impatientent, et la toile tombe, à la moitié du troisième acte, au bruit des huées et des sifflets.

Cette chute donnait un sujet de conversation, aussi Léon en profita envers sa voisine; Jules, que toutes ces extravagances ennuyaient, dit adieu à Léon et retourne chez lui en jurant, mais trop tard, qu'on ne l'y prendra plus.

Léon, gêné dans ses projets par la présence de Jules, ne fut pas fâché du départ de son Caton moderne. Il offrit à la dame aux beaux yeux de partager la loge occupée par lui seul; la belle, qui se trouvait trop gênée dans la sienne, accepte l'offre et se trouve en un instant assise auprès de Léon.

— Comment trouvez-vous le spectacle de ce soir? dit-elle.

— Fort amusant, en vérité !

— Les malheureux ! sont-ils mauvais ! vous m'avouerez, monsieur, que, homme et femme, il n'y en a pas un de passable. Venez-vous souvent ici, monsieur?

— Rarement, répondit Léon.

— Vous avez bien mal choisi en y venant aujourd'hui.

— Je ne le regrette pas, madame, le plaisir d'être près de vous, d'admirer tant de grâces, des yeux si charmants, est mille fois plus de bonheur que je n'en attendais.

— Vous êtes galant, monsieur.

— Non, je suis sincère.

— Encore !

— Toujours, ajoute Léon, et si je croyais vous trouver ici chaque soir...

— Chaque soir, non; mais j'y viens souvent. Je dois même y jouer jeudi.

— Quoi ! vous êtes artiste, madame?

— Oui, monsieur, par goût et pour mon plaisir; cependant, si je trouvais un engagement avantageux, je l'accepterais peut-être.

— Et je crois, madame, que ce serait pour l'administration d'un théâtre une acquisition précieuse; j'en suis persuadé. Madame est mariée?

La dame après un instant de réflexion :

— Monsieur, je suis veuve.

Léon lui serrant doucement la main :

— Par conséquent libre de cœur?

— Vous êtes bien curieux.

— Et vous adorable.

— Finissez donc, on nous regarde; vous me serrez de trop près.

La loge s'ouvre, et Zéphirin et Ursule viennent, au grand mécontentement de Léon et peut-être aussi de la veuve, prendre les deux places vacantes. Mademoiselle Ursule, après avoir salué le jeune homme, engage la conversation avec la dame, dont elle est l'amie; amie comme le sont les femmes de théâtre : s'embrasser en face, se déchirer en arrière. Les vaudevilles furent joués et nos amis ne s'en aperçurent pas, occupés qu'ils étaient, l'un à faire sa cour, l'autre à persuader à sa belle que jamais elle n'avait été plus sublime. Le spectacle fini , chacun se lève pour sortir, nos deux dames s'informent de l'heure.

— Une heure et demie, dit Zéphirin.

— Est-il possible! dit Ursule ; dis donc, Louise, as-tu un cavalier pour te ramener?

— J'espère, dit Léon, que madame me permettra d'être le sien ?

— Ah! monsieur, je craindrais de vous déranger.

Tout en disant ces mots, notre belle avait déjà pris le bras de l'officieux Léon et descendait l'escalier avec lui.

— Bonsoir, Zéphirin, au revoir.

— Mademoiselle, j'ai l'honneur de vous saluer.

— Monsieur, je vous salue.

Et nos deux couples se partagent. Zéphirin et Ursule regagnent la rue Saint-Lazare. Léon et madame Louise, car nous ignorons son nom de femme, prennent la rue Saint-Georges, pour aller où... je l'ignore encore ; mais écoutons, et peut-être allons-nous le savoir.

— J'étais loin de m'attendre, madame, que je sortirais de ce théâtre en accompagnant une dame si charmante.

— Monsieur, tout le plaisir est pour moi et je m'estime fort heureuse que vous consentiez à m'accompagner.

— Dans quel quartier demeurez-vous, madame?

— Rue de la Paix.

— Superbe rue! dit Léon.

— Oui, monsieur, mais les appartements y sont d'un prix fou, et je veux changer; des pertes énormes qu'ai éprouvées me mettent dans la nécessité d'apporter beaucoup d'économie dans mes dépenses. J'ai loué, rue Saint-Marc, un charmant appartement au troisième avec l'intention d'y monter une table d'hôte bien composée, à six francs par tête.

— Il y aura foule, madame; je puis vous l'assurer. Et moi-même, si vous daignez me le permettre, j'aurai l'honneur de me compter parmi vos plus fidèles convives.

— Vous êtes charmant, répond madame Louise d'un air empressé.

— J'ose espérer que vous me permettrez d'aller, d'ici là, rendre mes devoirs à ma jolie hôtesse?

— Oui, pourquoi pas? mais je dois vous prévenir des heures auxquelles je suis visible : de quatre à onze du soir, car, dans la journée, un de mes oncles, mon seul protecteur, vient chez moi, et, comme il est excessivement susceptible sur les mœurs, la présence d'un jeune homme me ferait un tort affreux à ses yeux. Je tiens à ne pas le contrarier, j'ai des espérances, il est vieux, je veux le soigner.

— Je me soumettrai à vos ordres, trop heureux que vous daigniez me permettre d'aller vous faire ma cour!

— Votre cour! ah! je ne dis pas cela, mais me rendre visite.

— Je le vois, madame, vous repoussez mes hommages ; un autre, plus heureux, possède votre cœur.

— Non, monsieur, personne! les hommes sont si trompeurs, si légers!

— Près de vous, madame, c'est tout ce qu'il faut pour captiver? Allons, dites-moi que vous me permettrez de vous aimer, que vous ne repoussez pas mon amour, qu'un jour vous daignerez y répondre...

Léon, enhardi par un serrement de main, enlace de son bras le contour d'une taille divine et dépose sur une charmante bouche le plus brûlant baiser, reçu sans trop de résistance ; mais ils sont arrivés, quel malheur ! le marteau retentit, la porte s'ouvre et se referme après le bruit d'un nouveau baiser et d'un tendre : A demain.

III. — Le Bal. — Les deux Maîtresses.

Dans l'antichambre d'un élégant appartement de la rue Joubert, un homme d'un âge avancé , d'une tournure commune , se promenait de long en large. Il était huit heures du matin, heure indue dans ce quartier. De temps en temps le promeneur s'arrêtait devant un poêle pour réchauffer ses membres engourdis par le brouillard d'une matinée de février. Un domestique, appuyé sur une fenêtre, suivait des yeux, en s'impatientant, les méandres du silencieux promeneur.

— Vous avez tort de vous obstiner à rester, monsieur Grippart. Monsieur est rentré fort tard, il ne sera pas visible avant midi.

— Dussé-je attendre jusqu'à demain, je le verrai. Il y a assez long-temps que je fais inutilement des courses de la rue Charlot ici.

— Eh bien ! attendez, monsieur Grippart.

Dans une riche chambre à coucher, Léon, enfoncé dans l'édredon, pensait à sa conquête de la veille.

— Elle est charmante, se disait-il ; je lui serai fidèle. Je romprai pour elle avec toutes les autres. Le sacrifice ne sera pas grand, il est vrai... Décidément je veux m'amender, je payerai mes dettes... Oui, mais je n'ai pas un sou en ce moment... Je ne touche mon revenu que dans un mois. Comment faire ? Jules et Zéphirin, il n'y faut plus penser... Allons aux expédients... Qui est là ?

— C'est moi, monsieur.

— François, quelle heure est-il ?

— Dix heures et demie, monsieur. Je viens allumer le feu, et vous prévenir que M. Grippart attend depuis deux heures pour vous parler.

— Que ne lui disais-tu que j'étais sorti ?

— Il vous eût attendu de même.

— Fais-le entrer.

— Monsieur, j'ai l'honneur...

— Ah ! bonjour, mon cher monsieur Grippart ; vous arrivez fort à propos, j'ai besoin d'argent aujourd'hui.

— Et moi, monsieur, c'est avec peine que j'ose me permettre de venir vous en demander, répond M. Grippart d'un ton doucereux.

— Ah ! c'est excellent, reprend Léon, nous avions tous deux les mêmes intentions : il y a seulement une différence, c'est que je ne puis vous en donner, parce que je n'en ai pas, et que vous pouvez m'en prêter parce que vous en avez.

— Vous êtes dans l'erreur, monsieur, je n'aurais rien à vous refuser si j'étais en fonds ; mais les pertes énormes que j'éprouve... la stagnation du commerce...

— Bah ! vous êtes riche comme un vieux juif, mon cher Grippart ; que faites-vous de tout l'argent que moi et d'autres avons mis dans votre coffre-fort ? vous avez au moins le quart de ma fortune. Je ne crois pas à votre gêne ; prêtez-moi mille francs, je ferai, comme à l'ordinaire, mon billet de deux mille, et ce sera notre dernier marché de ce genre : je me corrige.

— Il me serait possible, mon cher monsieur, répond le juif, de vous rendre ce petit service à condition que vous me payeriez le billet que je vous apporte ; il est échu depuis un mois. Voyez, regardez, avec les frais il monte à deux mille trois cent vingt francs vingt-sept centimes. J'ai, pour ma propre sûreté simplement, obtenu prise de corps, saisie, etc... c'est une lettre de change.

— La peste soit de vous avec votre sûreté ; vous compromettez terriblement la mienne : êtes-vous fou ?

— Non, monsieur, mais très-malheureux, très-désolé d'être forcé, pour ma sûreté simplement, d'en venir à ces dures extrémités avec des gens que j'estime ; et de plus, mon bon monsieur, demain, peut-être aujourd'hui, cette malheureuse prise de corps sera...

— N'achevez pas, dit Léon avec colère en se jetant en bas de son lit, si je ne me retenais, maître Grippart, je vous ferais sauter, par la fenêtre !

— J'en serais désespéré monsieur, dit l'usurier toujours d'un air bénin, car d'une simple affaire de commerce vous me feriez une criminelle et... le bien que je vous veux...

— Au diable vous et votre bien, je ne puis vous payer en ce moment ; attendez.

— Volontiers, je consens, dit notre homme, mais quelle sûreté ?

— Ma parole, dit Léon.

— Je la reçois, moi, mais la justice veut des écrits ; comme je vous estime fort, je veux bien entrer en arrangement et voilà ce que je vous offre : cette petite ferme que vous avez à Tournan en Brie, combien l'estimez-vous ?

— Ma ferme... vingt-quatre mille francs.

— Elle est franche d'hypothèque ?

— Oui, pourquoi ? C'est du bien qui me vient de ma mère, et j'y tiens.

— D'accord : mais vous me devez deux mille trois cent vingt francs vingt-sept centimes ; je vous en fais prêter six mille, cela fera huit mille trois cent vingt francs vingt-sept centimes ; vous prenez un an de date, vous me faites une lettre de change de huit mille francs, une vente de votre ferme, pour ma sûreté simplement ; à l'échéance de votre effet, vous me payez et rentrez dans votre ferme, comme je tenant beaucoup, venant de madame votre mère. Sans cela, mon bon monsieur Léon, il m'est impossible d'arrêter plus longtemps le cours de la justice, cela me désole. Cette retraite de Sainte-Pélagie est si triste, si désagréable, surtout pour un jeune homme comme vous, habitué à ses aises, à son indépendance, au luxe. Voyez, j'attends votre décision.

— Vieux serpent, répond Léon, avec quel art tu enveloppes ta proie ! moi, engager mon bien ! jamais, jamais !...

— Je fais tout ce qu'il est possible pour vous satisfaire, et puisque je ne puis y parvenir, que voulez-vous ! vous en prenez pas à moi... c'est votre dernier mot, vous ne consentez pas ?

— Sors de chez moi, et que la peste t'étouffe, vil arabe ! un autre sera moins infâme que toi, et me mettra à même de sortir de tes griffes.

Pendant que Léon parlait, notre juif s'était avancé près de la croisée et frappait avec force sur les vitres. Léon regarde l'usurier sans comprendre ; mais, deux minutes après, plusieurs recors entrent dans la chambre, et lui apprennent que le bruit de la vitre n'était autre que le signal qu'ils attendaient pour monter.

— Messieurs, dit Grippart en s'adressant aux recors, c'est avec douleur que je suis forcé de réclamer votre ministère. Voici M. Léon de Saint-Elde qui me dira où je puis vous prier de le conduire où ce papier vous indiquera.

Léon, à la vue des recors, reste pétrifié ; aucun moyen d'évasion, il faut capituler ou aller en prison. Et sa conquête ? et ?...—Messieurs, veuillez passer au salon, je veux parler à monsieur. Les recors se retirent dans la pièce précédente.

— Au moins, monsieur Grippart, mettez les dix mille francs, vous le pouvez sans crainte ; avec ma ferme, vous ne risquez aucune perte.

— Ma bonne volonté y est tout entière, monsieur, mais la possibilité, nullement ; les fonds sont si rares !

— Au moins, les neuf mille.

— C'est bien audacieux de ma part, mais nous allons partir chez votre notaire et terminer.

— Le temps de finir de m'habiller, asseyez-vous un instant.

— Hâtez-vous, dit l'usurier, des affaires urgentes réclament ma présence chez moi.

Un bruit se fait entendre, la porte de la chambre s'ouvre, Jules entre tenant une cravache à la main.

— Quoi ! paresseux, tu ne fais que de te lever !... d'un si beau temps, reste si tard au lit. Allons, dépêche-toi, je viens te chercher pour monter à cheval ; nous irons au bois de Boulogne.

Léon, extrêmement contrarié de l'arrivée de Jules dans ce moment critique, ne sait que répondre, tourne dans la chambre en cherchant sa cravate, qu'il tient à la main.

Grippart, assis près de la porte, le menton appuyé sur la pomme de sa canne, promène ses yeux sur les deux amis.

— Me répondras-tu aujourd'hui, avec tes allées et venues ?

— Pardon, pardon, cher ami, j'étais occupé d'une affaire à ton arrivée, je n'ai pas saisi ta proposition.

— Je t'offre de venir ce matin faire, à cheval, un tour du bois de Boulogne.

— Tu sais bien que j'ai vendu mes chevaux ; ils me ruinaient.

— Mon domestique en amène un pour toi ; allons, dépêche : quelles sont ces figures de bandits qui sont plantées dans ton salon ? on dirait des familiers du saint-office.

— Il y a donc du monde ? répond Léon d'un air surpris.

— Oui, tu ne le savais pas ? il faut savoir ce qu'ils veulent et les congédier.

En disant ces mots, Jules ouvre la porte et invite les recors à entrer.

— Messieurs, que souhaitez-vous ?

Léon, au comble de l'embarras, faisait à Grippart le signe de sortir, mais le vieux rusé ne bougeait pas.

— Monsieur, répond un des recors à Jules, ces messieurs, en montrant Léon et Grippart, connaissent le motif de notre présence.

— Oui, oui, ajoute Léon, vous pouvez vous retirer, messieurs, vous n'êtes plus utiles ici.

— Monsieur, dit Grippart à Jules en montrant Léon, sait fort bien qu'avant le départ de ces messieurs il faut que je termine avec lui une petite affaire. (Aux recors) Restez, restez, messieurs, attendez pour partir que je vous avertisse...

— N'es-tu donc plus maître, Léon, que vous donnez des ordres chez toi ? Au fait, qu'est-ce que cela veut dire ?

— Cela veut dire, répond Léon, que je suis dans la griffe d'un juif et de ses huissiers, et que, ne pouvant payer aujourd'hui deux mille francs, le bourreau, montrant Grippart, et son horrible cortège viennent pour m'arrêter.

— Non, non, mon bon monsieur, dit Grippart à Jules, M. Léon est trop honnête homme pour en laisser venir les choses à ce point ; nous n'en sommes plus à des mesures aussi sévères, je n'attends plus de lui, pour me retirer, qu'un petit acte que nous devons passer ensemble pour ma sûreté simplement.

— Quel est cet acte, Léon, dis-le moi ?

— Presque rien, répond ce dernier, une garantie qu'exige cet homme.

— Mais encore quelle est-elle ? Ecoute, Léon, c'est un ami qui s'intéresse à toi et qui réclame ta franchise et ta confiance.

Jules, en disant ces mots, avait pris la main de Léon, qu'il serrait dans la sienne.

— Tu le veux : eh bien ! ce juif me prête sept mille francs, avec deux que je suis censé lui devoir cela fait neuf mille et je le lui fais, jusqu'au remboursement, l'acte de vente d'une de mes fermes.

— Et quelle garantie, dit Jules à Grippart, donnez-vous à monsieur que son bien lui rentrera à son entier payement ?

— Quelle garantie ! répond l'usurier, mais... ma délicatesse, mon honneur...

—Et l'intérêt de votre argent, à combien l'estimez-vous?

—L'intérêt, reprit Grippart, mais sur le même taux que celui que monsieur a bien voulu me donner jusqu'à présent.

—Mais, vieux coquin, dit Léon d'un ton colère, il est de cent pour cent : tu veux donc me ruiner entièrement?

—Non, mon bon monsieur Léon, mais l'argent est si cher, si rare, si pénible à gagner! Au surplus, si vous ne croyez pouvoir conclure cette affaire, restons-en à notre prise de corps. Ces messieurs s'impatientent dans votre salon, et moi-même je perds un temps précieux à attendre votre dernier mot.

—Silence, vieux coquin! par ma foi, je brise cette chaise sur ton infernal cadavre.

Grippart, épouvanté du geste et de la menace, se retranche vers la porte, qu'il laisse entr'ouverte.

—Monsieur, point de bruit, décidez-vous ou suivez-moi à l'instant.

—Le billet de deux mille francs que M. Saint-Elde vous doit, dit Jules à Grippart, est-il échu?

L'oncle Tricot.

—Oui, monsieur, certainement, depuis un mois six jours et treize heures.

—Un ami m'avait instruit de la gêne de M. Saint-Elde; non-seulement ma visite de ce matin avait pour but de l'engager à m'accompagner dans ma promenade, mais encore de lui remettre ces trois mille francs en à-compte d'une dette que j'ai contractée envers lui : les voici, monsieur, ajouta Jules en les présentant à Grippart, payez-vous et laissez-nous.

Après les remercîments d'usage, nos deux jeunes gens montaient à cheval et prenaient en philosophant l'avenue de Neuilly. D'ailleurs, monsieur, le voici avec les frais; il monte à deux mille trois cent vingt francs vingt-sept centimes.

Après les remercîments d'usage, nos deux jeunes gens montaient à cheval et prenaient en philosophant l'avenue de Neuilly. Après un excellent déjeuner servi par un des meilleurs restaurateurs du bois de Boulogne, déjeuner qui calmait l'appétit gagné par le grand air et le trot du cheval, ils étaient remontés à cheval et parcouraient les longues avenues du bois lorsqu'une calèche élégante, dans laquelle étaient deux dames, s'approcha d'eux. Léon et Jules, reconnaissant mesdames Sennecour et Derville, s'empressent de les aborder.

—Quel heureux hasard, dit Jules, nous procure le bonheur de votre rencontre, mesdames?

—Le temps magnifique qu'il fait aujourd'hui, répondit madame Sennecour, nous sommes enchantées d'en avoir profité. Nous manquions de cavaliers; mais puisque vous voilà, messieurs, vous ne refuserez sans doute pas de nous tenir lieu d'écuyers cavalcadours.

—D'accord, fit Léon; mais, mesdames, je pense que mon ami ainsi que moi nous préférons changer le haut grade que vous nous octroyez contre une jolie petite place à vos jolis côtés, nous aurions l'avantage bien doux de pouvoir vous admirer de plus près et de mieux entendre votre charmant langage.

La demande fut accordée; mais, au retour, ces dames ayant désiré descendre pour se promener à pied, Jules s'empressa d'offrir son bras à madame Derville; madame Sennecour prit celui de Léon; la conversation fut quelques instants générale : mais, soit exprès, soit par hasard, nos deux couples se trouvèrent assez éloignés l'un de l'autre pour que chacun d'eux pût causer sans être entendu de ses voisins.

—M'expliquerez-vous, monsieur, dit madame Derville à Jules, votre conduite singulière? Vous dites que vous m'aimez, que je suis la seule femme qui vous ait fait connaître l'amour, et voilà quinze jours que vous n'avez daigné me rendre visite. Il faut que ce soit un hasard qui nous fasse rencontrer, sans cela je serais sans savoir ce que vous êtes devenu.

—Je craignais, madame, d'être importun en me présentant chez vous. Vous devez vous rappeler que la dernière fois que j'eus cet honneur j'interrompis un tête-à-tête entre vous et M. le capitaine de Renneville.

—Un tête-à-tête, monsieur! répondit la jeune veuve avec vivacité et d'un air piqué; en vérité, je ne vous comprends pas. Parce que je reçois quelqu'un, monsieur devient jaloux. Croyez-vous qu'une veuve soit obligée d'admettre un tiers lorsqu'elle reçoit une visite?

—Vous êtes libre, madame, de recevoir dans votre maison qui vous voulez, personne n'a, je crois, le droit d'y trouver à redire.

—Alors, monsieur, de quoi avez-vous donc à vous plaindre?

—De quoi, madame? mais...

—Dites donc, monsieur?

—Mais, madame, de ce qu'il vient trop souvent pour que ses visites ne soient qu'une simple politesse; il vous fait la cour, et vous l'écoutez.

—Monsieur Delmar, vous êtes un impertinent; laissez-moi... En disant ces mots, la jeune femme s'efforçait de quitter le bras de Jules; mais il la retint en lui prenant la main, qu'il serrait amoureusement.

—Laissez-moi, monsieur!

—De grâce, madame, daignez m'entendre!

—Oui, pour écouter encore le récit de vos soupçons offensants.

—Vous offenser! celui qui donnerait sa vie pour vous plaire, celui qui ne voit et n'aime que vous! Ah! pardon, mille fois pardon, chère Amélie! l'amour que vous lui inspirez le rend injuste, l'aveugle; mais le plus léger soupçon n'a jamais pénétré dans son cœur.

—Etes-vous bien sincère, répondit Amélie d'un ton attendri, et ne serai-je pas trop faible de vous pardonner sitôt? Pourquoi vous plaindre, Jules, si je n'aime que vous? est-ce de ma faute si d'autres me font la cour? Au contraire, mon ami, vous devez être flatté, c'est que je suis jolie.

—Oh! oui, oui, bien jolie, en effet, et trop pour mon repos, chère Amélie!

—Que vous êtes enfant de vous alarmer ainsi! Allons, monsieur, promettez d'être plus sage, et demandez-moi pardon de vos injustices.

Jules obéit. Un baiser pris au détour d'une allée scella le traité de paix, et les deux amants, rejoints par Léon et madame Sennecour, remontèrent en voiture et se séparèrent avec promesse de se réunir le soir au bal.

Le soir, neuf heures sonnaient à l'horloge du Timbre de la rue de la Paix lorsque Léon faisait retentir la sonnette de madame Louise Saint-Clair. Une servante campagnarde vint ouvrir et introduisit le jeune homme dans un salon richement meublé; la maîtresse du logis, l'abordant avec un sourire gracieux, lui dit à voix basse :

—N'osant compter sur votre aimable visite, j'ai reçu quelques-unes de mes amies. Si cela ne vous contrarie pas, et que vous consentiez à les voir, vous pouvez entrer; d'ailleurs elles sont fort aimables et seront ravies de votre présence.

Léon, quoique contrarié, n'osa refuser l'invitation; il fut bientôt installé au milieu du cercle de madame Saint-Clair. Il y avait quatre dames, parmi lesquelles Léon fut étonné de rencontrer mademoiselle Ursule Loquet. A son entrée ces dames crurent devoir prendre leur air aimable, c'est-à-dire qu'elles se minérèrent à qui mieux mieux. Une d'entre elles, qu'on nommait madame la comtesse de La Minauderie, tenait le dé de la conversation; elle ne parlait que de ses châteaux, des princes, ducs, pairs et députés ses amis intimes, de ses chevaux, de son crédit, et cependant elle s'enveloppait dans un mauvais châle, et se plaçait soigneusement aux outrages que le temps avait faits à sa toilette. Madame Saint-Clair offrit du punch, qu'on servit dans une casserole de cuivre parce que la porcelaine souffre trop de l'ardeur du feu. La comtesse et sa voisine vidèrent une assiette d'échaudés, dont le punch était accompagné. Madame Saint-Clair, s'apercevant qu'Ursule prêtait un peu trop d'attention aux éloges que lui adressait Léon sur son talent tragique, proposa un écarté, tout en ayant soin de se placer entre Léon et son interlocuteur.

—Monsieur, je tiens un franc.

—Volontiers, madame.

On sonne : bientôt paraît un petit monsieur en habit noir, portant des bésicles, l'air délibéré, et parlant très-haut.

—Bonjour, aimables dames; comment! déjà au jeu!

Ah! c'est charmant; qui veut gagner avec moi? je suis prêt. Allons, belle Ursule, faisons quelque chose ensemble; vous me boudez, je crois, c'est horrible. Voyons, donnez, donnez cette charmante main, que je la baise.

Ursule, contrariée des manières libres du petit jeune homme, s'efforce de lui faire des signaux; celui-ci, qui ne les comprend pas, s'obstine à prendre de force la main qu'on lui refuse, et, dans son transport d'amabilité, renverse la table. Les dames partent d'un éclat de rire; madame Saint-Clair seule est furieuse, elle gronde M. Honoré sur son mauvais ton. La servante apporte des lumières pour remplacer celles que la chute de la table a éteintes. Léon s'est aperçu que M. Honoré a profité de l'obscurité pour pincer les bras de la comtesse et faire un attouchement déshonnête aux charmes rebondis de la troisième dame, grosse dondon, qui n'a encore ouvert la bouche que pour boire six verres de punch, qu'elle s'est versés à la dérobée, et dire d'un ton mignard à M. Honoré : — Finissez donc, badin. Léon prend l'écarté avec M. Honoré, qui joue fort bien et gagne son adversaire. Léon propose de doubler, puis, après deux parties, de tripler la mise. Madame Saint-Clair, assise près de lui, penche sa jolie tête sur l'épaule de Léon, lui donne des distractions et lui fait perdre son argent.

Zéphirin avait voué plus qu'un vulgaire intérêt à la belle Ursule.

— Déjà onze heures passées ! dit la comtesse en fronçant sa bouche pour la rendre plus petite; et tournant ses yeux pour leur donner une expression sentimentale :

— Je vous quitte, ma chère Louise. Demain j'ai rendez-vous chez le ministre; il faut que j'y sois à neuf heures. Je frémis à l'idée de me lever si matin; c'est vous faire payer mille fois les services que l'on veut bien leur demander. S'adressant à la grosse dondon :

— Minette, c'est que vous ne venez pas avec moi? c'est votre chemin, on est plus hardies deux ensemble.

Minette s'était endormie sur son fauteuil et ne répondait pas. La comtesse la réveille et lui renouvelle sa demande; la grosse chatte ouvre les yeux, regarde d'un air stupide autour de la chambre en disant :

— Je rêvais que j'étais reine de Congo, où les hommes sont si noirs.

— Pour une Majesté, tu manques de dignité, ma chère Hortense, de nous dormir ainsi au nez.

— Dame ! c'est plus fort que moi, l'habitude de dormir sitôt après le dîner, si je ne suis pas émoustillée par quelque chose de drôle.

Madame Saint-Clair, à cette sotte réponse, se pince les lèvres de dépit, s'aperçevant du sourire sardonique qui s'échappe de la bouche de Léon.

Nos quatre dames, couvertes de leurs manteaux, debout dans la chambre, semblaient attendre pour partir qu'un de ces messieurs eût la galanterie de quitter le jeu pour leur servir de cavalier.

Madame Saint-Clair, désirant leur départ afin de se trouver seule avec Léon, engagea ces messieurs à quitter la partie et M. Honoré à accompagner ces dames.

A regret, notre jeune homme abandonne la chance favorable qui venait de faire passer une centaine de francs de la poche de Léon dans la sienne.

— Monsieur, dit-il en se levant, j'espère avoir l'honneur de vous offrir votre revanche à la première occasion.

— Allons, charmant troupeau, je suis à vous, partons.

A peine ces dames étaient-elles sorties que déjà Léon était au mieux avec sa belle, et qu'il lui jurait son amour à grand renfort de tendres baisers. Mais l'heure s'avançait, Léon avait promis d'aller au bal de madame Sennecour, et il voulait emporter plus que des espérances de son entretien avec sa nouvelle conquête; mais la place était décidée à la résistance. Enfin ce ne fut qu'à minuit qu'il put se glisser furtivement au milieu de la foule qui encombrait les salons de la danse. Il arrivait à son but quand un malencontreux embarras le fit tomber aux genoux de madame Sennecour, qu'il voulait éviter.

— C'est sans doute pour implorer votre pardon de tant vous faire désirer, monsieur, que vous tombez à mes pieds? dit en riant madame Sennecour.

— Je serais souvent coupable, madame, répond Léon, si, pour obtenir ma grâce, il fallait me prosterner à de si jolis pieds; l'univers entier ambitionnerait une si douce faveur.

— Vous êtes flatteur, monsieur Saint-Elde.

— Et vous adorable, madame.

— Allons, monsieur, finissez vos compliments et faites-moi danser.

Léon s'empressa d'obéir à un ordre si doux; il prit place avec sa dame dans un des quadrilles où se trouvaient Jules et madame Derville, qu'il n'avait pas encore aperçus.

Après la contredanse il s'approche de Jules et de madame Derville, qu'il vient de rencontrer causant dans une des chambres attenantes au salon.

— Tu as bien tardé, mon cher Léon! je désespérais de ta présence; il paraît que la conférence avec ton notaire a été fort longue.

— Comme tu le dis fort bien, mon ami; et de plus, c'est que je n'ai terminé qu'à moitié l'affaire que j'y allais traiter. Mais vous-mêmes en traitez une aussi apparemment qui exige de l'isolement, je ne veux pas être importun : je voulais saluer madame.

SOIRÉE CHEZ MADAME SAINT-CLAIR.
Entrée de M. Honoré le petit clerc.

Léon s'approche des tables de jeu; l'espoir de rattraper l'argent qu'il avait perdu avec M. Honoré lui fait oublier ses plans de réforme et prendre place au tapis. Jules, forcé de quitter madame Derville, afin que son assiduité près d'elle ne fût pas remarquée, se promène seul dans la foule. Le signal d'une nouvelle contredanse se fait entendre; il ne peut résister au désir d'engager de nouveau la jeune veuve, mais il est prévenu par un jeune homme : il reconnaît le capitaine de Renneville. Madame Derville accepte le cavalier et s'éloigne avec lui pour prendre place. Un mouvement de jalousie fait tressaillir le cœur de Jules; la vue de cet homme, dont il redoute la galanterie près d'Amélie, lui perce le cœur. Appuyé près d'une colonne, Jules, les yeux fixés sur un seul point, est distrait de ses observations par la conversation des deux dames parlant ensemble à demi-voix mais assez haut pour attirer l'attention de notre jaloux.

— Regarde, disait une des dames, elle danse en ce moment avec lui ; il en est fou, ma chère : si ce mariage pouvait réussir, quel beau couple cela ferait ! Amélie est très-riche (ici l'attention et le battement de cœur de Jules redoublent) ; lui jouit aussi d'une grande aisance, un beau nom, un grade honorable.

— On la dit très-coquette, reprend l'autre dame, M. Delmar lui fait la cour, et l'on prétend qu'elle ne lui refuse pas tout espoir.

— C'est vrai, ma chère ; mais le jeune homme n'a jamais parlé de ses intentions ; Amélie voudrait se remarier ; et si Renneville lui demande sa main, je suis persuadée qu'il obtiendra la préférence ; jusqu'ici j'ignore lequel des deux, mais l'hommage du capitaine ne paraît pas lui déplaire.

La danse mit fin à la conversation de nos deux dames. Jules, anéanti, frappé au cœur, restait immobile à sa place.

Dors-tu, ou es-tu incommodé ? lui dit un gros et court personnage en le secouant par le bras à plusieurs reprises.

— Laisse-moi, Zéphirin, laisse-moi, je suis désespéré ! répond Jules à son ami.

— Désespéré, pourquoi ? comment, tu viens au bal, désespéré ! voyons, explique-moi cela, je ne te comprends pas. Viens avec moi, je te consolerai ; tu vas m'aider à arracher du jeu ce damné de Léon, qui perd son or à poignée et qui n'en a jamais lorsque je lui demande celui qu'il me doit.

— Perfide ! s'écrie Jules sortant de son anéantissement.

— Oui, c'est très-perfide, comme tu le dis ; car enfin je lui ai prêté d'amitié, sans titre, sans intérêts.

— Se jouer ainsi de l'amour le plus pur, le plus sincère !!

— Qu'est-ce que tu dis donc ? c'est de la confiance, de l'amitié la plus sincère, et non de l'amour ; me crois-tu amoureux de Léon ? Grâce à Dieu, si l'amitié m'était aussi fidèle que ma tendre Ursule, il n'existerait pas au monde un plus heureux mortel que moi.

Jules, revenu de son trouble, parcourt des yeux le salon ; madame Derville, donnant le bras au capitaine Renneville, passe devant lui : leur conversation paraît fort animée. Jules fait un mouvement pour les suivre ; mais Zéphirin, qui ne conçoit rien à l'agitation de son ami, l'arrête et lui en demande l'explication. Jules se débarrasse brusquement de lui et s'élance sur les traces de sa maîtresse. Le capitaine et la dame ont disparu. Jules, hors de lui, traverse la foule, coudoie, bouscule tous ceux qui se trouvent sur son passage ; Zéphirin, inquiet de son état, le suit, autant que la foule le lui permet. Une heure de recherches, et Jules n'a pu rejoindre madame Derville ni le capitaine ; mille soupçons déchirants lui passent par l'idée : où sont-ils ? que font-ils ? ont-ils quitté le bal ?... Enfin la voilà ; elle sort du second salon ; elle est seule ; elle entre dans le boudoir de madame Sennecour...

— Madame...

— Ah ! c'est vous, Jules... qu'avez-vous donc ? comme vous êtes agité !

— Vous me le demandez, madame !... vous rappelez-vous notre conversation du bois de Boulogne ? vous rappelez-vous la cause de mon absence ? l'assurance et la promesse que M. de Renneville n'avait et n'aurait jamais aucun droit sur votre cœur...

— Arrêtez, monsieur, je devine les reproches que vous voulez m'adresser. Je suis veuve, indépendante, maîtresse de ma main et libre d'en disposer à mon gré ; votre méfiance et vos soupçons m'offensent. Faut-il, monsieur, pour conserver votre amour renoncer au monde ? n'y comptez pas ; une femme peut entendre les hommages de plusieurs hommes sans cesser d'être vertueuse.

— Calmez-vous, madame, désormais je m'abstiendrai de toutes plaintes ; je voulais un cœur que je fusse capable d'occuper tout entier. Je me suis trompé ; j'espère être plus heureux une autre fois. Je souhaite que M. de Renneville obtienne de vous une réponse favorable à l'offre de sa main. S'il vous aime autant que moi, je puis vous promettre un bonheur parfait. Adieu, madame, recevez mes regrets et mes salutations.

— Ingrat ! répond Amélie en cachant ses yeux dans son mouchoir, je vous aimais ; mais actuellement je vous déteste.

Madame Derville s'éloigne de Jules, monte dans sa voiture et retourne chez elle cacher son dépit et son chagrin. Il est cinq heures du matin ; les salons deviennent déserts, la salle de jeu est encore occupée par quelques personnes ; Léon, après avoir perdu son argent, se dispose à retourner chez lui, maudissant la mauvaise chance qui ne l'a pas quitté de la soirée. Depuis longtemps Zéphirin, en homme sage, a regagné le toit sous lequel repose sa tendre et fidèle Ursule Loquet.

IV. — Peines d'amour. — Les Infidèles.

Veuve à vingt-deux ans d'un vieux procureur, madame Derville, quoique fort jolie et fort coquette, avait su conserver une réputation intacte. L'amour de Jules Delmar avait infiniment flatté la jeune veuve, mais elle n'acceptait ses hommages que dans l'espoir d'un second mariage. Déjà plus d'une année s'était écoulée sans que Jules eût pu formuler ses intentions. La jolie veuve attendait, espérait peut-être un aveu franc et loyal ; elle aimait Delmar, il le savait, et pourtant il se taisait. Chaque jour de nouveaux prétendants se présentaient, offraient

leur fortune, et parmi eux, au premier rang, était le capitaine de Renneville, homme aimable, qui avait su se faire remarquer. Il ne tenait que le second rang dans le cœur de la veuve ; mais il parlait d'union. Fort beau garçon d'ailleurs, et de plus très-amoureux et riche à millions, c'étaient là d'excellents titres pour obtenir un cœur de vingt-deux ans, toujours prêt à se venger des ennuis d'un premier mariage par une union mieux assortie. Cependant Amélie restait fidèle à Jules. Elle n'osait lui demander une franche explication, mais elle désirait connaître ses intentions. Une femme jeune et belle ne saurait jouer longtemps aux jeux innocents du platonisme. Et le capitaine devenait chaque jour plus pressant. Enfin, la scène du bal la décida à rompre le silence.

Jules s'était mis au lit à son retour du bal, non pour prendre du repos, mais pour se livrer plus librement à ses réflexions. La scène et cette conversation qu'il avait entendue lui repassaient dans la tête. Il pensait qu'un homme aussi bien posé que M. de Renneville pourrait facilement trouver accès auprès de madame Derville. Tandis que lui, qui n'avait jamais osé s'expliquer, devait nécessairement être sacrifié. Il était tourmenté par ces tristes pensées, quand un domestique lui remit une lettre. Il reconnut l'écriture de madame Derville, il hésitait à lire ; enfin il rompit le cachet et lut ce qui suit :

« MONSIEUR,

» Après votre inqualifiable conduite, je devrais renoncer pour toujours au plaisir de vous entretenir ; mais, poussée par je ne sais quelle force, je consens non à justifier, mais à expliquer le fait d'hier. Vous m'accusez, vous n'avez pas confiance en moi ; cependant j'ai bravé tous les soupçons que fait naître une liaison d'une année, croyant toujours qu'un mot de vous viendrait confirmer mes plus douces espérances : ce mot, vous ne l'avez pas prononcé.

» Cette nuit un homme plus franc a mis à mes pieds son cœur et sa main. L'intérêt de ma réputation me force à chercher dans un époux un protecteur, un ami.

» Réfléchissez, monsieur, et, si votre amour est aussi pur que vous me l'avez juré, prononcez-vous ; car désormais je ne recevrai que mon époux dans mon amant.

» AMÉLIE V. DERVILLE. »

Cette lettre jeta Jules dans un trouble inconcevable. Il fallait se décider. Depuis longtemps son cœur avait parlé, il aimait Amélie ; mais pouvait-il s'engager sans l'aveu de son oncle ? Il craignait un refus. Plusieurs fois M. Dermonville avait fait entendre que l'épouse de son neveu était choisie, que ce mariage était sa plus chère espérance ; mais jamais le comte n'avait nommé la personne : il semblait attendre une époque, qu'il disait très-prochaine. Mais l'amour ne consulte et n'attend pas toujours la volonté des parents. Jules avait connu Amélie, l'avait aimée sans se demander comment finirait cette liaison ; l'instant du dénouement arrivait, il se voyait forcé d'en instruire son oncle.

Aussitôt que l'heure de se présenter chez M. Dermonville eut sonné Jules se hâta de se rendre dans l'appartement de son oncle.

Le comte l'accueillit avec un sourire de bienvenue.

— Qu'as-tu donc ce matin, mon cher Jules ! tu parais fatigué, tu es pâle, défait ?

— Vous êtes trop bon, mon oncle ; ce n'est rien, la fatigue d'une nuit de bal.

— En effet, tu es allé hier chez madame Sennecour ; une femme charmante. J'aime à te voir fréquenter des maisons comme celle-là ; un jeune homme y puise d'excellents principes, et je vois avec orgueil que tu en profites, mon cher Jules ; tiens, quand tu auras voyagé pendant une couple d'années, je t'assure que tu feras un cavalier accompli. Revenons à ton bal ; j'aime à entendre parler des plaisirs, moi qui en suis sevré par cette coquine de goutte : dis-moi, t'es-tu bien diverti ?

— Non, mon oncle.

— Comment, non ! et pourquoi ? que t'est-il arrivé ? parle ?

— J'aime, mon oncle.

— Ah ! tu aimes ; je conçois cela, à ton âge on a toujours quelque amourette !

— Ce n'est point une amourette, mon oncle, c'est un amour sérieux, d'où dépend le bonheur ou le malheur de ma vie.

— Qu'est-ce à dire, mon neveu, et que prétendez-vous faire de cet amour-là ?

— Mais, mon oncle, avec votre permission, faire ce que l'on fait quand on aime et que l'on est aimé d'une femme libre..., l'épouser.

— Ah ! l'épouser ! et quel est le nom de cette perfection ?

— Vous la connaissez, mon oncle ; c'est l'amie de madame de Sennecour, Amélie Derville.

— En effet, c'est une femme parfaite et je te félicite de si bien placer tes affections ; mais, mon enfant, il faut y renoncer, tu ne l'épouseras pas.

— Comment, mon oncle, vous me refusez mon bonheur, et pourquoi, puisque vous la trouvez parfaite et que vous me félicitez de mon choix ?

— Écoute, Jules, tu es l'enfant de mon pauvre frère, tu es aujourd'hui ma seule consolation. Mon fils, mon ami, j'ai veillé sur ton enfance, sur ton éducation, laisse-moi actuellement le soin de ton établissement ; j'ai fait choix de la femme que je te destine, et je suis persuadé que tu m'approuveras : elle est jeune, riche et belle, et de plus fille, c'est quelque chose.

— Jamais je ne pourrais consentir à prendre une autre femme que celle qui, la première, m'a fait connaître le bonheur d'aimer.

— Eh bien ! mon ami, celle dont je te parle te fera connaître ce bonheur-là ; car je te réponds qu'il n'y en a pas deux comme elle.

— Mon oncle, cela m'est impossible ; voulez-vous faire le malheur de ma vie ?

— Non, Jules, et, pour te prouver le contraire, je te permets d'épouser madame Derville, si, après avoir vu celle de mon choix, tu as encore les mêmes intentions.

— Mon oncle, montrez-la-moi ; mais je vous réponds que, fût-elle plus belle que Vénus, je préférerai toujours mon Amélie.

— Nous verrons dans quelques mois lequel de nous deux aura raison.

— Dans quelques mois, mon oncle ! il me faut de suite votre consentement ; voyez, lisez cette lettre, et dites-moi ce que je dois espérer de vous.

Jules donna la lettre qu'il venait de recevoir. Après l'avoir parcourue, M. Dermonville resta quelques instants à réfléchir ; puis, la rendant à Jules, il lui dit :

— Je conçois que le cas est pressant ; mais, mon ami, une femme bien éprise de son amant, n'en tient pas un second tout prêt pour le remplacer si le premier lui échappe.

— Ah ! mon oncle, vous faites injure à la plus vertueuse des femmes.

— C'est possible, mais la vertu n'exclut pas toujours la coquetterie ; et si ta maîtresse n'était pas coquette, loin de se consoler de ta perte avec un autre, elle ferait comme une héroïne de roman, elle mourrait d'amour et de consomption.

— Mon oncle, à son âge, n'a-t-elle pas besoin d'un protecteur ? la réputation d'une femme est si fragile !

— Jules, terminons sur ce chapitre : vous n'aurez jamais mon consentement sur ce mariage ; et m'en coûte de vous affliger, mais votre bonheur, le mien, dépendent de celui que je veux vous faire contracter.

— Je ne vous comprends pas, mon oncle ; quel intérêt si grand pouvez-vous attacher à ce projet pour que votre repos en dépende ?

— Jules, laissons cela pour ce moment, plus tard je vous en ferai connaître l'importance ; je vous instruirai de mes volontés ; apprêtez-vous, mon ami, à vous mettre en voyage pour le printemps, je souhaite que vous passiez la belle saison en Italie.

— Je ne puis donc rien espérer, monsieur ! vous me refusez absolument ?

— Oui, et que jamais vous ne m'en reparliez. Lorsque vous serez majeur, monsieur, si vous ne m'avez satisfait dans mes desseins, et que votre ridicule amour dure encore, vous serez libre d'en faire à vos volontés ; mais je doute que madame Derville soit assez faible pour refuser les demandes et les offres qu'elle reçoit, quand je le refuse pour votre femme. Retirez-vous, monsieur !

Jules se retira dans son appartement. La conversation qu'il avait eue avec son oncle l'avait frappé ; il ne concevait pas comment on pouvait douter de l'amour d'Amélie. Il relut cent fois la lettre en y trouvant toujours de nouvelles preuves d'une affection véritable ; mais il n'osait désobéir à son oncle. Un seul espoir lui restait, c'était de voir cette femme que lui destinait le comte et de la refuser. Il fallait aussi voir madame Derville pour l'engager à attendre. Pourrait-elle refuser sans passer pour une coquette à jamais méprisable ?

Allons chez elle, obtenons d'abord l'éloignement du capitaine, cet homme est trop dangereux, Amélie ne peut refuser ce sacrifice à l'homme qui l'adore. — Germain, habille-moi, dépêche, fais mettre mes chevaux.

Madame Derville ne fut point surprise d'entendre annoncer M. Delmar, elle comptait sur une prompte réponse à sa lettre ; mais la réception fut froide, elle se souvenait de la scène du bal. Jules ne savait comment rompre le silence, madame Derville semblait s'obstiner à garder. Enfin, voyant son embarras, Amélie se décida à parler la première.

— Etes-vous fatigué, monsieur Delmar, du bal de cette nuit ?

— Oui, madame, beaucoup ; non des plaisirs de la danse, mais des sensations douloureuses que j'y ai éprouvées.

— Voilà, monsieur, ce que l'injustice et la jalousie causent aux gens qui comme vous possèdent ces deux défauts ; ils voient partout du mal. C'est un être bien abominable qu'un jaloux.

— Madame, je crois que ce sentiment est inséparable de l'amour véritable ; quiconque vous aimera éprouvera ce tourment.

— Oui, si la confiance et l'estime n'accompagnent pas l'amour.

— Je vous aime, madame. Vous condamnez en moi la crainte, l'effroi qui m'agitent, lorsque je vous vois auprès de vous une autre personne chercher à m'effacer de votre cœur, un homme vous offrir sa main et vouloir me priver de tout ce qui m'est cher ! Vous voulez que je reste froid, insensible à cet outrage ! Non, chère Amélie, non, je ne le puis ; appelez du nom de jalousie le tourment qui m'accable, mais au moins faites-le passer en éloignant un rival odieux.

— Monsieur Delmar, vous connaissez mes sentiments pour vous ; croyez qu'il m'en coûte beaucoup de vous affliger, mais je veux connaître la réponse que j'attends de vous avant d'éloigner M. de Renneville : des affaires de famille me forcent à cesser mon veuvage.

— Etre votre époux, madame, est le plus grand de mes vœux ; mais ce bonheur ne peut être le mien avant une année, mon oncle me re fuse son consentement jusqu'à ce temps. S'il est vrai, Amélie, que votre amour réponde au mien, j'ose espérer que ce faible obstacle ne me privera pas de votre possession. Moi seul je connais la douleur d'éloigner d'une année le bonheur inexprimable de vous nommer ma femme ; mais que la récompense sera douce ! Parlez, Amélie, dites si je dois être le plus heureux des hommes ?

Madame Derville écoutait Jules les yeux baissés, quelques soupirs agitaient la gaze de son sein ; sa main, dans celle de son amant, était abandonnée aux tendres baisers que l'amour y imprimait. Jules attendait son arrêt. Amélie semblait hésiter à répondre. Au même moment un domestique annonce M. le capitaine de Renneville, l'éclat de la foudre n'aurait pas produit sur Jules un plus grand effet que cette annonce. La jalousie, la haine, la colère s'agitèrent dans son cœur ; il se leva, et, prenant son chapeau, il s'apprêtait à sortir lorsque le capitaine parut.

Madame Derville, à laquelle la visite du capitaine ne faisait pas la même impression qu'à Jules, n'en était pas moins troublée. La rencontre des deux rivaux l'inquiétait ; l'arrivée du capitaine, en lui donnant le moyen de réfléchir à la demande de Jules, la servait assez, mais en même temps le mettait dans une situation très-embarrassante.

On ne lutte avantageusement avec un rival que par un continuel assaut de galanteries, mais non par la mauvaise humeur. Abandonner la place c'est une maladresse qui peut lui donner tous les avantages sur vous. C'est malheureusement le parti que prit Jules, il resta sourd de la politesse de M. de Renneville et à celles d'Amélie elle-même. Il sortit en accablant l'infidèle ; et de retour chez lui il se jeta dans un fauteuil sans voir Léon, qui l'attendait en parcourant distraitement quelques pages du poème bénin du Mérite des femmes.

— Pourrais-tu me dire, mon cher Jules, ce qui te met dans un tel état, tu pleures, je crois, qu'as-tu donc ?

— Laisse-moi ! je suis furieux. La perfide, l'indigne !... j'en aurai vengeance.

— Mais, de grâce, qu'as-tu ?

— Je suis trahi, abandonné. Ah ! mon oncle avait bien raison... c'en est fait, non, jamais, jamais je ne la reverrai. Amélie, mon cher Léon, m'est infidèle.

— Eh bien ! fais comme elle.

— Oui, je dois l'oublier, j'ai besoin de tes conseils ; oui, désormais je veux suivre ton exemple, jamais, jamais d'amour !

— Tu auras ma foi bien raison ; des amourettes, mais jamais d'amour.

— Une femme dans laquelle j'avais placé toutes mes affections, mon bonheur, mes espérances !

— Cela ne m'étonne en rien : ce sont toujours celles-là qui nous trompent les premières ; console-toi avec une autre.

— Une autre, oh ! non, jamais je ne retrouverai une femme comme elle.

— Oh ! si, beaucoup... surtout d'infidèles, tu n'en manqueras pas.

— Léon, veux-tu être mon second ? je réclame ce service de ton amitié.

— Quoi ! tu veux te battre pour une coquette ! mais c'est tout au plus ce que l'on fait pour défendre une fidélité du premier ordre.

— Je suis joué ! Léon, ce n'est plus d'une inconstante que je veux me venger, mais d'un homme qui a détruit tout mon bonheur, qui m'a ravi la seule femme que j'aimais ; réponds-moi, Léon, puis-je compter sur toi ?

— A la vie, à la mort ! cependant, je veux connaître les détails de ton aventure : les cerveaux exaltés comme le tien se font toujours des monts des choses les plus ordinaires.

D'après le récit que fit Jules de ce qui s'était passé entre lui, son oncle et madame Derville, Léon augura que son ami n'avait pas été véritablement aimé. Aussi lui donna-t-il le conseil d'oublier une coquette, et surtout de ne pas provoquer formellement en duel un galant homme.

— Oui, dit notre amant malheureux, oui, je veux l'oublier ; mais avant je la reverrai encore, non pour refuser son perfide amour, mais pour l'accabler de mon dédain, de mes reproches...

— Et lui redemander son amour et ton pardon, répond Léon en riant. Allons donc, sois homme, et laisse là cette femmelette ; tu la rendrais trop glorieuse, mon cher ; elle s'imaginerait que tu l'aimes encore, que tu reviens prendre ses chaines. Va, ce qui t'arrive aujourd'hui n'est pas malheureux ; rien ne forme mieux un jeune homme de ton âge que d'être trahi dans sa première inclination, cela va te donner de la méfiance et de la modération. Tu n'y allais pas mal pour tes débuts, tu livrais tout, corps et biens. Mais, je te quitte, une affaire pressée m'appelle ailleurs ; en tout cas, Jules, si, malgré mes avis, tu persistais toujours à vouloir te battre, compte sur moi.

— Tu me quittes ? pourquoi ne passes-tu pas le reste de la journée avec moi ? quelle chose si pressée te réclame ?

— Une chose indispensable, je te l'avouerai, c'est de l'argent,

— En effet, je me rappelle ça, que Zéphirin m'a dit cette nuit, que tu as joué et perdu.

— J'ai joué et gagné, au contraire; mais j'avais quelques dettes criardes, je n'ai pu me dispenser d'y faire honneur.

— N'importe, Léon, j'ai promis de t'aider à sortir d'embarras, et je tiendrai parole. C'est pour une affaire d'argent que tu veux me quitter, reste avec moi; tiens, voilà mille francs.

— Tu as des arguments irrésistibles : je reste, et cependant j'avais disposé de ma soirée; il faudra que tu en laisses la moitié à ma disposition.

— Pour jouer?

— Non, pour l'amour. Mais, d'ici là, si tu m'en crois, allons dîner au café de Chartres; ensuite nous irons aux Français voir la pièce nouvelle que l'on donne ce soir, qu'en dis-tu? cela te distraira. Laisse de côté ton air sentimental et consterné et vive la gaieté!

Jules se rendit aux propositions de Léon, les deux amis sortirent ensemble et se trouvèrent sur le boulevard face à face avec Zéphirin.

— Où allez-vous, mes chéris?

— Faire une débauche de consolation, répond Léon, dont tu prendras ta part, si le cœur t'en dit.

— Ah! j'y consens volontiers, mes bons amis, car j'ai grand besoin aussi de consolation, dit Zéphirin en poussant un gros soupir.

— Qu'as-tu donc? que t'est-il arrivé? aurais-tu payé aujourd'hui la dépense de ton déjeuner d'amis?

— Fi donc! tu me crois donc bien peu généreux pour penser que la consommation faite par des intimes me tienne ainsi au cœur; c'est l'amour, mes amis, l'amour.

— Comment, dit Léon en riant, toi aussi! allons, c'est le jour; je parie qu'Iphigénie-Loquet t'a fait de mauvais traits.

— Horribles, mes amis, horribles; la perfide a passé la nuit hors de chez elle. J'ai voulu savoir où : la perfide a menti.

— Qu'en sais-tu?

— Ce que j'en sais! ah! ce que j'en sais? Sous un prétexte ingénieux, je viens de m'assurer que l'infidèle est sortie à minuit de la maison qu'elle m'a indiquée comme étant celle d'une amie avec laquelle elle m'a dit avoir passé la nuit. Jugez du tourment d'une âme sensible comme la mienne; moi, si confiant, si aimant, si...

C'est en devisant ainsi qu'on arriva chez le restaurateur. Léon fit la carte en connaisseur. Livré tout à sa douleur, Jules ne mangeait pas; mais Zéphirin, beaucoup plus philosophe, avait laissé son chagrin à la porte; il tenait tête à Léon.

— Garçon, du champagne! Allons, Jules, bois donc, pourquoi nous faire si triste mine? A ta santé! Je te plains, les femmes, qui d'ordinaire sont ce qui charme notre vie, seront pour toi un véritable tourment si tu ne changes. Fais comme moi. — Mais, toi, tu commences par où l'on finit; à la première passion, tu te lances dans la matrimoniomanie : tu as tort, mon cher. Un homme, pour devenir un bon mari, doit avoir fait ce qu'on appelle la vie de garçon : user un peu de tout, jouir de la vie, dépenser son revenu, même en attaquant tant soit peu le fonds; ensuite on se range, un bon mariage répare toutes les folies.

— D'après tes conseils, Léon, on ne doit apporter à sa jeune épouse qu'un cœur blasé, usé par la sensations, usé par l'habitude des plaisirs; non, mon ami, ces goûts ne sont pas les miens, ta manière de penser et de vivre est ce que l'on nomme, en terme de banque, escompter sa jeunesse. Je veux, dans l'épouse de mon choix, les mêmes qualités que celles de mon cœur, j'entends une âme neuve, un amour sincère; et tu voudrais que je lui donnasse en échange un époux incapable d'apprécier ses vertus? Un tel homme ne se marie, comme tu dis fort bien, que pour réparer le désordre de sa fortune, et souvent la richesse est passée avant le goût des plaisirs ou des passions. Il dissipe la dot : alors, plus de paix, plus de bonheur! les regrets, les reproches arrivent; ensuite la séparation.

— Exagération! exagération! s'écrie Léon, suite de tes idées romanesques. Je te citerai dix ménages à ma connaissance vivant dans le plus doux accord, quoique le mari soit un vrai mari-garçon et la femme une franche coquette.

— Je te crois, mais n'ambitionne pas un tel sort.

— Moi, messieurs, dit Zéphirin, je ne pense ni comme l'un ni comme l'autre; je ne suis ni pour les coquettes ni trop coquette, vive une maîtresse fidèle, que l'on conserve longtemps, que l'on dresse à ses habitudes, à ses goûts; surtout qu'elle ne soit ni trop coquette, ni trop exigeante; que l'on puisse voir et promener à son gré : voilà le vrai bonheur; changer devient désagréable, les caractères ne sont pas d'accord, et avant qu'ils sympathisent ensemble, vous vous êtes déjà quittés. Le mariage, selon moi, est trop dispendieux, un train de maison, des enfants, des nourrices, etc.; se marier est perdre la moitié de son bien, puisqu'on double ses dépenses.

— Raisonnement d'égoïste, répond Léon. Dis-nous : Si ton père raisonnait comme toi, il est mort garçon; tu veux sans doute marcher sur ses traces?

— Non, non, je suis fils de père et de mère en légitime mariage; mais, en parlant de mariage, cela me rappelle que vous êtes tous deux invités à celui de ma petite cousine Elisa Tricot. Vous devez, demain, recevoir les billets d'invitation pour la semaine prochaine.

— Fort bien! j'aime infiniment les noces, et surtout les mariées lorsqu'elles sont jolies. Je ne suis pas fâché de cette occasion, nous avons en ce moment besoin de distraction. Mais il est sept heures; partons, si nous voulons avoir des places.

Chose rare, il y avait ce soir-là foule au Théâtre-Français. Il est vrai que messieurs les sociétaires étaient un peu sortis de leur somnolente habitude. Ils avaient fait l'immense effort de jouer une pièce reçue depuis plus de trois ans. En pareille occasion il faut se procurer des places à l'avance, si on ne veut être réduit à faire la queue comme le commun des mortels. C'est ce que firent nos amis. Les portes ouvertes, on se pressa, on se bouscula, heureux ceux que la nature a doués d'une haute taille! ils courent moins de risques d'être étouffés contre les portes, les colonnes et les balustrades. Mais dans ce monde les petits de toute espèce sont les plus malheureux. C'est ce que Zéphirin éprouva; car, secoué, ballotté par la foule, il fut violemment séparé de ses amis. Cette séparation lui coûtait d'autant plus qu'il se voyait forcé d'acheter son billet. Enfin il parvint à demander un modeste parterre : — A l'autre bureau, lui répond la vieille buraliste.

— Diable, dit Zéphirin, il faut donc le dire plus tôt! depuis une heure que l'on m'écrase pour arriver à celui-ci, n'est-ce pas bien amusant de recommencer!

Mais il n'y avait plus de parterre, ainsi que cela se pratique; la claque avait tout envahi avant l'entrée du public payant. Désespéré de ce contre-temps, Zéphirin se décida à aller demander à Ursule la vérité sur son absence nocturne. Pendant ce temps Jules et Léon, commodément assis dans deux stalles de balcon, cherchaient vainement leur compagnon dans tous les coins de la salle. Le balcon est sans contredit la partie privilégiée d'un théâtre. Là se mêlent, se trouvent, et causent sur le pied d'égalité, toutes les classes de la société; l'étranger cherchant un remède à son spleen, la femme qui le lui procurera, le fashionable qui veut montrer son nouveau gilet, la femme qui cherche un admirateur, l'homme à la poursuite d'une admiratrice, l'auteur en vogue, le banquier, l'intrigant, la coquette à la mode, tous semblent se donner rendez-vous aux balcons de nos théâtres les soirs de première représentation.

La pièce nouvelle venait de finir; les spectateurs sortaient pour aller juger l'œuvre au foyer et respirer un peu d'air, lorsque Jules et Léon, s'arrêtant indiscrètement devant la même loge, aperçurent M. de Renneville et madame Derville en tête-à-tête. Jules ne put maîtriser sa colère. — Regarde, regarde, une perfide, une infâme, et dis-moi, Léon, quelle doit être ma vengeance? En disant ces mots il voulait se précipiter dans la loge, son ami le retint.

— Arrête, insensé, que prétends-tu faire? un esclandre devant le public! Et de quel droit? es-tu son époux, son frère? n'est-elle pas libre, maîtresse de ses actions? Pense au ridicule dont tu te couvrirais; viens, sortons.

— Non, il faut qu'elle me voie, que je lui parle, que je l'accable de reproches; il me faut la vie de son amant, laisse-moi, Léon, laisse-moi!

— Je ne te quitte pas, imprudent : tu l'aimes et tu veux la déshonorer! Léon, je t'en supplie, sortons; demain je te laisserai maître d'agir à ton gré. Viens, partons; de grâce, ne fais pas de folies.

En voyant M. de Renneville sortir de la loge, Delmar ne fut plus maître de sa colère; il s'échappa des bras de Léon, et, s'approchant du capitaine, il lui prit brusquement la main. M. de Renneville, surpris de cette action, lui dit :

— Que signifie cette conduite, monsieur! que demandez-vous?

— Votre vie, répond Delmar.

— Je vous comprends, monsieur, ce lieu ne convient à aucune explication; on commence à nous entourer, je pense que ni vous, ni moi, ne voulons nous faire remarquer. Vous connaissez mon adresse; demain, monsieur, à toute heure, je suis à vos ordres.

— J'y compte, monsieur, demain à huit heures à la grille Maillot; j'aurai mes témoins.

— Demain, monsieur, j'y serai.

Le capitaine salua froidement Léon et Jules, puis fut reprendre sa place avec calme et sans faire paraître aux yeux de madame Derville aucune émotion.

Léon entraîna Jules hors du théâtre, celui-ci gardait un morne silence.

— Avoue, mon cher Jules, que tu es bien peu raisonnable. Cette femme a donc un bien grand empire sur ton cœur? se couper la gorge pour une femme fidèle, c'est concevable : mais pour une qui vous trompe, c'est ridicule. N'importe, demain je serai chez toi à six heures. Au diable les amours sérieuses! Si jamais j'attrape une égratignure pour elles, je veux en mourir! Allons, remets-toi!

— Pardonne-moi, Léon; mais j'aimais cette femme, maintenant je la hais. Oui, si le sort des armes m'est favorable, je veux suivre tes conseils, l'oublier; nous quitterons Paris. Oh! c'est fini, je n'aimerai plus, je suis trop malheureux!

— Que le ciel t'entende! Mais, au premier minois sentimental, tu oublieras tes serments, je connais cela. Mais il se fait tard, tes amours m'ont fait oublier les miennes. Demain je t'amènerai Zéphirin; il est inutile d'ébruiter cette affaire en y introduisant des étrangers.

Jules, resté seul, donna encore quelques instants à ses pensées, puis il s'apprêta à écrire à son oncle. Hélas! s'il succombait dans ce duel que deviendrait ce pauvre vieillard, qu'il avait toujours considéré comme son père? C'est en faisant ces tristes réflexions qu'il se mit à son secrétaire.

V. — L'Incendie. — Le Duel.

Fort désappointé de ce contre-temps, Zéphirin rentra doucement, caressé par l'espoir de trouver Ursule et d'avoir une explication satisfaisante, mais il ne rencontra que M. et madame Loquet qui faisaient leur partie de dominos.

— Est-il venu du monde pour moi?

— Non, monsieur; mais voici une lettre.

Sous prétexte de lire sa lettre, Zéphirin entra dans la loge; mais ce qu'il désirait c'était d'avoir des nouvelles d'Ursule.

— Ah! ah! papa Loquet, vous faites votre partie?

— Oui, monsieur, à votre service, si l'envie vous en prend.

— Pensez-vous donc que monsieur va s'amuser à jouer avec un portier! Vous êtes en vérité d'une liberté inconvenante, vous abusez de l'intérêt que les gens vous portent. Restez à votre rang, monsieur Loquet, restez-y.

— Du tout, du tout, maman Loquet, votre mari est un brave homme avec lequel je me fais un vrai plaisir de passer un instant.

— Ah! cela est vrai, vous n'êtes pas fier du tout; avez-vous pour nous assez de bonté, surtout pour notre enfant! Que de mal vous vous donnez! en conscience, monsieur Zéphirin, nous vousde vons ben de la reconnaissance. Il y a, il est vrai, bien de ces messieurs dans la maison qui soignent notre fille, mais ça ne vous vaut pas.

— Comment, madame Loquet, vous dites que d'autres soignent votre fille?

—J'entends par ceux-là les clercs de M. Binet, l'avoué du premier; surtout le petit Honoré. Ah! après vous, celui-là est aimable; en votre absence, c'est lui qui copie et fait répéter les rôles à Ursule. Mais, tenez, ce soir il a encore eu la bonté de la conduire chez une dame vous qu'elle est allée.

Zéphirin était furieux; mais il voulait tout savoir, quand on frappa à la porte : c'était mademoiselle Ursule, suivie de M. Honoré.

— Bonsoir, père et mère Loquet, que faites-vous donc là? ah! le domino; fi donc! rococo, archirococo. Puis, se retournant vers Ursule : —Eh bien! adorable, êtes-vous fatiguée? Faites-moi donc un peu de place sur votre chaise, et je bénirai le hasard qu'il n'y en ait que quatre ici.

— Ah! retirez-vous donc, vous me gênez, asseyez-vous autre part.

— Cruelle, vous devenez terriblement inhumaine.

Zéphirin faisait une mine affreuse, regardait Honoré de travers et lançait de temps à autre un regard courroucé à mademoiselle Loquet.

— D'où venez-vous donc, monsieur Zéphirin? lui dit la jeune fille; nous n'avons pas eu le plaisir de vous voir dans la journée.

— De mes affaires, mademoiselle.

— Réponse gracieuse! vous avez l'air d'un ours ce soir; voyons, déridez-vous donc.

M. Honoré proposa de jouer du cidre et des marrons; mademoiselle Ursule refusa la partie, mais elle accepta les comestibles à condition que Zéphirin payerait aussi sa part. Mais ce n'était pas l'avis de celui-ci : il voulut sortir.

— Non, monsieur, dit Ursule, vous resterez; et de plus, vous allez venir avec moi faire les emplettes : allons, en route.

Le pauvre garçon, espérant un tête-à-tête, accepta la proposition, mais à peine eut-il commencé sa remontrance qu'un gros baiser vint lui fermer la bouche.

— Taisez-vous, jaloux; laissez-moi en repos avec vos reproches. Ce soir, chez vous, j'entendrai tout ce qu'il vous plaira de me débiter. Dites-moi, je crains que des marrons soient lourds à cette heure, achetons plutôt quelques pâtisseries et du vin blanc. Allez, vous me méritez pas une femme comme moi; oh! monstre! je vous en veux à la mort pour votre scène de ce matin.

Arrivés chez le pâtissier, Ursule fit un choix de friandises que Zéphirin paya sous un peu d'humeur; mais il venait de recevoir un baiser. Bientôt les deux amants rentrèrent; Ursule chargée de la partie solide, et Zéphirin de trois bouteilles de chablis.

— Quel luxe! s'écrie M. Honoré à la vue des emplettes.

— Ah! dit la mère Loquet en lorgnant la pâtisserie, je reconnais là la galanterie de M. Zéphirin; toujours des surprises.

M. Loquet, que la présence des bouteilles fait tressaillir de joie, se hâte d'en faire sauter les bouchons.

— Maman! je n'ai pas de verre, moi.

— Ah ben, ma fille, prends le mien, car je n'en ai pas assez pour tout le monde; je vas boire dans ce pot à confiture. Passe-moi donc un de ces petits gâteaux.

Il était temps que le père Loquet réclamât sa part, car M. Honoré et mademoiselle Ursule avaient déjà presque tout englouti.

— Monsieur, dit Ursule en mettant ses papillotes, est-ce que vous comptez passer la nuit ici? Faites-moi le plaisir d'aller vous coucher, car je meurs d'envie de dormir.

— Quoi! déjà, mon adorable!

— Certement, déjà? il est minuit passé.

— Près de vous les heures semblent des minutes! Dieux, les beaux cheveux! donnez-m'en donc une mèche, hein? j'en ferai un sentiment pour soutenir mon médaillon.

— Finissez donc, monsieur Honoré, avec vos bêtes de demandes! vous me mêlez mes boucles.

— Si mademoiselle veut profiter de ma lumière pour monter, je l'attends? dit Zéphirin d'un ton sec.

— Oui, monsieur, attendez un peu, j'ai encore trois papillotes.

M. Loquet s'éveille, regarde l'heure à son coucou, invite poliment M. Honoré à partir; le petit jeune homme, ne pouvant refuser, prend son parti, et abandonne le champ libre à son rival.

Zéphirin est bientôt dans sa chambre. Peu de temps après, le froissement d'une robe, le bruit d'un petit pied l'avertissent d'ouvrir sa porte, qu'il referme aussitôt après avoir fait entrer Ursule.

— Dites-moi, mademoiselle, où étiez-vous hier à pareille heure?

— Où il me plaisait d'être, monsieur.

— Me direz-vous encore que c'était chez madame... madame... comment? je ne me rappelle pas?... enfin, votre amie, de la rue de la Paix, où vous prétendez avoir passé la nuit?

Ursule était prévenue, sa réponse était prête d'avance. Elle persuada son amant qu'il avait confondu les noms, que madame Saint-Clair demeurait au quatrième, que l'amie chez laquelle elle avait couché était au second. Enfin elle entortilla si bien son crédule adorateur, qu'il lui demanda pardon de ses soupçons et de l'injure d'avoir douté de sa vertu.

— Cependant quel est ce petit clerc qui se permet tant de licences avec vous, qui vous sert d'écuyer dans vos sorties?

— Croyez-vous, monsieur, répond Ursule, parce qu'une femme a un amant, qu'il ne lui soit plus permis d'accepter le bras d'un cavalier, sans que pour cela elle trompe celui qu'elle aime? Mais, en vérité, vous êtes d'une tyrannie étonnante. M. Honoré est fort aimable, mais voilà tout; fi donc! être jaloux d'un petit ostrogoth pareil! il faut avoir bien peu de confiance dans son amie. Est-ce ma faute, s'il me fait la cour? pourvu que je ne l'aime pas, cela doit vous suffire; allez, monsieur, vous êtes un être abominable.

— Allons, chouchoute, j'ai eu tort, ne pleurez pas, cela n'arrivera plus, que diable! Aussi, est-ce ma faute si la nature m'a fait si tendre et si craintif de perdre mes amours, ma mimi chérie?

— Laissez-moi, mauvais sujet, je vous en aime plus, je veux m'en aller, ouvrez-moi; hélas! si je n'avais pas été si faible, que j'eusse résisté à vos séductions, vous n'auriez pas d'aussi vilaines pensées sur moi.

— Vois, à tes petits petons, ton séducteur, ton amant repentant, implorer ton généreux pardon!

— Ah! oui, vous m'en donnez de belles preuves, de votre amour, avec votre jalousie, votre exigence; jamais le moindre petit cadeau, vous êtes peu aimable. Je vous avais prié de m'acheter une robe de soie, vous n'en avez rien fait. Si je voulais, pourtant, d'autres plus généreux que vous m'offriraient de belles choses; je n'ai qu'à vouloir.

— Chère amie, ton heureux amant demain la déposera à tes pieds.

— Nous verrons cela; si vous l'oubliez, vous ne risquez rien : pensez que j'en ai besoin bientôt, je dois solliciter mes débuts. Pour mes courses je veux être bien mise, un joli chapeau surtout.

— Ah! j'ai bien des dépenses à faire.

— Vous entendez, monsieur... mais, Dieu me pardonne, vous dormez déjà; vous ne répondez pas?

— Si, si, j'entends, nous verrons; parlons d'autre chose, chère amie....

— Attendez donc, mauvais sujet!... au moins, éteignez la chandelle.... que je suis bonne de vous aimer encore....

Léon n'avait pu résister au désir d'aller rendre visite à Louise; elle l'attendait, elle avait eu soin d'éloigner les importuns. Elle avait, par un négligé galant, préparé toutes ses batteries de séduction; elle était charmante ainsi négligemment couchée sur un divan. Après la petite scène de jalousie exigée par les circonstances, Léon s'excusa; on se rapprocha, et il couvrit de baisers la jolie main qu'on lui abandonnait.

Madame Saint-Clair avait déjà exposé ses craintes et l'espoir qu'elle fondait sur l'amour de son oncle, son seul soutien; Léon commençait à épuiser toutes ces adorables niaiseries qu'inventent les amoureux pour arracher une aveu : une toutes les épingles du corsage de Louise en était déjà à ce mot fatal: Si j'étais certaine de votre discrétion. Les lèvres de Léon baisaient tout ce que chaque épingle arrachée laissait apercevoir, lorsqu'un violent coup de sonnette retentit dans l'appartement. Manon, la petite servante, accourut tout effarée.

— Madame! madame! v'là monsieur Raba, faut-y ouvrir?

— Non, non, dit Louise, laissez.

— Mais, madame, j'y avons parlé au travers de la porte, j'y ons dit que j'allions savoir si vous vouliez que j'y ouvre, pisque vous n'étiez pas couchée.

— Imbécile! c'est mon oncle; monsieur, je suis perdue s'il vous trouve ici à cette heure.

— Derlin, derlin, derlin. Ah! mon Dieu, il sonne encore! Cachez-vous, monsieur, de grâce, cachez-vous, je vous en supplie; tenez, dans ce cabinet, vite, vite.

Sans donner le temps à Léon de se reconnaître, Louise le pousse dans un cabinet près du lit, ferme la porte sur lui, retire la clef, entoure sa tête d'un mouchoir et se fourre dans son lit.

— Manon, ouvre ; dis que tu viens de me réveiller ; que je suis malade ; surtout silence sur ce que tu vas voir.

Manon ouvre, débite sa leçon et introduit un gros monsieur court et vilain, à la tournure grotesque, au visage enflammé par la colère.

— Comment, à cette heure, monsieur ?

— Oui, madame, j'ai cru que vous vouliez me laisser à la porte.

— Je vous trouve bien singulier de venir à minuit me réveiller en sursaut par un vacarme d'enfer, et de vous plaindre encore !

— Pourquoi votre servante me dit-elle que vous êtes visible ?

— C'est une sotte, car elle savait combien je souffre de ma migraine ; elle devait me savoir couchée. Je n'ai seulement pas eu la force de me déshabiller. Mais, n'étant pas en état de causer, j'espère que vous allez vous retirer.

— J'en suis désespéré, dit M. Raba. Je vous apportais une surprise. Voyez, un cachemire superbe ; je comptais passer quelques instants près de vous.

— Ah ! vous êtes bien aimable, mais demain je vous remercierai ; je souffre horriblement.

— Un petit baiser, et je me retire.

— Ah ! finissez, soyez sage ; y pensez-vous ? quelle folie !

— Ah çà, votre migraine vous fait perdre la mémoire ?

Le vieillard, aiguillonné par cette résistance inattendue, devenait de plus en plus pressant, lorsque Léon, que la curiosité avait fait grimper sur un meuble pour regarder la scène à travers le vasistas du cabinet, perdit l'équilibre et tomba dans une baignoire pleine d'eau. Louise pâlit.

— Quel est ce bruit ? dit le vieux ; quelqu'un est dans ce cabinet !

— Non, non, monsieur, ce n'est rien ; sans doute un de mes cartons à chapeau qui sera tombé d'une planche, ne vous inquiétez pas.

— Mais il faut voir, ma chère.

— Non, vous dis-je, monsieur.

— Madame, je veux connaître la cause de ce bruit ; où est la clef de ce cabinet ?

— Moi, je vous dis que vous ne la saurez pas.

— Madame, je veux cette clef.

— Ah ! que je suis malheureuse !

Pour ôter à M. Raba toute velléité de perquisitions, Louise feint de s'évanouir. M. Raba appelle Manon à tue-tête : celle-ci encore endormie arrive une lumière à la main et s'épate juste au milieu des rideaux du lit. La mousseline s'enflamme, le feu est au lit, M. Raba crie, Louise appelle, les voisins arrivent. C'est un tumulte, un brouhaha ne plus se reconnaître : De l'eau, de l'eau ! Manon indique le cabinet où se trouve la baignoire, la porte est enfoncée, et Léon s'échappe à la faveur du tumulte. Enfin l'incendie est éteint, chacun regagne son appartement, et M. Raba, resté seul avec Louise, essuie la bourrasque de doléances de sa nièce. C'est lui qui a tout fait, c'est sa jalousie qui est cause de tout ; elle ne lui pardonnera jamais ses meubles abîmés. M. Raba consent à tout faire réparer à ses frais ; la paix se fait, et Louise s'humanise en faveur du cachemire qu'offre le prétendu oncle.

Pendant ce temps le pauvre Léon regagne tout grelottant son domicile, et c'est à peine si on se couvrant de tous les édredons il peut réchauffer ses membres engourdis par cette immersion inattendue. Mais cependant, tout en rêvant à son aventure, il n'oublie pas Jules, car à peine faisait-il jour que déjà il carillonnait à la porte de Zéphirin.

Mais, malgré son insistance, Zéphirin s'obstinait à ne pas ouvrir ; il feignait de croire à une simple partie de campagne. Léon avait beau lui expliquer l'affaire à travers la porte, Zéphirin multipliait toujours les difficultés. Il ne savait pas comment on remplit le rôle de témoin ; il était malade, et mille autres subterfuges, que Léon avait peine à comprendre. Enfin, la porte s'ouvrit et tout s'explique ; car, en ouvrant les rideaux du lit, Léon aperçut tout d'abord mademoiselle Ursule Loquet dans le simple appareil d'une beauté qu'on vient d'arracher au sommeil. — Ah ! ah ! fit-il, retenant un grand éclat de rire, j'ai sans le vouloir déniché ses amours. Puis, avec cette élégance que donne la fréquentation du grand monde, il fait accepter ses excuses, parvient à décider Zéphirin à le seconder dans cette délicate affaire, et ils sortent emportant la place du gros séducteur.

Les deux amis étaient déjà depuis quelques instants ensemble, lorsqu'ils furent rejoints par leur troisième témoin. Celui-ci était d'une humeur de bouledogue ; il accueillit d'abord fort mal les quolibets de Léon, mais peu à peu il se radoucit : on monta dans une voiture de place, et on se dirigea vers le bois de Boulogne ; on s'arrêta dans l'allée qui fait face à la porte Maillot, afin d'être vus du capitaine et de ses témoins, car nos amis arrivèrent les premiers au rendez-vous.

— Comment, mon cher ami, tu vas te faire de mauvaises affaires ! toi, si doux, si paisible, avoir un duel ; mais c'est fort dangereux, on risque de s'estropier. Je n'aurai jamais un tel courage ; je suis comme Jacques Stuart, je ne puis supporter la vue d'une épée nue sans éprouver une impression terrible. Et avec quoi te bats-tu ? enfin, je suis bien aise de connaître l'affaire dont je suis témoin.

Léon conta l'affaire, et nos amis, apercevant M. de Renneville, allèrent à sa rencontre.

— Pardon messieurs, dit-il, de vous avoir fait attendre ; j'ai employé plus de temps que je ne voulais pour réunir ces messieurs, montrant ses témoins, mais je suis à vos ordres.

Les deux adversaires et leurs témoins s'enfoncèrent dans le bois : la place fut choisie. Jules donna à M. de Renneville le choix des armes, le capitaine proposa le pistolet ; les adversaires tirèrent au sort lequel ferait feu le premier : le sort tomba à Jules. Ils s'éloignèrent de vingt pas ; Zéphirin, pâle et tremblant, s'éloigne de cent en se bouchant les oreilles et fermant les yeux.

Le capitaine essuie le feu de Jules sans être atteint.

— A vous, monsieur, dit Jules, vous serez plus adroit.

M. de Renneville, pour toute réponse, lâche son coup en l'air, s'approche de son adversaire et lui tend la main. Bravo de la part des témoins ; Jules reste surpris, il hésite, il va céder, mais le souvenir de madame Derville lui revient, il se retire en arrière et refuse la main que son rival lui offre.

— Non, monsieur, je ne puis recevoir votre amitié, à moins que vous ne renonciez à la main de madame Derville.

— Cela, monsieur Delmar, n'est plus en mon pouvoir. J'ai reçu la promesse de madame Derville ; elle a la mienne, je l'aime, j'espère m'en faire aimer, je ne puis plus y renoncer. J'ignorais votre amour pour elle ; le reste de mon excuse est dans ses charmes.

— Vous avez obtenu la promesse de sa main, monsieur ?

— Oui, je vous en donne ma parole d'honneur.

— Je vous crois, monsieur de Renneville ; c'est moi qui maintenant demande votre main, dit Jules en présentant la sienne au capitaine. Les deux rivaux, devenus amis, se serrèrent affectueusement, reçurent les félicitations des témoins. Et comme presque tous les duels finissent par un déjeuner, celui-ci ne déroge pas à la coutume ; on oublia le sujet de la discorde ; le repas fut gai ; ensuite les deux sociétés se séparèrent.

— Sais-tu, Jules, dit Léon, que je te félicite ! comment donc, mais voilà une affaire qui se termine à ravir : te réconcilier avec un rival, oublier une coquette qui flatte, promet et trompe ses amants, c'est charmant, en vérité !

— Mon ami, répond Jules, je l'aimais, la regrettais ; mais après sa trahison, c'est fini. Pouvais-je croire qu'une femme si charmante cachait sous tant de modestie un cœur si faux ? Ah ! les femmes ! les femmes !

— Elles sont divines, mon cher ; mais si nous voulons trouver le bonheur avec elles, aimons-les comme elles nous aiment ; changeons quand elles changent ; réglons-nous sur leur conduite, autrement nous sommes esclaves de leurs caprices et victimes de notre passion.

Et c'est en conversant ainsi que les trois amis arrivèrent à l'hôtel Dermonville ; mais leur journée avait été tronquée, au bout d'une heure ils s'ennuyaient à mourir. Chacun était de son côté, mais personne ne savait que faire, quand Jules proposa une promenade à cheval ; Zéphirin en propose une en calèche, n'ayant pas le goût de l'équitation. On adopte la proposition de Zéphirin.

Les chevaux sont attelés, mais où aller ?

— Parbleu, messieurs, vous êtes invités au mariage de ma cousine ; si vous consentez, allons faire une visite à la famille. Je ne serais pas du tout fâché que l'on vît un équipage à leur porte, cela donne du relief à une maison. Est-ce dit ?

— Va pour la visite. Cocher, rue de l'Oseille, au Marais, n° 9.

Grâce à l'ardeur de deux superbes chevaux anglais, l'espace de la Chaussée-d'Antin au paisible quartier est franchi en peu de temps. L'élégant équipage s'arrête devant la demeure de l'ancien bonnetier. Les trois visiteurs descendent de voiture, traversent une cour de laquelle on a fait une espèce de jardin, et sont introduits dans une salle basse meublée à l'antique, mais annonçant l'aisance et la propreté. M. Tricot est absent ; il est, selon sa coutume, parti faire sa tournée au boulevard et lire la Quotidienne. Madame Tricot et les deux demoiselles, à l'arrivée de ces messieurs, s'empressent de les accueillir avec la plus grande politesse.

— Bonjour, respectable tante, voici deux amis, Jules Delmar et Léon de Saint-Elde, que je vous présente. Bonjour, petites cousines. Voyez donc, messieurs, comme elles sont gentilles, ces petites mères-là. Les deux jeunes filles baissent les yeux en entendant Léon et Jules appuyer le compliment de leur accueil.

— Messieurs, je suis enchantée de l'honneur de vous recevoir ; quel heureux hasard nous procure le plaisir de votre visite ?

— Madame, ce n'est point un hasard, c'est l'avantage de vous connaître, ainsi que votre famille, et pour vous remercier de votre aimable invitation au mariage de mademoiselle.

— Tout l'honneur est pour nous, messieurs. Mon Dieu ! que je regrette que mon mari soit absent ! excusez-le, c'est son habitude chaque jour d'aller prendre un peu d'exercice ; son médecin le lui recommande beaucoup. Si mon neveu nous avait prévenus, certainement, messieurs, que nous vous recevrions un peu mieux. Pourrait-on vous offrir de vous rafraîchir ? Agathe, apportez ce qu'il faut, allons, dépêchez-vous.

— Ne dérangez personne, madame, dit Léon, et de grâce nous vous en prions. Ces messieurs, ainsi que moi, n'ont besoin de rien.

— Pardonnez-moi, messieurs, il faut absolument que vous acceptiez, sans cela je me fâcherais.

Il fallut céder à madame Tricot, accepter de goûter à son eau de noyau, son cassis, même son parfait amour.

— Comment trouvez-vous ces liqueurs ? ce sont ces demoiselles qui les font.

— Excellentes, ma tante, parfaites; mais où donc est Bibi, je ne le vois pas ?

— Agathe, appelez votre frère, qu'il vienne dire bonjour à ces messieurs.

Peu de temps après, M. Bibi, âgé de sept à huit ans, entre dans la salle en battant à tour de bras sur son tambour.

— Bibi, dis bonjour à ces messieurs, et laisse là ton tambour; tu nous étourdis.

— Je ne veux pas moi, là... j'aime mieux boire du cassis.

— Eh bien, monsieur, si vous n'obéissez pas, vous n'aurez rien. Allons, soyez gentil, et venez ici, que je vous mouche.

Bibi prononça un : « Bonjour, messieurs, » dit d'assez mauvaise grâce, et se disposa à boire la liqueur. Madame Tricot s'étendit longuement sur la gentillesse, l'espièglerie et la précocité de son petit garçon; et, pour joindre la preuve à la parole, en promettant un gâteau, elle engagea Bibi à réciter une fable.

— Vous allez voir, c'est surprenant la mémoire de cet enfant-là : répète-nous le Renard et le Corbeau, et tiens-toi droit.

— Non là, je veux le gâteau avant.

— Comment, mon petit ami, lui dit Jules, vous n'obéissez pas à votre maman? Moi, je vous en promets plusieurs si vous êtes obéissant.

Bibi finit de vider son petit verre; puis, après avoir cherché quelque temps dans sa mémoire, il commence d'un ton criard :

La cigale ayant chanté tout l'été,
Tenait dans son bec un fromage...

— Assez, assez, petit sot ! ne pas se rappeler d'une fable qu'il a mis un mois à apprendre ! Allez jouer, polisson, et tâchez de ne pas déchirer votre culotte.

Bibi ne se le fit pas répéter, reprit son tambour et quitta la compagnie.

— Cet enfant est bien drôle, dit madame Tricot en regardant partir le bambin, il y a des jours où il est encore plus aimable. C'est notre dernier, et, comme je vous le disais, monsieur Jules, vous savez, qu'il est un peu gâté.

Léon n'avait pas passé son temps à remarquer l'amabilité du petit Bibi, mais bien la fille cadette de madame Tricot. Agathe, en effet, méritait de l'attention. C'était une très-jolie blonde; des yeux d'une douceur angélique, une taille agréable, un air modeste. Les regards de Léon, fixés sur elle, l'intimidaient beaucoup; ses beaux yeux se tenaient baissés. Léon lui adressa quelques paroles, quelques compliments; elle y répondit avec décence et timidité.

M. Tricot arriva. Il se confondit en salutations.

— Quel honneur pour nous, messieurs ! En vérité, je suis confus de l'honneur, enchanté du plaisir... Asseyez-vous donc, il fait bien beau temps aujourd'hui, mon baromètre est pourtant au variable, vous vous êtes toujours bien portés depuis que j'ai eu le plaisir de vous voir ?

— Mille fois trop bon, monsieur Tricot; mais ne faites donc pas attention à nous, mettez votre chapeau.

— Ah ! messieurs, vous m'avez fait gronder par ma mour. Elle était bien colère de me voir rentrer si tard.

— Surtout, monsieur, ajoute madame Tricot, de ne pas être dans votre bon sens; à votre âge, rentrer gris !

— Femme, gronde ces messieurs, c'est leur faute.

— Oui, tante respectable, c'est notre faute ou plutôt celle de ce mauvais sujet de Léon.

Léon, s'entendant apostropher, quitte la conversation qu'il tenait avec Agathe, et rejette l'accusation sur l'accusateur.

— Vraiment, c'est toi, mauvais sujet, qui grises ton oncle; que cela t'arrive jamais ! Je te croyais plus sage que cela.

— Madame, reprend Léon en riant, quant à sa sagesse, personne, mieux que moi, ne peut en répondre, car je connais toute sa conduite.

Zéphirin, craignant quelque indiscrétion de Léon, s'empresse de changer la conversation.

— C'est donc dans cinq jours la noce? Allons-nous danser, sauter, n'est-il pas vrai, Elisa ? Quand arrive le marié ? Je brûle d'impatience de voir cet heureux mortel.

Mademoiselle Elisa, qui ne paraît pas très-ravie de l'approche de son mariage, ne répond à Zéphirin qu'en hochant la tête.

Madame Tricot s'empresse de répondre pour elle.

— C'est demain, nous l'espérons, que ce cher gendre arrivera. Je meurs d'impatience de le voir. M. Tyrasoy, son ami, nous vantait encore hier sa bonne mine, sa gaieté.

— Vous ne connaissez donc pas votre futur gendre, madame, dit Jules, ni mademoiselle non plus ?

— Si, monsieur, pas de vue, il est vrai, mais de réputation, beaucoup. M. Tricot le connaît entièrement, ayant fait plusieurs voyages à Beaugency, et de très-fortes affaires de bonneterie avec lui. C'est, dit mon mari, un charmant cavalier.

— Je vous crois, madame, ce qui surprend c'est que votre demoiselle épouse un homme qu'elle n'a jamais vu. Le cœur d'une jeune fille ne se prend pas par des on dit. La vue d'un prétendu est nécessaire pour décider sa volonté, son choix. Enfin, s'il n'allait pas lui convenir lorsqu'elle le verra ?

— Monsieur, répond la bonnetière, une fille bien élevée comme la mienne n'a et ne peut avoir d'autres volontés que celles de ses parents. Ensuite, M. Papillard est encore jeune, riche, bien établi; c'est pour elle un trésor.

— S'il ne lui convient pas du premier abord, qu'elle l'épouse, et l'amour viendra après. On s'accoutume à tout ce monde. J'espère bien, mon neveu, que tu ne te feras pas attendre le jour des noces; tu es garçon d'honneur; c'est toi qui es chargé d'aller chercher notre monde; nous comptons sur toi de bonne heure.

— Soyez sans inquiétude, mon oncle, je serai matinal.

Nos jeunes gens prirent congé de la famille. Léon partit à regret, la conversation d'Agathe l'intéressait infiniment. Les amis furent accompagnés jusqu'à la rue. Madame Tricot était rayonnante de joie en voyant les voisins aux fenêtres et sur les portes regarder l'équipage; aussi affectait-elle, en parlant bien haut, d'engager ces messieurs à répéter leurs visites le plus souvent possible. Elle parlait, parlait encore, que la voiture était déjà au bout de la rue de l'Oseille.

VI. — La Noce.

Léon, en rentrant chez lui, trouva une lettre d'une écriture qui lui était inconnue; il rompit le cachet : c'était de madame de Saint-Clair. Lisons :

« Monsieur et ami,

» Quel fâcheux contre-temps est venu hier troubler un moment si doux pour mon cœur! combien votre tendre Louise a souffert de votre cruelle position! Tant d'obstacles, de contrariétés, n'auront-ils pas altéré l'amour que j'étais glorieuse de vous inspirer? Combien alors, mon ami, je serais doublement à plaindre, car vous ignorez toute l'étendue de mon malheur! Je suis abandonnée par mon parent; bien, à la suite de l'incendie, il est entré dans le fatal cabinet; votre chapeau, trouvé dans la baignoire, lui a donné de nouveaux soupçons, que mon infidèle servante, soit par peur ou par cupidité, ne lui a que trop confirmés; il m'a quittée en me menaçant d'un éternel abandon. Que devenir? mais, pourquoi me plaindre, n'est-ce pas pour le plus aimable et le plus généreux des hommes que j'éprouve tant de tribulations! qu'ai-je à craindre de celui qui m'a juré de tout partager avec son amie? pourrait-il m'abandonner dans l'infortune? Non, je ne le pense pas. Venez, mon ami, venez de suite, votre pauvre Louise a bien besoin de vos consolations. Amour pour la vie !

» Louise Saint-Clair. »

Le soir Léon se rendit à son invitation; elle vint ouvrir la porte en personne.

— C'est vous, monsieur, voilà ce qu'on appelle être aimable !

— Oui, ma chère Louise. J'ai reçu votre lettre.

Ici madame Saint-Clair crut devoir prendre cet air mélancolique connu de toute femme qui va conter ses malheurs et faire un appel de fonds à un homme. En effet, après mille compliments elle aborda la question sérieuse, toujours en promettant d'être franche, comme la doit faire toute personne qui sait son état. Je vous ai parlé de l'intention que j'avais d'ouvrir une table d'hôte : il faut que je me crée une industrie, j'aurais besoin que l'on me prêtât quelque mille francs pour les premières avances. J'ai osé compter sur vous.

Heureux Léon ! une jolie femme lui adresse une prière, réclame de lui un service; des bras d'une beauté, d'une blancheur éblouissante entourent son cou; une bouche adorable se colle sur la sienne; oh ! séduction, volupté, comment te résister ?

— Oui, ma chère Louise, je veux vous être utile, je vous en donne ma parole; mais vous, dites-moi, serai-je aimé longtemps, toujours ? réponds-moi...

— Quelle demande ! mon ami, la confiance que je vous accorde, ce tête-à-tête, ne sont-ils pas des preuves que vos prières seront exaucées ? Je puis donc compter sur vous, mon ami ? j'ai arrêté mon appartement, je souhaiterais le plus tôt possible exécuter mon projet.

— Avant peu, ma bonne amie, vous serez satisfaite, mais ce soir ne causons plus d'affaires, parlons de mon amour, de mon bonheur.

— Ah! Léon, que faites-vous ? à peine si nous sommes amants, déjà...

Le lendemain, à neuf heures du matin, Léon sortait de la maison de madame Saint-Clair; un sourire ironique errait sur ses lèvres; il semblait préoccupé de différentes idées; tout en se livrant à ses pensées, il atteignit sa demeure.

Quelques jours s'écoulèrent sans que Léon fût tenté de retourner chez Louise. Il avait deviné cette femme, qui méritait à peine d'être comptée parmi les conquêtes de quelques heures. Elle s'était trop pressée dans ses demandes, l'intérêt avait tué l'amour, et Léon ne voulait pas être dupe. Il opposa ruse à ruse, et avant qu'elle eût obtenu le prix de sa défaite il en avait triomphé. Mais, ne voulant pas après tout laisser cette fille dans la misère, il lui envoya vingt-cinq francs dans une lettre, où il avait soin de prétexter un voyage pour ne plus la revoir.

Quelques jours après un brillant équipage s'arrêtait devant la maison de la rue de l'Oseille, et nos trois amis en descendaient. La paisible rue était encombrée, tous les voisins voulaient voir mademoiselle Elisa Tricot en toilette de mariée. Chaque commère avait son mot à dire, et ne voulait pas perdre une si belle occasion de médire. Les vieilles filles et les laides enrageaient surtout de voir une jolie fille devenir femme, lorsqu'elles soupiraient depuis si longtemps après ce fruit défendu. Et les cancans redoublèrent à la vue de l'élégant équipage et de la toilette des jeunes gens qui en descendirent.

— Regardez donc, mame Catherine, disait une grande grêlée, borgne, regardez donc quel luxe! des équipages, des remises! dirait-on jamais que c'est la noce de la fille d'un méchant bonnetier? ça me semble ben drôle que des gens à carrosse viennent à ce mariage-là; faut qu'ils y soient pour quelque chose: c'est peut-être eux qui donnent la dot et payent la dépense.

Le comte Dermonville.

Un peu plus loin, trois portières rassemblées, appuyées sur leurs balais, tenaient aussi un petit conseil.

— C'est 'y pas bien amusant, dites donc, madame Muchet, d'avoir comme ça une foule de voitures qui vous empêchent de balayer votre porte et faire une ouvrage!

— Vous avez bien de la bonté, mère Tarré, je leur dirais d'aller plus loin embarrasser la leur; y font plus de poussière dans ce rue, ces mauvais marchands de bas, pour leu noce, que celle de mademoiselle Droguet, la fille de notre propriétaire, n'en a fait. Pourtant, je suis ben sûre qu'elle avait plus d'écus qu'eux. Ah! regardez donc, c't embarras, voisine! v'là le garçon d'honneur qui remonte dans le beau carrosse.

— C'est une voiture de maître, dit la troisième, c'est bien agréable d'avoir des belles connaissances à équipage, on leur emprunte.

— Ça évite de louer d'autres voitures.

— V'là le marié, venez donc voir, je crois qu'il est bossu.

— Non, c'est pas le marié, c'est un grand sec, et celui-là est un gros court; où donc qui va?...

Laissons les médisants et les commères à la porte et entrons avec nos trois amis, que M. et madame Tricot s'empressent de présenter à la société. Mais c'est en vain qu'on cherche M. Papillard; il est encore entre les mains du coiffeur, qui lui donne le dernier coup de fer et parfume sa queue.

La mariée, parée du bouquet et du voile virginal, reçoit les compliments. Léon aperçoit Agathe. Quelle est jolie ainsi parée! quelle timidité! comme elle rougit en retirant gracieusement sa main que Léon pressait déjà! Léon est ému, il la regarde encore, et elle n'est plus là.

— Zéphirin, mon ami, ma femme s'impatiente après la tante du marié, elle nous fait attendre; voilà son adresse: Mademoiselle Bois-Fleury, rue des Guillemites. Va la chercher, mon cher neveu, tu seras un garçon charmant; en revenant, tu prendras madame Bernard: c'est ton chemin.

Zéphirin, à moitié content, monte dans un des remises, se rend chez mademoiselle Bois-Fleury, et trouve la respectable tante occupée à faire une énorme pâtée pour ses deux chiens et ses trois chats. Les

deux premiers font tant de bruit en jappant après lui, qu'il ne peut se faire entendre; au geste qu'il fait pour leur imposer silence, un des chiens lui saute à la jambe et lui emporte un morceau de son pantalon de casimir. Furieux de cet accident, d'un coup de pied il envoie les deux roquets à l'autre bout de la chambre. Mademoiselle Bois-Fleury fait une horrible grimace, court après ses toutous, les prend dans ses bras, les caresse, leur donne les noms les plus doux et reproche à Zéphirin son inhumanité envers deux chéris innocents.

— Ma foi, mademoiselle, vous devriez au moins les enfermer lorsqu'il vient quelqu'un chez vous, voyez dans quel état vos chéris innocents ont mis mon pantalon!

La vieille ne répond pas, tant les cris de ses chéris lui déchirent le cœur; elle entre dans sa chambre à coucher, les dépose sur son lit, les couvre d'un édredon et revient, après avoir fermé la porte, s'informer du sujet qui lui procure la visite de Zéphirin.

— Je crains bien, monsieur, que mon pauvre petit Prosper n'ait la jambe cassée! dit la vieille fille.

— De qui parlez-vous, mademoiselle? je ne connais pas le petit Prosper, c'est peut-être un enfant auquel vous portez intérêt.

— Il s'agit bien d'enfant! répond la vieille d'un ton aigre, c'est d'une de vos victimes, monsieur, dont je parle, de celle qui est tachée de brun, en trompette; pauvre petite chienne! si j'allais la perdre!

— Je préférerais, mademoiselle, qu'il en mourût dix, et que mon pantalon de casimir blanc ne fût pas perdu; au surplus, laissons vos chiens, et faites-moi le plaisir de venir chez M. Tricot, la société vous réclame.

— Mais, monsieur, il faut attendre que je sois habillée; cela ne sera pas long, asseyez-vous un instant. Gorette, ma servante, va rentrer pour m'aider.

Zéphirin, furieux, envoie, en lui-même, la vieille à tous les diables; il se jette dans une bergère: des cris affreux se font entendre sous lui, mille griffes lui déchirent la peau du derrière; il se lève aussitôt: le malheureux s'était assis sur une potée de chats, qui avaient établi leur domicile sous le coussin du siège; les cris des animaux, ceux de la vieille font un vacarme affreux. Zéphirin augmente le bruit par ses plaintes et ses jurements.

Mademoiselle Agathe Tricot.

— Au diable la vieille folle et sa ménagerie! s'écrie-t-il.

— Vous êtes un impertinent! un bourreau! allez vous-même au diable, avec votre noce! je n'y vais pas. Pauvre Grigris, cher Miton, il vous a fait bien du bobo! Les chats bondissent dans la chambre, et fuient jusqu'aux tendresses de leur maîtresse.

Zéphirin, craignant d'avoir les yeux arrachés par ces furieux, gagne la porte en maudissant la maîtresse et les animaux.

Il remonte en voiture et se fait conduire chez madame Bernard. Là, point d'animaux, mais en revanche, une foule d'enfants. Pendant que Zéphirin cause avec leur mère, un d'eux, grimpant sur ses genoux, lui pince le nez ; un autre, derrière son fauteuil, lui tire les cheveux ; plus loin, un petit bambin et sa petite sœur s'arrachent à qui aura le chapeau de cérémonie de notre garçon d'honneur.

Zéphirin n'ose se fâcher, la maman est une dame très-aimable, comblant les gens d'honnêtetés, de compliments, souriant aux espiègleries de ses marmots.

— Ils sont bien drôles, bien espiègles, n'est-ce pas, monsieur?

— Vous avez là de charmants enfants, madame, je vous en fais mon compliment. Mon petit ami, prenez garde, je vous prie, vous allez me déchirer mon habit.

Enfin, après avoir déposé la dame à la rue de l'Oseille, Zéphirin put remonter en voiture et retourner chez lui réparer sa toilette et donner des soins aux horribles blessures que lui avaient faites les griffes de Grigris, Miton et compagnie. Pendant ce temps, les amis et parents de M. Tricot arrivaient de toutes parts. M. Papillard, brillant comme un soleil de mai, avait fait son entrée. Figurez-vous une tête énorme et chauve posée sur un corps grêle, des yeux imperceptibles, un nez démesurément long, de grandes dents jaunes, une bouche souriant sans cesse, et par-dessus le marché une queue et les cheveux bouclés et poudrés aux tempes, les seules places où il en reste encore quelque vestige.

— Enchanté, répond-il à Jules et à Léon, de l'honneur de faire votre connaissance; certainement, messieurs, mon épouse et moi serons ravis de la faire plus grandement. J'espère bien, messieurs, lorsque vous passerez par Beaugency, que vous nous ferez l'amitié de descendre chez nous, de visiter mon établissement, mes manufactures, je crois que vous m'en ferez compliment. Si jamais vous avez besoin d'excellents bas et autres articles de bonneterie, c'est chez moi que vous trouverez la perfection; j'écrase les bas de Paris; fi donc! je veux vous montrer des tricots superfins sur le prix, la finesse, le tissu, vous surprendront. Tenez, messieurs, j'ai voulu porter sur moi, le jour de mon mariage, un échantillon du produit de mon génie; regardez ce bas, cette maille, hein! qu'en dites-vous? maintenant voyez, voyez, tâtez!

— Nous sommes très-peu connaisseurs en ces sortes de choses, monsieur Papillard, répond Jules; cependant, si jamais nous voulons faire emplette d'objets de votre industrie, c'est à vous que, de confiance, nous nous adresserons.

Heureusement que d'autres personnes s'emparèrent de M. Papillard, ce qui sauva nos deux amis d'entendre encore plus longuement parler de l'industrie du fabricant.

L'heure de se rendre à la mairie approchait, on monta en voiture. Léon eut soin de se placer dans celle où était Agathe, Jules avait offert la sienne à la mariée et à ses parents. Les voitures partent, et vont au pas jusqu'au bout de la rue de l'Oseille, afin de ne blesser aucun des jobards amassés pour voir la mariée sortir de chez elle.

On arrive à la mairie. La société est introduite dans la pièce appelée salle de mariage. Cette salle est tapissée de papier en lambeaux, drappée de toiles d'araignées, des banquettes malpropres; une tribune pour le maire, plus souvent occupée par ses adjoints que par lui, des commis insolents, des garçons de bureau tendant la main, à chaque pas ou geste que font les gens de la noce; vrais mendiants, humbles par cupidité, insolents par habitude.

Cette salle est immense, et pas de feu. Les jeunes filles, vêtues légèrement, se gèlent pendant une heure à attendre qu'il plaise à M. l'adjoint d'arriver, car c'est un mariage d'honnêtes bourgeois; M. le maire ne peut se compromettre avec si petit monde.

M. l'adjoint sort de son cabinet, monte dans la tribune, se bourre

le nez de tabac, secoue celui tombé sur son jabot, l'envoyant dans les yeux du marié et de la mariée; madame Tricot en respire une parcelle, éternue, le garçon de bureau lui dit : — Dieu vous bénisse! en tendant la main, selon l'usage de ces gens de ne rien faire et dire gratis. Madame Tricot qui sait, et s'aperçoit, au geste de l'employé, que toute peine mérite salaire, lui donne un coup de tête en lui disant :
— Dieu vous le rende!

Un commis lit la loi, l'adjoint prononce le mariage avec une telle volubilité, qu'il est impossible de saisir aucune de ses paroles. Cet acte si sévère, si important dans notre vie, si sacré pour nous, est prononcé avec tant de routine, tant de négligence de la part de ces gens auxquels la loi accorde ce pouvoir, qu'il faut regarder comme le premier échec du mariage l'affront d'aller recevoir de ces machines insolentes le droit d'être époux et père.

Grâce à Dieu, voilà une cérémonie de finie; l'adjoint est rentré dans son cabinet avec autant de politesse et de grâce qu'il en était sorti; c'est-à-dire sans saluer, sans daigner lever les yeux sur les personnes que la loi lui ordonne d'unir.

Sortons de ces bureaux poudreux, on y respire le miasme de l'impertinence; laissons place à ces malheureux : ils vont mendier une carte pour payer le pain un sou moins cher! Les pauvres gens, s'ils sont sensibles aux affronts, aux airs protecteurs et insolents, ils vont payer le triple et le quadruple le triste secours qu'ils viennent implorer.

Mais voici d'autres mendiants : ils vous assomment, ils vous pressent, ils arrachent de votre main, de votre poche, l'aumône que vous leur présentez; ils se la disputent entre eux, quels mots! quelles expressions! Ah! voilà le suisse, gare là! place donc, ne voyez-vous pas qu'il précède et conduit en cérémonie les gens dont il va soutirer une aumône! gare, vous autres! quoique dans le temple de Dieu, il vous écrasera les pieds de sa hallebarde; ne savez-vous pas qu'il n'attend rien de vous. Et cet autre, moitié rouge, moitié violet, qu'il est poli; il offre des chaises aux dames, il donne une chauffe-rette pour les pieds de la mariée. Quelle amabilité! qu'est-il donc? bedeau; qu'espère-t-il? de l'argent.

Voilà l'autel, silence; mais pourquoi ces deux cierges si haut placés au bas des marches? c'est encore pour l'offrande; comme le suisse et le bedeau, attendent-ils aussi? oui, de l'argent; mais ils sont en vue de tout le monde, l'offrande est calée dessus. Singulier usage! pourquoi? pour piquer la vanité, et montrer que la générosité des mariés fait entrer dans la caisse du saint lieu beaucoup d'argent. Ah! je comprends, ostentation d'une part et cupidité de l'autre.

Du respect, nous sommes à la consécration, recueillons-nous. Pan! c'est encore la hallebarde : Pour les frais du culte, s'il vous plaît! voici. Pan! toujours la hallebarde : Pour les pauvres, s'il vous plaît! voici; ils nous ont fait perdre, avec leur demandes réitérées, le plus saint moment de la messe. Ah! voici le prêtre mêlant le pain et le vin, recueillons-nous de nouveau; encore un demandeur : Votre chaise, s'il vous plaît! Le saint sacrifice est terminé, allez-vous-en, si vous voulez; on n'y tient plus, les trois recettes sont encaissées. Mais vous m'avez causé des distractions avec vos demandes : n'importe, ce n'est pas votre salut qui nous occupe; c'est votre argent.

Chez nous, il vous faut, à votre baptême, de l'argent; à votre communion, de l'argent; à votre mariage, de l'argent; à votre mort, encore de l'argent; toujours, puis encore de l'argent.

— Regarde, ajoute Léon à son ami, voilà encore une quête, au moins la quêteuse est jolie... C'est Agathe : d'une main tremblante elle présente la bourse, elle arrive à Léon, il met une pièce de monnaie

Une cuisinière se lève la première, elle croit voir le diable en apercevant l'amoureux transi, et pousse des cris à ameuter toute la maison.

dans l'aumônière en disant bas à Agathe : — Tenez, pour l'amour de vos beaux yeux. La jeune fille sourit, représente de nouveau l'aumônière à Léon en lui disant : — Et pour les pauvres ? A ces mots, une autre pièce d'or s'échappe des doigts du jeune homme et va rejoindre la première.

La cérémonie est entièrement terminée, la loi et le sacrement viennent d'autoriser la jeune fille à être femme et à être maman.

L'on regagne, dans le même ordre qu'au départ, la maison paternelle. On trouve en arrivant un couvert tout dressé; l'aisance et le bon goût y président. En attendant l'instant de se mettre à table, des groupes se forment dans chaque coin du salon ; on rit, on cause, chacun dit son mot. Léon, dans l'embrasure d'une croisée, vient de rencontrer Agathe, elle s'y tient seule, elle est pensive : il s'approche, il la regarde, elle tient ses yeux fixés sur le jardin.

— Pourquoi donc vous éloigner de nous, mademoiselle ?

La jeune fille, à la voix de Léon, éprouve un léger tressaillement.

— Serais-je assez malheureux pour vous avoir effrayée ?

— Non, monsieur, la surprise seule ; je ne vous croyais pas si près de moi.

— Si ce bonheur d'y être sans cesse m'était permis, je voudrais en jouir toute ma vie.

Agathe rougit, baisse les yeux et ne répond pas. Léon la fixe avec tendresse, puis continue :

— Vous paraissez rêveuse, mademoiselle, pourquoi ? Ce visage si charmant devrait-il rester un instant sans sourire ? la gaieté vous sied si bien ! voyons, confiez-moi le sujet qui vous attriste.

En disant ces mots, il prenait doucement la main de la jeune fille : elle la retire et fait quelques pas pour s'éloigner ; il la retient.

— Vous me fuyez ! vous inspirerais-je de la crainte ? ah ! je serais bien malheureux !

Agathe regarde, et répond non par un signe et un sourire.

— De grâce, encore un moment, je suis si heureux près de vous ! Mais je crois deviner la cause de vos chagrins, votre sœur va vous quitter, le mariage impose de cruels devoirs. Bientôt ce sera votre tour. Que j'envie son bonheur à l'heureux mortel qui... Mais peut-être, hélas ! le connaissez-vous déjà.

— Non, monsieur, non, jamais !

Et Agathe s'éloigne, mais pas assez rapidement pour que Léon ne vît une larme perler à sa paupière. Resté seul et pensif, il sentit dans son cœur un trouble jusque-là inconnu. — Bah ! s'écria-t-il, quelle folie, une petite fille ! Et il vint rejoindre la compagnie.

— D'où viens-tu, mon neveu ? comment ! tu n'étais pas à la cérémonie nuptiale ? un garçon d'honneur, c'est impardonnable !

— Respectable tante, j'arrive de chez moi, je viens de réparer le dégât que mademoiselle de Bois-Fleury a occasionné à ma culotte.

Qu'est-ce à dire, mon cousin ! dit M. Papillard en regardant Zéphirin de travers, ne ternissez pas l'honneur de ma parente; sachez que jamais ma tante n'a porté atteinte aux culottes, qu'elle est chaste comme Suzanne. Elle n'est point ici ; peut-être vous êtes-vous permis des choses...

— Ah ! cousin, pouvez-vous avoir des pensées si obscènes! c'est mal. Si ma culotte a souffert, votre chaste tante Suzanne n'a pas à se le reprocher; les vrais coupables sont messieurs Prosper, Grigris et Miton.

A ce moment, M. Papillard ouvre son large bras et laisse échapper une bruyante exclamation. Ses petits bras se tendent, ses longues jambes s'agitent, il s'élance. C'est ainsi que cet heureux mortel célèbre l'arrivée triomphante de son ami M. Tirasoy, l'homme à la procuration.

M. Tirasoy habite Paris depuis deux ans, il est employé au mont-de-piété, il a trente ans, un physique passable, un air niais, des habits et une tournure de province. Ses affaires l'ont empêché de venir plus tôt. Mais, en revanche, il fait son entrée d'un air triomphant et adresse un fade compliment à la mariée.

— Heureux coquin ! dit-il à Papillard, avoue que tu as un ami bien précieux. Quel ange! quel trésor je t'ai cultivé, courtisé, soigné et cédé ; c'est à moi, c'est à mon éloquence que tu dois cet immense bonheur d'être l'époux d'une telle femme. Ah ! sans la sainte amitié qui nous lie, jamais je n'aurais eu la vertu de résister à sa beauté, aux douces et amoureuses larmes que j'arrachais à ses yeux au récit que je lui faisais de tes vertus, de tes précieuses qualités. Eh bien ! cet amour que mon éloquence, mon physique agréable ont fait naître, c'est sur toi que je le déverse en tout. Je m'immole à l'amitié, je me sacrifie.

En parlant, Tirasoy, nonchalamment étalé sur une chaise, le mouchoir à la main, se donnant des airs de petit-maître, étalait sa jambe pour en faire admirer la perfection; chaque dame qui passait près de lui recevait de ce petit sultan de la rue de Paradis une agacerie, un coup d'œil en coulisse, un sourire amoureux. Papillard le comblait d'amitiés, se récriait à qui voulait l'entendre sur la tournure, les jolies manières de son ami; quelques vieilles femmes enchérissaient sur les louanges du marié; Tirasoy n'y était plus, il étouffait d'orgueil et de contentement, il veut ajouter à ses airs charmants, malheureusement la chaise glisse sur le parquet, et l'employé aux prêts sur gages roule dans la poussière; il se relève aussitôt, le sourire sur les lèvres, en prenant une pose de zéphyr terminée par un superbe jeté-battu. — Bravo !

bravo! s'écrient les têtes à perruque de la noce : cette chute est un triomphe, il est charmant, adorable !

Cependant M. Tirasoy, qui se donnant des airs de grand vainqueur de cœurs, rencontre Agathe qui veut l'éviter; il la saisit, sans égard pour sa coiffure, et lui donne un gros baiser. La pauvre enfant se sauve toute honteuse d'une telle familiarité. Mais Léon qui n'avait cessé de suivre de l'œil cet original, se sentit furieux, et jura de se venger de l'impertinence de ce monsieur. Pendant le temps qui s'est écoulé entre la cérémonie et le repas, toutes les personnes de la noce eurent le temps de faire à peu près connaissance, et de dépouiller cette contrainte qui existe toujours dans une réunion de gens qui ne se connaissent pas. La bonne humeur des maîtres de la maison a d'ailleurs grandement contribué à mettre chacun à son aise. La table était assez grande, largement servie, chacun avait ses coudées franches. Le dessert arrive; chacun, oubliant l'étiquette, quitte sa place, on se rapproche, on se salue, on cause, père, douce mère, fille chérie, tant chérie, etc. Le but est atteint.

Mais patience, M. Tirasoy n'est pas homme à se laisser couper l'herbe sous le pied; il a composé une romance en vingt et un couplets, il faut qu'il la chante. Tant pis pour les invités, ils s'amuseront plus tard. Le petit Bibi, Léon et Zéphirin se livrent à une grande conversation. Le sempiternel chanteur en est à son onzième couplet, il se livre à des roulades à perte de vue. Eh ! pourquoi ces cris? M. Tirasoy tombe en hurlant sur sa chaise. Un vandale lui a enfoncé une épingle dans le mollet. Le sang coule, on s'empresse autour du martyrisé. Et personne sous la table ! Il veut aller se faire panser. Hélas! il s'est assis sur un plat d'épinards. Quel est le coupable? qui a commis tant de méfaits? Bibi se sauve : qui ne craint rien ne fout pas.

Le bal commence, M. Tirasoy a retenu la mariée pour la première contredanse depuis plus d'un mois. Il n'aura pas ce bonheur, car il est en chemise enveloppé dans une couverture, tandis qu'une servante nettoie sa culotte. C'est à Jules que profite l'accident, il fait vis-à-vis à Léon, qui danse avec Agathe. On se dit des choses charmantes, jusqu'à Zéphirin, qui essaie son éloquence auprès d'une grosse maman toute fraîche et toute joyeuse.

Jules, qui avait parfaitement vu tout le manège de Léon pendant la journée, causait avec son ami entre deux contredanses, et tâchait de lui faire expliquer son but en faisant la cour à cette pauvre enfant. Mais Léon n'avait pas réfléchi, il avait vu une jolie fille, il avait tâché de lui plaire, et il croyait n'avoir pas mal fait !

— Enfin, te marierais-tu avec mademoiselle Tricot? demanda Jules.

— Oh! jamais, y penses-tu, une petite fille.

— Mais si elle t'aimait?

— J'en rirais beaucoup.

— Ah! Léon, c'est indigne, et quoi! parce que cette enfant est la fille d'honnêtes bourgeois, parce que, comme les femmes du monde, elle n'a pas fait une étude approfondie de l'astuce et de la coquetterie, tu rirais de ses pleurs, de son amour! Ah! je te le répète, c'est indigne !

VII. — Visite à Passy. — A trompeur, trompeur et demi.

Malgré tous les plaisirs du grand monde, Léon n'avait pu oublier Agathe, et cependant il s'était passé un mois depuis le jour de la noce. Les sévères paroles de Jules lui étaient encore présentes. Il devait cependant une visite de politesse à la famille Tricot. Enfin il se décide; mais, à la rue de l'Oseille, il apprit que M. Tricot habitait sa maison de campagne de Passy, dans la rue Basse. L'invitation que lui avaient faite ces bons bourgeois était pour Paris et non pour la campagne. Il n'osait pousser l'indiscrétion jusqu'à les aller relancer à Passy. Il cherchait un prétexte pour excuser sa visite, il allait même renoncer à son idée et aller passer la journée chez Jules quand il rencontra Zéphirin par hasard au détour d'une rue.

— Comment! c'est toi, mon ami? où vas-tu?

— Chez mon oncle, faire ma visite de digestion. Je suis un peu en retard, il est vrai, mais j'y vais dans le dessein d'en provoquer une seconde, j'y mettrai moins d'intervalle.

— Dispense-toi d'aller plus loin, ils sont à la campagne : je sors de chez eux.

— Si tu n'as rien de mieux à faire, tu m'accompagneras, et nous irons les surprendre.

— De tout mon cœur! Mais puis-je me le permettre, n'y étant pas invité?

— Viens toujours. D'ailleurs tu connais assez mon oncle et ma tante pour savoir qu'ils seront enchantés de te recevoir. Tu leur plais infiniment; ainsi prenons une voiture et partons.

Heureux de cette proposition, Léon se rendit à l'invitation de Zéphirin, et ils partirent pour Passy. Quoique petite, la maison de M. Tricot est jolie, elle est située au fond d'un jardin spacieux. C'est Agathe qui vient leur ouvrir au coup de sonnette. Hélas! combien son cœur palpite à la vue de Léon !

— Bonjour, cousin.

— Mademoiselle, j'ai l'honneur de vous saluer.

M. Tricot, coiffé d'un bonnet de coton, étendu dans un fauteuil près de son feu, reçoit les deux amis avec sa bonhomie ordinaire; mais une attaque de goutte le cloue sur son siége.

— Désespéré, monsieur Tricot, de vous voir indisposé, lui dit Léon; je me félicite doublement du plaisir d'être venu vous voir. Si j'eusse pensé que vous fussiez mal portant, je me serais plus hâté. Et madame? je ne la vois pas.

— Ma mère est à Paris, monsieur, elle est partie une heure avant votre arrivée.

— Vous excuserez un pauvre impotent, messieurs, dit l'ancien bonnetier, s'il ne vous reçoit pas aussi bien qu'il le désirerait. Agathe, fais rafraîchir ces messieurs. Vous dînerez avec moi, n'est-ce pas?

— Oui, mon oncle, s'empresse de répondre Zéphirin, j'y compte bien. Mais dites-moi donc ce qui vous fait venir sitôt à la campagne? nous ne sommes encore qu'en avril.

— Ah! mes enfants, depuis que notre Élisa, madame Papillard, est partie avec son mari, nous éprouvons un vide si grand que nous ne savons que devenir; moi j'ai pensé que le séjour des champs nous distrairait; mais la plus triste de nous, c'est cette pauvre Agathe : depuis l'absence de sa sœur, nous ne la reconnaissons plus. Elle, si gaie, si folâtre autrefois, actuellement sa gentille figure ne connaît plus le sourire. Cette chère enfant, pauvre trésor à son père! viens, mon Agathe, viens m'embrasser. Agathe obéit, prend dans ses mains la tête de son père, y dépose plusieurs baisers, et deux larmes tombent et roulent sur la joue du vieillard.

— Tu pleures, mon enfant! tu veux donc faire du chagrin à ton père? Allons, allons, ta sœur reviendra nous voir. Il ne faut pas te désoler pour cela.

— Petite cousine, vous êtes trop sensible; que ferez-vous donc lorsque, mariée à votre tour, il vous faudra quitter papa et maman?

— Ah! ah! dit M. Tricot en souriant, cela pourrait bien ne pas être si éloigné.

— Jamais, jamais! s'écrie Agathe en serrant les bras de son père. Le cœur de Léon a bondi en entendant M. Tricot prononcer ces dernières paroles.

— Quoi, monsieur Tricot, à peine si votre demoiselle aînée est mariée que déjà mademoiselle est menacée d'être éloignée de vous?

— C'est le sort des parents d'élever, d'aimer leurs enfants; puis arrive un âge où un galant vous en prive. Mais, ce qui me console, c'est que mon aînée est pourvue d'un honnête homme, et qu'un autre, qui n'a pas moins de mérite et de probité, me demande ma plus jeune.

— Comment nommez-vous ce phénix, mon oncle?

— Parbleu! tu le connais, M. Tirasoy.

Léon n'y pouvait tenir, et, à sa jalousie, il reconnut que la petite fille avait touché son cœur.

— Non, non, pensait-il en lui-même, un niais de cette espèce ne m'enlèvera pas la première femme qui ait fait battre mon cœur. N'importe, elle m'appartiendra. J'aurais cru la respecter, mais désormais plus d'hésitations; moi, habitué à de nombreux succès, je me priverais de tant de charmes pour les voir sacrifier à un pareil homme! plutôt l'épouser!

Zéphirin venait d'entamer une partie de dames avec son oncle, Agathe était absente du salon. Léon aperçoit la jeune fille dans le jardin, occupée à cueillir des roses. Il se rend près d'elle.

— Vous aimez les fleurs, mademoiselle?

— Oui, monsieur, beaucoup.

Après ces mots, Agathe se dirige vers la maison, mais Léon, qui veut lui parler, la retient par la main.

— Ah! restez, restez encore, ne me privez pas du bonheur d'être seul avec vous. Ce moment est si doux pour mon cœur et si rare à mes désirs! Agathe lève sur lui un regard timide et doux, et le reporte ensuite sur la fleur qu'elle tient à la main.

— Est-il vrai, mademoiselle, que l'on penserait à vous marier? hélas! serait-il possible? Oh! non, vous n'y consentiriez pas, répondez-moi, chère Agathe!

Agathe soupire, cherche doucement à retirer sa main de celle de Léon.

— Vous ne répondez pas? que dois-je penser de ce silence?

— Monsieur, si mes parents l'exigeaient, j'obéirais.

— Vous obéiriez! mademoiselle, alors vous ne pouvez concevoir le désespoir qui m'accablerait. Non, il ne m'est plus possible de garder le silence. Je vous aime, Agathe, je vous adore; jamais je n'ai ressenti un tel amour. Ah! ne me fuyez pas, ne repoussez pas ma prière. C'est à vos pieds que j'implore un mot, un regard de vous!

— Laissez-moi, monsieur, laissez-moi, je vous en supplie.

— Dites-moi que vous ne repousserez pas mon hommage, mon amour, que vous prendrez pitié de mon martyre!

Léon, suppliant aux genoux d'Agathe, avait jeté le trouble dans l'âme de la jeune fille; elle voulait fuir, mais les forces lui manquèrent. Léon la soutint en la pressant sur son cœur, et lui déroba le premier baiser d'amour. Revenue de son trouble, Agathe courut légèrement vers la maison.

Léon, resté seul, fut s'asseoir sur un banc; et là, la tête appuyée dans les deux mains, se livra entièrement à toutes les émotions que faisait naître en lui l'amour que lui inspirait la jeune fille.

Zéphirin vint le tirer de sa rêverie en le prevenant que l'on n'attendait que lui pour se mettre à table. Après le dîner, qui fut court mais gai, on fut s'asseoir dans le jardin, où M. Tricot, ainsi que Zéphirin, après quelques mots de conversation, ne tardèrent pas à s'endormir, chacun de son côté. Heureux hasard! Léon saisit la main de la jeune fille; mais elle résista, et Léon dit à demi-voix :

— Chère Agathe, après l'aveu échappé de mon cœur, consentez-vous encore à me voir?... Vous ne répondez pas. Ah! rendez-moi mon indifférence; hélas! n'est-ce pas assez de mon tourment, faut-il que vous y ajoutiez la crainte de vous perdre? Agathe, de grâce, répondez à l'amant qui vous adore!

Léon, en parlant, la serrait sur son cœur : promesses, serments, tout était prodigué; la jeune fille, émue, attendrie, laisse prendre quelque baisers, enfin elle est vaincue. Pourquoi, après un instant de silence, Agathe s'éloigne-t-elle de Léon? pourquoi retire-t-elle sa main? pourquoi? C'est qu'un coup de sonnette donné à la porte de la rue a réveillé M. Tricot et son neveu. Le vieillard dit à la jeune fille d'aller ouvrir, et bientôt paraît madame Tricot arrivant de Paris avec Bibi. La dame demande mille excuses à Léon de s'être trouvée absente un jour qu'il l'honorait de sa visite, comble le jeune homme de politesses et l'engage à revenir une autre fois, comptant être plus heureuse. La soirée s'était écoulée trop rapidement pour Léon, il est l'heure de prendre congé et de regagner Paris; les deux visiteurs sont reconduits par Agathe jusqu'à la porte de la rue, Zéphirin ouvrait la marche : le bruit léger d'une caresse, un doux adieu et un a bientôt tendrement prononcé échappèrent à ses oreilles.

— Vous avez fait un faux pas dans l'escalier, vous êtes bien maladroit, en vérité : ne me montez-vous pas assez souvent pour le connaître et éviter pareil accident!

— Allons, ne gronde pas, chère Ursule, une autre fois je prendrai mes précautions.

— Venir à minuit! y pensez-vous?

— Mais, chère amie, voilà un temps infini que je me promène dans la rue, guettant que quelqu'un me donnât la facilité de m'introduire sans être aperçu de ton père.

— Tenez, Honoré, il faudra cesser notre liaison, cela finira par se découvrir : désormais je veux être sage.

— Sage! j'ai peine à croire à ta conversion; mais alors, dans ce cas, je veux mettre à profit le peu d'instants qui me restent à posséder tes charmes divins, et je ne sors d'ici que demain matin.

— Par exemple, cela serait fort!

— Tant que tu voudras, ma belle, cela sera; pourquoi aussi vouloir me congédier à cette heure? ma portière est couchée, et tu n'auras pas sans doute l'inhumanité de me faire passer la nuit à la belle étoile.

Pendant ce dialogue, M. Honoré s'était introduit dans le modeste lit de sa maîtresse. Ursule, après quelques résistances, se disposait à prendre place à son côté; mais une soif ardente la dévorait, le pot à eau était vide, et il lui restait besoin la forçait de descendre. En passant devant la porte de Zéphirin, elle prêta l'oreille un instant : — Il dort, dit-elle, bonne nuit! elle continua son chemin.

Mais le malheureux faux pas de M. Honoré avait éveillé l'attention et les soupçons de Léon, qui, dans l'ombre, était l'auteur de cette maladresse; il a tout entendu, tout vu par le trou de la serrure, même Ursule s'armer de son chandelier et de son pot, et s'est aussitôt caché dans le fond du couloir.

La jeune fille a laissé sa porte entr'ouverte : quelle occasion! Léon se glisse doucement dans la chambrette. Honoré sommeille déjà; il s'empare des habits du dormeur et les emporte.

Ursule remonte; elle passe de nouveau devant la demeure de Zéphirin. Cette fois la porte s'ouvre, Léon paraît et saisit Ursule au passage.

— C'est vous, mademoiselle! entrez donc, Zéphirin me donne l'hospitalité cette nuit. Nous n'avons sommeil ni l'un ni l'autre; si vous consentez à nous tenir compagnie, nous allons passer tous trois la nuit le plus agréablement possible.

— Je le voudrais de tout mon cœur, mais je tombe de sommeil; adieu, adieu, messieurs!

— Un moment, jolie Ursule, vous ne fuirez pas ainsi. Zéphirin, viens joindre tes prières aux miennes.

— Laissez-moi, monsieur Léon, je ne veux pas entrer, laissez-moi! Ursule s'échappe des bras de Léon; elle fuit, Léon la poursuit. Elle entre dans sa chambre, ferme vivement la porte sur elle; Léon frappe, appelle, invite à lui ouvrir; elle refuse, se plaint que le bruit va troubler le repos des gens de la maison. Honoré s'éveille; effrayé de ce qu'il entend, se cache dans la ruelle; Léon continue de frapper, Ursule tremblante, mais Honoré est caché : elle ouvre pour gronder Léon.

— Non, ma belle Ursule, vous ne dormirez pas; venez avec nous prendre votre part d'un excellent bol de punch au rhum qui brûle en ce moment en votre honneur.

— A condition, répond la jeune fille, que vous me laisserez le reste de la nuit en repos. Afin d'éloigner Léon de sa chambre, Ursule consent à descendre avec lui. Elle ferme sa porte, ôte sa clef et la pose sur un meuble en entrant chez Zéphirin.

2.

— Qu'avez-vous? dit-elle à ce dernier; êtes-vous malade? Quelle grimace vous faites!

— Ne prenez pas garde à lui. Ursule, c'est un original; un petit accident le bouleverse et le rend tout maussade. Voyons, fais-nous payer ta mine plus cher et fais-nous la meilleure. Zéphirin, harcelé par Léon, reprend le dessus, essaie de sourire, verse le punch dans les verres : un second bol succède au premier, on cause, on rit; la jeune fille demande à se retirer : c'est trop juste, il est trois heures; mais où est la clef? Ursule l'a posée sur la commode : qu'est-elle devenue? cherchons... rien! — Messieurs, pas de mauvaises plaisanteries, vous l'avez cachée. — Non, nous ne l'avons pas même aperçue. On cherche, mais en vain. — Jetons la porte en dedans, dit Léon; du tout, les voisins, le bruit : que faire? attendre le jour et faire venir un serrurier. Ursule se dépite, se fâche : la clef ne se retrouve pas.

C'est Zéphirin, hélas! qui payera pour Léon; Ursule lui cherche querelle, elle jure de ne jamais remettre le pied chez lui. Léon, pour apaiser cette dispute amoureuse, offre une place sur le lit à la malheureuse. Mais mademoiselle Ursule, alourdie par le punch, croit de sa dignité de refuser une telle proposition; elle préfère s'endormir sur un fauteuil. Pendant ce temps, M. Honoré avait repris sa place dans la couchette; il attendait. On se fatigue tout dans ce monde et surtout de l'attente. Ne voyant donc pas revenir sa belle, le galant clerc se hasarde à aller pieds nus, en chemise, écouter à la porte du ravisseur. Il désespère du retour de sa chaste colombe en entendant les joyeux propos qu'enfante le punch.

Hélas! le vent s'est mis du côté des mystificateurs; pendant la pérégrination du nouveau sauvage, ne s'est-il pas permis de fermer la porte? O rage! ô désespoir! Que faire! Malédiction sur tous les buveurs de punch. M. Honoré est obligé de se blottir dans un coin du couloir, n'ayant que les pans de sa chemise pour se couvrir. Mais en voilà bien d'une autre, les domestiques qui occupent les mansardes sortent de leur taudis à la pointe du jour. Une cuisinière, locataire de la chambre devant laquelle s'est caché l'amoureux transi, se lève la première, elle croit voir le diable en l'apercevant; elle pousse le plus beau cri qu'il soit donné à poitrine humaine d'exhaler. La maison entière s'éveille, chacun s'arme à la hâte, qui d'un balai, d'une pelle, d'une pincette. M. Loquet marche vaillamment en tête. On fait une perquisition, on cherche, on fouille la maison, personne. La cuisinière est accusée et convaincue de vision, et le bataillon rentre non moins vaillamment. Il a fait son devoir.

Pendant ces exploits guerriers, M. Honoré voit que la cuisinière, dans son trouble, a laissé sa chambre ouverte, il s'y précipite, grimpe sur le toit par la fenêtre à tabatière, y laisse la moitié de la peau de ses jambes, veut gagner la fenêtre d'Ursule, le toit ne va pas jusque-là! Il ne lui reste d'autre retraite donc que le chemin par où il est venu. Il s'y décide. Les tiroirs ouverts il trouve une robe, un bonnet, s'en affuble, descend ainsi déguisé, gagne la rue et tout est dit. Il a sauvé l'honneur de la chicane et de mademoiselle Ursule Loquet.

— Vous dormez bien longtemps, belle Ursule! Il est bientôt sept heures. Montrez-nous vos beaux yeux.

— Pourquoi m'avez-vous laissée dormir si longtemps?

— Nous sommes trop galants pour troubler le sommeil de la beauté.

— Ah! ma beauté, dit Ursule en se regardant dans une glace, ne vous a pas du tout d'obligation. Voyez comme je suis pâle! Je suis ce matin à faire peur : c'est très-contrariant.

— Vous aviez peut-être besoin de tous vos charmes aujourd'hui, ne vous plaignez pas, car vous êtes jolie comme un amour. Je suis persuadé que vous ferez des conquêtes dans la journée.

— Pas tant de compliments, monsieur Saint-Elde, et rendez-moi ma clef.

— La voici; je l'ai trouvée sous le socle de la pendule, le seul endroit où nous n'ayons pas cherché.

— Laissez donc! je ne suis pas votre dupe. C'est bien mal de votre part. Je vous garde rancune. C'est vous qui êtes la coupable. Jamais ce gros monsieur n'aurait si fort sur son lit n'aurait osé me faire un tel tour. J'en suis fâchée pour lui, mais il payera pour vous. Je ne veux plus le revoir, c'est fini entre nous.

— Ursule, cela serait peu généreux, et je ne vous crois pas capable de garder rancune à Zéphirin, autrement je croirais que jamais vous ne l'avez aimé.

— Alors, vous croiriez juste, car, monsieur, cela est véritable.

— Ursule, prenez garde, votre dépit vous fait mentir; pensez au certain matin où je vous ai surprise couchée dans ce lit. Quelle opinion me donneriez-vous si je prenais vos paroles à la lettre? Une femme n'accorde cette faveur qu'à deux choses : à l'amour ou à l'intérêt; la première est excusable, la dernière est un vice... Ursule devint rouge, se mordit les lèvres en s'apercevant qu'elle venait de dire une sottise; elle avoua avoir eu pour Zéphirin un peu d'inclination : mais le trait de la nuit, elle ne l'oublierait jamais.

— Je suis le seul coupable, donc si c'est là l'unique sujet de plainte que vous ayez contre Zéphirin, vous ne seriez pas juste, et vous me feriez ainsi à d'autres amours.

Cette espèce de question de la part de Léon impatienta Ursule.

— Monsieur, lui répondit-elle, vous plaidez avec infiniment d'adresse la cause de votre ami, mais n'importe le sujet, rien ne me force à faire de vous mon confident et à vous rendre compte de ma conduite.

Après ces mots prononcés d'un ton sec, Ursule quitta la place et regagna sa chambre; elle ne fut point surprise de n'y plus trouver M. Honoré, et pensa que, lassé d'attendre, il était parti le matin sans bruit.

VIII. — L'Orage. — Le Rival.

Quelques jours après cette dernière aventure, qui brouilla entièrement Zéphirin avec sa maîtresse, Léon, impatient de revoir Agathe, se rendit chez le gros garçon et l'engagea à venir passer le dimanche, qui se trouvait être un dimanche, près de la famille Tricot. Zéphirin fut d'abord surpris de la demande et de l'empressement de Léon à revoir une famille que quelques jours avant il tournait en ridicule, et dont la vie et les habitudes paisibles cadraient si peu avec les goûts mondains de son ami. Zéphirin l'en félicita; comme la partie lui plaisait, il accepta la proposition, et ils se mirent tous deux en route.

— En vérité, monsieur Saint-Elde, vous êtes un jeune homme bien aimable de venir ainsi nous surprendre.

— Madame Tricot, tout le plaisir est pour moi; mais où est donc monsieur votre époux?

— Dans le jardin; il se promène avec M. Tirasoy, qui nous a fait aussi l'amitié de venir nous demander à dîner.

Léon goûta peu ces derniers mots, aussi jura-t-il tout bas de prendre l'original pour point de mire à sa mauvaise humeur et de le contrecarrer en tout. Aussi dès qu'il entendit M. Tirasoy qui chantait une romance sous un berceau vint-il se jeter au milieu de ses roulades et interrompre les accents du mélodieux employé. Puis chaque fois que ce malheureux commis veut s'approcher d'Agathe, Léon se trouve par un prétexte quelconque entre elle et lui. Enfin, arrivés dans une allée où se trouve une escarpolette, M. Tirasoy, voulant donner preuve de son adresse, monte debout sur la planche. Zéphirin met tant de force à lancer M. Tirasoy dans l'air, que la corde casse, et le roucouleur de romance et d'amour va prendre un bain dans un de ces tonneaux d'eau bourbeuse qui servent à l'arrosement. On l'en retira complètement maculé et à moitié mort. Mais il n'avait pas voulu suivre les sages avis du prudent M. Tricot, qui s'écrie :

— Je vous l'avais prédit, mon bon ami, vous êtes trop fougueux. Venez, retournons à la maison. Zéphirin, ade-moi à le conduire, à peine s'il peut se soutenir.

Resté seul avec Agathe, Léon profite de ce court instant de liberté pour prouver son amour et ravir une multitude de baisers aux joues fraîches et purpurines de la jeune fille. On appelle, c'est la voix de madame Tricot.

— A table, monsieur Saint-Elde, à table; nous n'attendons que vous et Agathe : nous voulons dîner de bonne heure pour aller ensuite faire un tour à Auteuil; vous consentez à être des nôtres?

— Toujours, madame, partout où il vous plaira je serai heureux de vous accompagner.

Après le repas, la promenade, mais madame Tricot a commandé à Agathe de donner le bras à M. Tirasoy. Léon enrage, mais il ne peut dire un mot. Ce n'est qu'au bois de Boulogne que les deux amoureux peuvent échanger quelques paroles, pendant qu'aidé de Zéphirin Léon cueille des fleurs pour tresser une couronne à son adorée.

— Ne courez donc pas ainsi! Quelle folie! Je suis tout en nage; appelez-vous cela une promenade?

Zéphirin étale son mouchoir à terre et prend place auprès d'Agathe.

— Aide-moi à chercher des fleurs, dit Léon, ou bien va rejoindre le voltigeur.

Zéphirin ne répond rien; les yeux fixés sur Agathe, il profite de l'éloignement de son ami pour adresser un compliment à sa cousine :

— Agathe, vous êtes furieusement jolie!

— Vous croyez, mon cousin?

— Vous vous en apercevez aujourd'hui?

— Non, cousine, c'est depuis six jours. J'avais pris hier la résolution d'être amoureux de vous, de vous offrir mon cœur, mon amour; mais Léon prétend que je serais un profond mauvais sujet si je me permettais cette chose-là; qu'en dites-vous, cousine?

— Il a raison, mon bon cousin, cela serait fort mal; ensuite je ne voudrais pas de vous.

— Vous êtes bien difficile, cousine! savez-vous que, si je m'étais mis cela dans la tête, j'aurais voulu qu'avec peu vous fussiez folle de moi : ah! vous ne me connaissez pas, je suis irrésistible.

— Je vous crois; c'est aussi par cette raison que je vous prie de porter ailleurs vos hommages et vos vœux; contentez-vous de mon amitié, le seul sentiment que je vous accorde du plus profond de mon âme.

— J'accepte, cousine.

Léon revient chargé de fleurs, qu'il dépose auprès d'Agathe. Mais Zéphirin! Qu'un tiers est importun en amour!

Léon avait tant de choses à dire à Agathe et elle tant à lui répondre! mais Zéphirin ne bouge pas. Un renfort d'importuns arrive : c'est le papa et la maman, suivis de Tirasoy. On se relève, la couronne est terminée. Qu'Agathe est jolie parée de cette guirlande! On s'enfonce dans le bois. Léon, cette fois, tient le bras de la jeune fille. Tirasoy, dont les douleurs sont moins vives, prend ses ébats, se donne des grâces, risque une pirouette, attrape une branche qui va frapper au visage de M. Tricot, et lui envoie rouler son chapeau à trois cornes dans un trou très-profond et très-rapide. Madame Tricot gronde le zéphyr de sa sottise... Il faut ravoir le chapeau, Tirasoy prétexte son mal de reins, Zéphirin son peu d'adresse; Léon quitte le bras d'Agathe, descend au moyen des herbes et des broussailles, renvoie le chapeau en le lançant hors de la fondrière, remo e et va pour reprendre le bras d'Agathe; Tirasoy s'en est emparé.

— Il ne serait pas juste, monsieur, lui dit Léon se contenant de son mieux, que pour réparer vos sottises je sois privé du plaisir de posséder le bras de mademoiselle. Veuillez vous retirer.

Tirasoy lui répond d'un ton goguenard qu'il en est désespéré; mais, selon le proverbe, qui quitte sa place la perd.

— Je pense, monsieur, que dans cette occasion ce dicton n'est pas juste. Veuillez vous retirer.

Loin de céder, Tirasoy se met à courir entraînant Agathe avec lui. Léon ne se contient plus, il allait éclater, ses yeux s'animaient de colère; madame Tricot le retient au moment où il s'élançait à la poursuite de Tirasoy.

— Laissez-le, monsieur Saint-Elde, c'est un entêté; donnez-moi le bras, nous causerons tous deux. Aimable consolation! Léon n'ose refuser, il enrage contre madame Tricot, son sang bouillonne dans ses veines. — De la patience !

Le temps, qui jusque-là avait été fort beau, se couvre. Le vent s'élève, les arbres s'agitent avec force, des gouttes d'eau commencent à tomber. La société se rassemble, on tient conseil : — Cela ne sera rien, mettons-nous à couvert sous les arbres. La pluie tombe à torrents. Léon près d'Agathe la couvre de son mieux; l'eau perce le feuillage, on change de place, même désagrément. — Gagnons une maison. On court, on se disperse, la pluie commence à tomber moins fortement, mais l'ouragan continue, les coups de tonnerre se succèdent avec rapidité. Agathe, effrayée, cache sa tête dans le sein de Léon. Peu à peu l'orage cesse, le soleil reparaît plus radieux. Nos deux amants sont seuls. Léon est heureux. Agathe, inquiète de ses parents, les appelle, l'écho seul répond.

— Cherchons-les, dit-elle.

— Oui, cherchons-les. Mais il fait des vœux pour ne les point trouver. De quel côté aller? N'importe, au hasard. Heureux moment ! mettons-le à profit.

— Agathe, m'aimes-tu?

— Oh! beaucoup.

— Pour longtemps?

— Pour la vie.

— Jamais d'autre?

— Jamais.

— Qu'il est cruel d'être si longtemps séparé de toi, de ne pouvoir te voir sans cesse, te dire : je t'aime, te le prouver à chaque instant !

— Pourquoi ne pas parler à mes parents, demander chaque jour à nous voir, demander ma main?

— Oui, ta main, surtout posséder ton cœur, en obtenir toutes les preuves !

— Pouvez-vous en douter?

— Oh! non, mais laisse-moi t'obtenir. Ah ! Agathe, si tu voulais!

— Parlez, mon ami, ai-je quelque chose à vous refuser?

— J'ai tant de choses à te dire ! Les moments que je passe avec toi sont si rares! Il me faudrait tant de temps pour t'exprimer mon amour. Permets-moi de te voir chaque soir, sans témoins, seuls avec notre amour.

— Je le voudrais, mais comment faire?

— Chaque soir, chère Agathe, je peux te rendre près de toi, pendant le sommeil de tes parents, dans le jardin... Une clef.

— Ah! n'achevez pas : tromper mon père, ma mère; non Léon, je ne le ferai pas.

— Calme-toi, Agathe, que crains-tu? Je te respecte comme mon épouse. Jamais, non jamais ton amant ne voudra t'offenser. Je t'en supplie au nom de l'amour, au nom du nœud sacré qui doit un jour nous unir. Agathe, ne me refuse pas.

A quinze ans sait-on résister? Elle céda. Adieu douce paix du cœur! adieu bonheur! Innocence, adieu!

Restés seuls, au moment où Léon approuvait par un baiser cette première faiblesse, la voix de M. Tirasoy se fait entendre; il sort du taillis, il a tout entendu. La pauvre Agathe est tremblante.

— Y a-t-il longtemps, monsieur, que vous êtes près de nous?

— Mais assez, répond Tirasoy, pour m'être aperçu que vous êtes au mieux avec ma future; actuellement j'en sais assez pour refuser d'être son époux. Je veux une fille honnête, n'ayant d'intrigues ni avant ni après son mariage.

A peine Tirasoy a-t-il lâché le dernier mot, qu'il reçoit un vigoureux soufflet; étourdi, il recule, puis se redressant et regardant Léon du haut de sa grandeur, il lui dit:

— Monsieur, est-ce pour de bon, ce soufflet-là?

— Oui, répond le jeune homme.

— A la bonne heure, monsieur, car je n'aimerais pas des plaisanteries comme celle-là.

Léon sourit de la réponse, et ajoute :

— Monsieur Tirasoy, si vous vous avisez de dire un mot sur ce que vous venez de voir et d'entendre, je jure que je vous passe une épée au

travers du corps. J'aime Agathe, j'en suis aimé : je vais demander sa main. C'est assez vous dire que désormais vous renoncerez à vos prétentions. Pensez-y bien. Vous payeriez de la vie la moindre indiscrétion.

Léon entraîne Agathe et s'éloigne. Tirasoy, pâle de frayeur, reste immobile à la même place, et ne retrouve ses facultés que lorsqu'il est certain que Léon est assez éloigné pour ne plus l'entendre; alors une ardeur belliqueuse s'empare de lui; il ramasse son chapeau que la violence du soufflet avait renversé, l'enfonce sur sa tête, boutonne son habit jusqu'au col, fourre ses mains dans les goussets de sa culotte, gagne avec rapidité la porte de Madrid, monte dans un coucou, revient à Paris, rentre chez lui, se met au lit, et se réveille le lendemain délassé, frais et dispos.

M. Dermonville avait réuni tout ce que Paris possède d'hommes distingués et de femmes charmantes, c'est dire que tout le Paris élégant s'était donné rendez-vous dans son hôtel. Le comte, aidé de Jules, faisait avec une grâce parfaite les honneurs de son salon. Léon seul manquait à la fête. Jules ne s'expliquait pas cette absence, lorsqu'il aperçut madame Sennecour. Cette vue renouvela toutes ses douleurs, en lui rapportant le souvenir. Hélas ! il commençait à oublier Amélie Derville.

— Monsieur Delmar, j'ai des reproches à vous faire, vous négligez vos amis, voilà plus d'un mois que je n'ai eu le plaisir de vous voir; je vous ai envoyé une lettre d'invitation à mon dernier bal, mais je n'ai pas été plus heureuse.

— Pardon, cent fois pardon, madame, quelques affaires pressantes, la santé de mon oncle m'ont empêché d'aller vous présenter mes devoirs.

— Je n'admets pas vos excuses, monsieur, car je sais pourquoi nous ne nous voyons plus. Vous craignez de rencontrer chez moi certaine personne qu... Mais rassurez-vous, elle est partie, et plus de cent lieues vous séparent. Ainsi rendez-moi le plaisir dont vous m'avez privée, revenez.

— Madame, cette dame a perdu sur moi tout empire. Madame Derville était libre de son choix, je n'en ai pas été digne, c'est un malheur; mais la raison m'a aidé à effacer de mon cœur son souvenir et mon amour. Elle m'a fait bien du mal !

— Croyez-vous, monsieur Delmar, qu'elle n'ait pas souffert aussi ? quoi que vous en disiez, elle vous aimait; mais votre peu de confiance, ce duel tant ébruité...

— Madame, son inconstance, sa perfidie ont seul occasionné ce duel; la veille, chez vous, ne me donna-t-elle pas l'assurance de sa fidélité? un instant après elle en jurait autant à un autre.

— M. de Renneville était très-lié avec la famille de son premier époux; la fortune d'Amélie dépendait entièrement de ses parents; ils consentaient à la lui assurer à condition que madame Derville épouserait le capitaine; en prenant un autre époux Amélie était ruinée : eussiez-vous encore consenti à l'épouser?

— Ah ! croyez bien, madame, que sa fortune n'était rien pour moi, elle seule était mon ambition : pouvait-elle assez peu m'estimer pour penser que, sans fortune, je ne l'eusse pas aimée !

— Monsieur Delmar, croyez qu'Amélie voulait vous ouvrir son cœur, mais le refus formel de votre oncle seul a pu la décider à donner sa main au capitaine Renneville.

— J'avais encore espoir, madame, de décider mon oncle, je ne demandais que peu de temps.

— Vous vous abusiez, monsieur Delmar, je vous puis assurer que jamais vous n'eussiez eu ce consentement.

La conversation fut interrompue par quelques amis de madame de Sennecour qui vinrent se placer près d'elle. Jules, que ces souvenirs avaient ému, sortit du salon pour cacher son trouble.

Léon et Zéphirin arrivent. Les deux amis se glissent dans la foule. Léon aperçoit Jules.

— Bonsoir. Qu'as-tu? tu parais triste un jour de fête, ce n'est pas d'étiquette.

— Rien, mon cher Léon. Mais dis-moi ce que tu es devenu aujourd'hui. Je ne suis rendu deux fois chez toi sans te trouver.

— Mon cher, je suis allé passer la journée à Vincennes avec Zéphirin, ta sais, chez ce cousin le notaire.

— Au moins, si tu m'avais averti, j'aurais été de la partie.

— Je craignais que la soirée n'y portât malice.

— Te voilà donc, Jules ! dit Zéphirin en s'approchant des deux jeunes gens; je te cherchais; je désespérais même de te trouver. Nous arrivons, Léon et moi, de la campagne.

— Oui, reprend Léon en faisant signe à Zéphirin, je viens de l'en instruire, nous arrivons de Vincennes.

— Oui, de Vincennes, continue Zéphirin; nous nous sommes fort amusés, mais nous fûmes chez ce cher Vincennes, reprend Léon.

— Comment ? dis donc le bois de Vincennes, reprend Léon.

— Non, de Boulogne.

— Lequel a raison de vous deux? dit Jules en fixant Léon, je pense que c'est Zéphirin. Je ne m'étonne plus que tu ne m'aies pas invité.

— Léon m'avait prévenu que ma présence vous eût été agréable.

— Il fallait essayer... si ma présence vous eût été agréable.

— Ah ! mon cher Jules, ne m'en veux pas, j'y ai pensé, mais c'est

Léon qui m'en a détourné. Jules lance un regard à l'accusé, l'entraîne loin de Zéphirin et lui dit :

— Tu redoutes ma présence ; si ta conduite était noble et franche, tu ne te cacherais pas de moi. Ah ! Léon, Léon, n'y a-t-il rien de sacré pour toi ?

— Encore tes soupçons ! ne puis-je faire la moindre démarche sans que tu la juges coupable ?

— Oui, je te l'avoue, Léon, je n'augure rien de bon de ta part. Je t'ai déjà dit ce que je pense de ton fol amour pour Agathe ; tu feras le malheur de cette jeune fille. Ah ! cela serait abominable !

— Tu moralises sans cesse, cependant je ne me reproche rien jusqu'ici.

— Très-bien : mais peux-tu répondre de l'avenir ? Ecoute, si c'est r politesse que tu fais ces visites, promets-moi de ne plus y retourner ns moi.

— Oui, j'y consens, tu y viendras les jours où j'irai, c'est convenu. Les amis se séparèrent.

Zéphirin se promenait dans les appartements en lorgnant les dames ; dans sa revue il rencontra madame Sennecour : elle était seule ; notre jeune homme s'approche et s'empresse de lui offrir le bras.

— Madame, je suis ravi du bonheur de vous rencontrer.

— Moi aussi, mon bon Zéphirin ; mais j'ai des reproches à vous faire, je ne vous vois plus : auriez-vous peur comme votre ami M. Delmar, de rencontrer chez moi quelques beaux yeux que vous vouliez éviter ?

— Au contraire, madame, lorsque je désire en voir de superbes, c'est près de vous que je viens les admirer.

— Vous êtes galant, monsieur Zéphirin.

— Je suis vrai, madame.

La conversation continua sur ce ton de galanterie tant que Zéphirin resta près de madame Sennecour ; jamais il ne l'avait si bien regardée, il la trouvait tellement de son goût, qu'il osa concevoir des projets. Il ne rêvait rien moins en ce moment que de donner pour successeur madame Sennecour à la place qu'avait occupée mademoiselle Ursule Loquet dans son cœur.

Zéphirin, resté seul, se promenait pensif, lorsque Léon se présenta devant lui.

— Ah ! te voilà, Léon ! je suis charmé de te retrouver, j'ai besoin d'épancher mon cœur dans le tien.

— Qu'as-tu donc ?

— Je suis amoureux fou d'une femme charmante, je n'ose, et n'oserai jamais lui dire ; il faut que tu me rendes le même service que Tirasoy a rendu à mon cousin Pupillard. Je te donne ma procuration pour peindre l'amour que je ressens pour madame Sennecour.

— Pas possible ! répond Léon. Comment, mais tu n'as pas si mauvais goût. Ah ! tu es amoureux ! cela t'a pris bien vite.

— Dès l'instant, mon ami, j'ai cru remarquer en elle une espèce d'intérêt, de l'émotion en écoutant les choses charmantes qu'elle m'inspirait. Enfin, j'en suis fou ; je l'idolâtre. Fais pour moi les premières avances : je te le rendrai en pareille occasion.

— J'y consens, je parlerai pour toi ; mais comme je n'ai plus d'argent sur moi et que je voudrais me rattraper un peu, prête-moi deux louis, je te les rendrai demain d'une manière qui te plaira.

— J'y consens, dit Zéphirin, mais tâche, je t'en prie, que ce soit d'une manière qui ressemble à mes deux louis.

IX. — L'Amour subit. — La Séduction.

— Je ne reconnais pas là ton obligeance ordinaire ; vois, on lui donne son châle, elle va partir, et tu n'auras pas fait ma commission.

— Qu'importe que je la fasse aujourd'hui ou demain, pourvu que je réussisse ?... Le roi, monsieur, cela me fait quatre.

— Je t'en supplie, Léon, quitte ta partie, donne-moi tes cartes, je les jouer pour toi ; elle salue, tu n'auras pas le temps.

— J'ai gagné : voyez, monsieur, trois levées contre deux, c'est votre vanche. Je te cède le jeu.

— Va donc, dépêche-toi ; elle est encore là, elle cause avec Jules, dis-lui que je dessèche d'amour, que j'expire, parle comme pour toi, déploie toute ton éloquence.

— Si tu veux m'en croire, Zéphirin, c'est toi qui t'offriras pour son chevalier, cela sera beaucoup mieux ; tu t'apprivoiseras auprès d'elle, et demain, mon cher, j'irai soupirer pour toi.

Zéphirin suit le conseil de son ami ; madame Sennecour se retire, elle est sous le péristyle, le nouvel amoureux s'élance à sa poursuite, il n'est plus temps, un monsieur vient d'offrir la main à la dame, il monte avec elle en voiture, oh ! douleur, elle s'éloigne, un gros soupir s'échappe de la poitrine de Zéphirin, le vent l'emporte, madame Sennecour n'en aura rien.

— Tu manques d'adresse ou de bonheur, dit Léon riant de la déconfiture de Zéphirin ; prends courage, demain je t'apporterai de bonnes nouvelles. Allons, bonne nuit, je te quitte, au revoir !

— Tu crois donc, disait Zéphirin le lendemain en se rendant avec Léon chez madame Sennecour, que je fais beaucoup mieux d'allier avec toi chez elle ?

— Infiniment mieux. Ecoute, franchement, en lui faisant la cour pour toi, je craindrais de devenir amoureux et de trahir l'amitié. To

présent, je glisserai quelques mots de ton amour. J'engagerai la partie ; ensuite, sous un prétexte quelconque, je partirai. Les premiers pas seront faits, à toi le reste.

— Charmant, en vérité ! Par exemple, ménage ma timidité ; amène les choses doucement, ne va pas attaquer brusquement, tu me ferais entrer à cent pieds sous terre.

— Sois sans inquiétude, et si tu trouves que je m'avance trop, préviens-moi en touchant le nœud de ta cravate ; je guetterai ce signal.

— C'est dit. Mon Dieu, nous y voilà bientôt ; je tremble. Je t'en supplie, déploie toute ton adresse, ménage-moi bien.

Madame Sennecour reçut nos deux jeunes gens avec sa grâce ordinaire, les complimenta de leur exactitude et oublia sa plainte de la veille.

— Madame, répond Léon, les reproches que tous trois nous avons reçus de vous étaient pénibles pour nous. Zéphirin et moi, madame, venons vous assurer de notre soumission.

— Alors, messieurs, je vous pardonne. Je crois à votre repentir ; cependant je doute de celui de M. Zéphirin. Regardez, monsieur Saint-Eide, comme il paraît sérieux.

— Moi, madame ! croyez que certainement... En vérité, madame... Je suis confus... de... de... Zéphirin perdait la tête. Un coup d'œil suppliant implore le secours de Léon.

— Madame, excusez mon ami ; ne doutez pas de sa sincérité ; pardonnez à son trouble. Hélas ! quand on est amoureux, et amoureux sans espoir, on est bien excusable ! Zéphirin, effrayé de ce début, porte la main à sa cravate.

— Quoi ! monsieur Zéphirin, l'amour vous rend malheureux ?

— Hélas ! oui, madame ; mais ne l'interrogez pas, vous feriez trop saigner la plaie de son cœur.

— Ah ! je vous plains, mon pauvre ami. Mais enfin, est-ce un amour sans espoir ? quelle est donc cette inhumaine ?

— Vous le demandez, madame, vous le demandez ? s'écrie Léon. Mais Léon est tremblant, il porte encore la main à la cravate. Mais Léon est lancé ; dans le feu de son discours, il ne voit plus que le bonheur, les intérêts de son ami.

— Eh bien ! madame, continue-t-il, cette beauté adorable, cette femme qui trouble le repos de mon infortuné ami, c'est (encore la cravate), c'est vous, madame.

Zéphirin est atterré, madame Sennecour surprise, Léon en sueur.

— Votre déclaration a droit de me surprendre, dit madame Sennecour ; je suis tentée de la prendre pour un badinage. Jamais je n'ai remarqué dans M. Zéphirin qu'une parfaite politesse, mais rien qui annonçât que je fusse aimée de lui.

— Suite de sa grande timidité, madame : il serait mort de son amour pour vous, plutôt que de vous en dire un mot. Cette absence de chez vous en est la preuve. L'infortuné, étonné de son audace, n'osait plus soutenir votre présence ; il vous fuyait par amour. Voyez son trouble, voyez si ce n'est pas là l'embarras d'un coupable : osez douter encore, madame !

— Dois-je croire votre ami, monsieur Zéphirin ?

— Madame, il ne dit que trop vrai ; oui, je vous aime, et n'osais vous le dire.

— Monsieur, ajoute madame Sennecour, ce sentiment me flatte et m'honore ; jusqu'ici je vous avouerai que j'ai toujours eu pour votre mérite, vos qualités, l'estime la plus grande ; mais rien de plus. Restons amis, peut-être un jour !... on ne sait pas... laissons faire au temps. Mais je ne promets rien.

— Ah ! madame, s'écrie Zéphirin transporté de cette espérance, que d'indulgence, que de bonté ! j'emploierai tout pour mériter cet instant de bonheur ! ma vie sera consacrée à prévenir vos moindres désirs, vos moindres volontés ! trop heureux après cet aveu de conserver encore votre précieuse amitié.

— Courage, Zéphirin, de l'amitié à l'amour il n'y a qu'un pas. C'est à toi, à ton adresse, à le franchir.

— C'est vrai, répond madame Sennecour ; je doute tellement de la sincérité d'un amour si subit, que je crains que M. Zéphirin ne franchisse ce pas de longtemps : il faut conquérir une femme avant de lui faire partager ses sentiments. Jusqu'ici je ne me suis aperçue de rien, mais peu m'importe de l'avenir ? L'amour ne se commande pas chez une femme ; il faut le faire naître et le saisir aussitôt qu'il commence à paraître.

— Comment, madame, vous doutez de la sincérité de ma passion ! vous cherchez à effacer le peu d'espoir que mon cœur croyait entrevoir !

— J'avoue que je n'en suis pas très-convaincue, et lorsque je vous engage à laisser agir le temps, ce n'est pas pour vous fixer une époque quelconque, ni vous dire que cette époque arrivera jamais. Cependant le cœur d'une femme n'est point invincible, et vous autres, messieurs, vous avez contre nous des armes bien dangereuses.

— J'entrevois dans la réponse de madame, mon cher Zéphirin, une manière adroite de te faire un défi ; madame te permet d'attaquer son cœur, elle te livre bataille, c'est à toi de combattre et de vaincre.

— Je préviens que mes intentions sont bien défendre la place ; je tiens beaucoup à mon heureuse indépendance : de toutes les chaînes, celles de l'amour sont celles que je redoute le plus.

— Madame, si j'étais assez heureux pour vous en imposer, je les couvrirais de tant de fleurs qu'elles vous seraient agréables et douces.

— Je vous vois venir, monsieur Zéphirin : de la galanterie! vous commencez l'attaque; mais je vous préviens que vos boulets à l'eau de rose ne feront pas brèche sur moi; *il me faut des actions, et non pas des paroles.*

Ce badinage amoureux dura encore quelques instants, et les amis prirent congé de madame Sennecour. Mais Zéphirin était absorbé par son amour, il ne soufflait mot, lorsque Léon lui dit :

— Eh bien! que penses-tu et que dis-tu de ta première démarche?

— Je dis que je ne sais qu'en dire : cette femme-là m'effraie, jamais je n'aurai assez d'adresse et d'éloquence pour la séduire.

— Pour la séduire, non, je ne le crois pas, car séduire veut dire tromper, et madame Sennecour n'est pas femme à se laisser tromper. Mais si tu veux laisser de côté quelques-unes de tes manies, telles que ton excessif amour-propre, ton économie ridicule, que d'autres nomment avarice; si tu peux te montrer prévenant, aimable, assidu; eh! mon Dieu! pourquoi ne réussirais-tu pas? N'es-tu pas un mari tout comme un autre? Car je ne crois pas que madame Sennecour compromette sa réputation de vertu pour tes beaux yeux.

— Mon cher ami, tranquillise-toi; mes intentions sont pures, tu dois penser combien je serais heureux d'être son époux.

— Ah! maître renard, je crois que j'ai plus servi ton ambition, ton amour pour l'argent, que les vrais sentiments de ton cœur.

— Ce n'est pas avec toi que je déguiserais ma pensée : oui, je t'avouerai que la fortune y est pour quelque chose, pour le mariage, par exemple, mais que l'amour est venu avant, et, ma foi, si en me mariant je puis trouver vertu, beauté, amour et fortune, je crois, mon cher, que cela ne sera pas si sot.

— Je suis, ma foi, forcé de t'approuver; je fais des vœux pour ton bonheur et ta réussite : et puisque madame Sennecour me fait l'honneur de craindre mes conseils, je te promets de te guider. Pour commencer, débarrasse-toi de cet air gauche et timide que tu avais tout à l'heure : presse, supplie, conjure, ose tout enfin, et tu réussiras.

Restée seule, madame Sennecour, fut d'abord surprise de la brusque passion de Zéphirin; mais, ne voulant pas désespérer le pauvre garçon, elle crut lui avoir fait la réponse convenable, car, si elle n'aimait pas, elle estimait du moins son nouvel amoureux. Mais peu à peu cette déclaration insolite la jeta dans une série de réflexions bien tristes, hélas! car elle pleurait. Elle tira d'un meuble un petit médaillon, et l'arrosa de ses larmes. C'était un souvenir d'un amant mort au champ d'honneur. C'était peut-être la dernière pensée d'une fidélité expirante!

À onze heures, par un temps sombre et orageux, un homme se promenait à Passy dans la rue Basse. Après avoir passé et repassé devant une petite porte, il sembla prendre une résolution, il l'ouvrit et la referma avec précaution, et disparut dans une allée. S'étant arrêté devant la maison, il ne vit aucune fenêtre éclairée. Un silence absolu régnait dans la paisible habitation. — Aurait-elle oublié sa promesse? dit-il. Puis il se mit à chercher dans le jardin. Arrivé près du berceau de chèvrefeuille, il crut apercevoir une ombre blanche.

— Est-ce toi, chère amie? — Oui, dit une voix timide. Léon la presse dans ses bras; son visage est mouillé de larmes.

— Tu pleures, Agathe! hélas! qu'as-tu donc? Parle.

— Ah! Léon! serait-il possible qu'il en fût autrement lorsque je commets une faute aussi grande que celle de tromper mes parents! Les remords, l'inquiétude qui dévorent mon cœur! Ah! mon ami, je vous en supplie, que ce soit la dernière fois : non, je ne crois pas avoir la force de commettre une seconde démarche pareille à celle-ci.

— Est-il possible, Agathe! tu regrettes l'instant de bonheur que tu accordes à ton ami : qui peut donc t'alarmer près de moi? ne m'aimes-tu pas? ne suis-je pas ton ami, le choix de ton cœur? que peux-tu redouter? Se voir, s'aimer, se le dire, est-ce un crime? Oh non! ce sentiment est trop doux pour être une mauvaise action. Écarte tes craintes. Depuis que je suis près de toi, mon Agathe, ta douce voix ne m'a pas encore dit : je t'aime, et cependant j'ai besoin de ce mot pour me rassurer.

Agathe était sur les genoux de Léon, leurs baisers se confondaient; les bras entrelacés autour du cou, ils se disaient ces jolis mots entrecoupés de soupirs inintelligibles pour tous, mais que les amoureux comprennent, mots peu nombreux, et qui avec les baisers forment tout le dictionnaire de l'amour. Au milieu de ce doux langage, Agathe parut effrayée, elle prononça le fatal *jamais*, et s'échappa en pleurant des bras de son amant et s'enfuit vers la maison, où Léon la referma sur elle. Au bout d'une heure d'attente, Léon, ne la voyant pas reparaître, se dit : — Imprudent! je n'ai pu calmer l'impatience d'un si doux moment! Qu'elle est divine! que ses larmes, ses supplications étaient douces! Quelle faiblesse! Céder à ses prières, l'abandonner dans un si doux moment! Je suis bien maladroit! elle ne revient pas. Je l'ai tant effrayée! il faut renoncer à l'espoir de la revoir cette nuit. Quittons ces lieux mais pour y revenir bientôt.

Dans la matinée qui suivit la nuit que nous venons de décrire, Jules Delmar, ayant été prié de descendre chez son oncle, s'empressa de se rendre à son invitation, et trouva, en entrant, le comte Dermonville causant avec Léon de Saint-Elde. Sa surprise fut grande de voir si matin son ami chez son oncle.

— Tu ne t'attendais pas à me voir du monde à cette heure; mais né sois pas surpris : j'ai fait inviter M. Léon à passer ici. Je voulais savoir si son intention était toujours de t'accompagner en Italie. J'apprends avec plaisir qu'il n'a pas changé d'idée. Alors, mes enfants, je pense qu'il est temps de vous y préparer; nous sommes en mai, le mois le plus favorable pour voyager. Je vous ai préparé depuis longtemps les lettres de recommandation dont je souhaite que vous fassiez usage. Je vous adresse et vous recommande à quelques-unes des meilleures maisons de Rome. C'est dans cette ville que vous fixerez : c'est là que vous trouverez les plus beaux souvenirs. J'espère, mes amis, que ce voyage vous sera utile et agréable. Je n'ai pas besoin de vous moraliser; votre conduite est sage; je pense qu'en Italie elle ne dérogera pas plus qu'ici. De toutes les maisons auxquelles je vous adresse, celle que je vous recommande le plus de fréquenter est celle de la comtesse Delmontès. Cette dame est noble et puissante dans le pays. Je vous prie, monsieur Saint-Elde, d'employer votre influence sur lui pour l'engager à ne point oublier ce que je réclame en ce moment. J'exige encore une chose, c'est que tu reviennes à Paris aussitôt que vous fassiez usage. Actuellement, si M. Saint-Elde est libre, je ne vois rien qui vous empêche de partir dans quinze jours.

— Monsieur, dit Léon, je suis glorieux du choix que vous daignez faire de moi pour accompagner votre neveu; mais j'ai une grâce à vous demander, c'est de m'accorder le mois entier : différentes affaires nécessitent ma présence à Paris.

— Comment! monsieur Saint-Elde, c'est trop juste : les affaires avant tout. Le 5 juin vous convient-il?

— Parfaitement, monsieur le comte, vous pourrez compter sur mon exactitude.

— Et de même sans doute, reprend le comte, sur celle du retour lorsque je rappellerai mon neveu. J'espère que vous reveniez avec lui; car sans cela nous pourrions bien faire une noce sans vous.

— Comment! mon oncle, vous avez donc toujours envie de me marier?

— Plus que jamais, mon ami, je crois que c'est pour ton bonheur.

— Au moins, mon oncle, vous me laisserez le temps de connaître ma future? Hélas! il lui faut bien des qualités pour qu'elle remplace la femme que j'ai perdue.

— Tu ne feras que gagner, mon ami; lorsque tu la verras, tu lui rendras justice et me remercieras de t'avoir contrarié dans un amourette : de plus, avec de la beauté, des qualités aimables, elle t'apporte une fortune considérable.

— Ah! mon cher oncle, sa fortune ne serait rien à mes yeux si elle n'était accompagnée de ces qualités que vous lui accordez. Ne suis-je pas assez riche de vos bienfaits et de l'héritage de mon père?

— Te voilà, reprend Léon, retombé encore une fois dans tes grands sentiments! La fortune ne fait pas le bonheur, dis-tu; mais, selon moi, elle y contribue beaucoup; aussi je dirai comme Zéphirin : quand on peut réunir vertu, beauté, richesse, cela n'est pas si maladroit.

— Que viens-tu nous parler de Zéphirin, l'ennemi juré du mariage!

— Mon cher Jules, la tête de l'homme est une girouette qui tourne à tout vent. Hier Zéphirin tonnait contre le mariage, aujourd'hui c'est le but de tous ses désirs, de toutes ses espérances : son ambition est gigantesque, et je te donne en cent à deviner ce qu'il convoite.

— Une place?

— Mieux que cela.

— Un héritage?

— Beaucoup mieux.

— Mais qu'est-ce donc enfin?

— La main de madame Sennecour.

— Pas possible! c'est une extravagance, répond Jules.

— Pourquoi donc, messieurs? dit M. Dermonville; mais Zéphirin est un homme d'honneur : il a des qualités solides; sous le rapport du physique, on peut être mieux, mais du côté du moral... Je crois que madame Sennecour n'aurait qu'à se louer de son époux. J'approuve cette ambition : j'aime qu'un jeune homme ait des vues élevées, qu'il fasse un choix honorable. Je forme des souhaits pour son succès.

— Mon oncle, que vos souhaits lui portent bonheur! car il a bien à faire avant d'en être là.

— Peut-être pas tant que tu le crois; sais-tu que nous avons déjà lancé la déclaration, et que la réponse n'est pas désespérante? Léon raconta au comte et à Jules la visite qu'il avait faite avec Zéphirin chez madame Sennecour et tout ce qui s'en était suivi.

Ce récit divertit beaucoup l'oncle et le neveu.

Les amis passèrent la journée ensemble. À dix heures Léon quitta Jules pour se rendre près d'Agathe. La nuit était superbe, la lune éclairait le jardin, mais tout était tranquille; Agathe ne parut pas. Léon ne savait que penser de cette absence, il était inquiet, il passa la nuit à attendre vainement. Pendant une semaine entière il ne manqua pas une seule nuit de venir au rendez-vous, mais Agathe semblait l'avoir oublié, ou plutôt la jeune fille avait commis son imprudence. Il résolut donc de venir dans la journée faire une visite à la famille afin de provoquer avec Zéphirin une explication.

Deux jours après la famille de Passy se trouvait rassemblée; M. Tricot serrait sa fille dans ses bras et lui disait d'une voix inquiète : — Oui, mon enfant, tu es malade; nous en sommes persuadés. Pourquoi nous le cacher? Tu es triste, tu ne prends plus de nourriture, ma chère Agathe. Qu'as-tu donc? Pauvre enfant, regardez donc, mon ami, comme elle est pâle! Que sont devenues ses jolies couleurs? Voyons, chère enfant, dit M. Tricot, parle à ta mère, à moi; tu as du chagrin, dis-nous ce qui le cause; si c'est en notre pouvoir de te l'ôter, tu sais que nous ferons tout pour cela. Ecoute, Agathe, je crois te deviner l'auteur.

— Oui, ajoute-t-il, voilà une grande semaine que M. Tirasoy n'est venu te faire sa cour; c'est peu galant pour un futur, et désagréable pour une fille jolie comme toi : tu te chagrines de cet abandon; tu as tort, ma bonne petite, il reviendra, sois tranquille; j'irai même le gronder de ta part.

Agathe ne répondit rien, préférant que son père attribuât la cause de ses peines à l'absence de Tirasoy, que de subir un plus long interrogatoire sur le véritable motif des chagrins de son cœur.

M. Papillard gen lre du père Tricot.

Un coup de sonnette se fit entendre à la porte; Léon, Jules, Zéphirin furent annoncés et salués par les maîtres de la maison. Agathe devint pâle et tremblante. Les amis s'aperçurent du changement opéré dans ses traits, et s'empressèrent de lui en témoigner leur peine. La présence de Jules contrariait Léon. Etre forcé de contenir son transport; mais il le faut : l'inflexible ami a les yeux sur lui, son regard cherche à percer les replis de son cœur; il faut feindre l'indifférence lorsque l'inquiétude et l'amour déchirent son âme.

— Messieurs, dit M. Tricot aux trois amis, j'espère que vous passerez la journée avec nous? Léon n'ose répondre; Agathe l'interroge des yeux. Jules hésite, puis il consent. Zéphirin avait dit oui sans hésiter. Ils resteront, Agathe a souri.

— Veux-tu, Jules, passer au billard? je veux te gagner quelques parties avant le dîner. Mon oncle, êtes-vous des nôtres? Allons, viens donc, Léon, pourquoi restes-tu là? viens avec nous, et laisse Agathe aider ma tante. Léon s'éloigne de la jeune fille sans avoir pu lui adresser un mot. Jules et l'oncle font une partie. Zéphirin compte les coups. Léon, profitant de ce que ces messieurs, tout entiers à leur jeu, ne font aucune attention à lui, s'éloigne doucement, sans être remarqué. Le voici dans la salle : Agathe n'y est plus, il la cherche, elle est au jardin; il court, il est près d'elle.

— Agathe! pourquoi depuis huit jours avoir fui ma présence, ne serais-je plus aimé de vous?

— Toujours, toujours; mais ne comptez plus sur une démarche aussi coupable que celle que j'ai eu la faiblesse d'accorder. Si votre amour pour moi est aussi pur, aussi vrai que vous me l'assurez, parlez à ma famille; sans cela, le devoir m'ordonne de vous oublier. Ah! je succomberais, mais l'honneur m'est plus cher que la vie.

Léon s'apprêtait à répondre; mais un bruit de pas vers eux fit expirer sa réponse sur ses lèvres.

— Léon, je viens te chercher. M. Tricot veut essayer ta force au

billard, il t'attend. Je suis heureux de m'être chargé de la commission, puisque je vais occuper auprès de mademoiselle la place que tu vas quitter.

— Non, mon cher Jules, je suis désolé, mais je ne puis tenir tête à M. Tricot, je suis très-maladroit à ce jeu; fais-moi l'amitié de jouer pour moi. Jules devina Léon, et tout le temps qui s'écoula de ce moment jusqu'au dîner il ne quitta ni l'ami ni la jeune fille.

Voici le berceau de chèvrefeuille. On y entre, on s'y repose. Quel souvenir pour Agathe! elle porte ses yeux sur Léon, ils peignent un reproche : Léon la comprend. Il veut répondre, il n'est plus temps; Agathe fixe en ce moment une place... et des larmes mouillent sa paupière.

— Partons, dit Jules, il se fait tard, n'abusons pas plus longtemps de l'aimable accueil que l'on reçoit ici. Monsieur et vous, madame, lorsque vous daignerez m'honorer de votre présence, croyez que je serai heureux de ce plaisir.

— Certainement, monsieur, tout l'honneur sera pour nous, répond madame Tricot en faisant à Jules une grande révérence.

Les trois amis montent en voiture. Léon n'a pu adresser à Agathe qu'un de ces adieux froids et polis. Quelle contrainte! Ils ont franchi la barrière, puis les Champs-Elysées; enfin ils sont chez eux.

Léon se hâte, après avoir quitté ses amis, de reprendre la route de Passy. Il est fort tard, le ciel menace d'un orage, la chaleur est étouffante, n'importe; il ne peut rester plus longtemps sans voir Agathe, sans regagner sa confiance. Un cabriolet se présente. — Cocher! à Passy : allez vite. — Il pénètre dans le jardin.

— Oh! bonheur! sa fenêtre est ouverte le rideau fermé. Si Agathe le voyait, refuserait-elle de descendre près de lui?

Que faire? Comment l'avertir? Quelle idée! Un treillage garnit le mur et s'élève jusqu'à la fenêtre d'Agathe. S'il osait! il hésite; l'amour l'emporte, il grimpe, il touche la fenêtre, il est dans la chambre; son cœur bat, il prête l'oreille : elle est là; elle sommeille; il s'approche du lit. C'est elle! Léon tremble, si en se réveillant elle le prenait pour un malfaiteur! Que va-t-elle dire de le trouver près d'elle, dans sa chambre!... elle dort. Elle prononce son nom. Léon penche la tête sur la sienne. Elle murmure les mots d'amour, d'époux, d'aimer. Il l'embrasse; oh! bonheur! elle lui rend ses baisers; ses beaux bras sont nus, ils entourent le cou de son amant, elle le presse, le comble de caresses. Léon s'égare : pauvre fille! réveille-toi; ce n'est plus un doux songe, c'est une réalité, c'est ton malheur, ton abandon. . . . . . .

. . . .

Elle s'éveille, ses idées renaissent; il n'est plus temps. Elle se jette hors du lit, elle veut fuir. Son séducteur la retient, la supplie, implore son pardon; il est à ses pieds, il est trop : elle tombe évanouie sur le parquet. Léon, tremblant, la prend dans ses bras, la dépose sur le lit; elle est froide comme la mort, son cœur ne bat plus. La foudre gronde au dehors; la pluie tombe à torrents : les éclairs déchirent la nue, leur clarté permet à Léon d'entrevoir la figure d'Agathe; quelle affreuse pâleur! est-elle morte! O remords! ô douleur! vous la vengez déjà. Il la presse, la couvre de son corps, il voudrait lui rendre la vie. Il l'appelle, point de réponse, et rien pour la secourir! Faut-il la laisser périr? Ah! que faire! Il s'éloigne du lit, il cherche; un éclair brille, il entrevoit une table, une carafe d'eau, il en arrose les tempes et la figure de la jeune fille. Ses lèvres en reçoivent quelques gouttes; elle soupire, elle se ranime.

— Agathe! chère Agathe! entends ma voix; c'est ton amant, ton époux qui t'implore : ne repousse pas ma prière; prends pitié de mon amour, de mon repentir!

— Laisse-moi, laisse-moi, je veux mourir! Fuyez, vous me faites horreur!

— Reviens à toi. Oh! mon amie! reçois les serments que je te fais de payer ton pardon d'un amour éternel!

— Vous pardonner! hélas! le puis-je? vous m'avez déshonorée! Oh! non, non; c'est impossible!

— Ne vois en moi que ton époux!

— Laisse-moi, monsieur, éloignez-vous!

— Non, Agathe, non, plutôt mourir à tes yeux que de m'éloigner avec ta colère! Un mot de ta jolie bouche peut me rendre au bonheur, ah! je t'en conjure à genoux, ne me refuse pas...

Malgré les regrets et la peine, lorsqu'un amant est aimé avant d'être séducteur, on le hait bien faire, beau dire, il faut encore à plus forte raison l'aimer et le chérir après la séduction. Lorsqu'un coupable adoré supplie à vos genoux, il faudrait avoir un cœur d'acier pour ne pas fléchir et pardonner; aussi le courroux de notre jeune fille s'apaisa. Les larmes tombèrent de ses yeux avec abondance; Léon les recueillait sur les charmants traits de son amant; encore quelques prières, encore quelques promesses, et l'homme ressaisit le pouvoir.

L'aurore commençait à paraître, il fallait se quitter. La jeune fille, non moins aimante, mais plus prudente, en avertit son amant.

— Quoi! déjà! ma chère Agathe! au moins permets-moi de revenir ce soir : que crains-tu maintenant? c'est ton époux que tu recevras. Elle hésite, elle balance : encore des prières, des supplications; comment résister à quinze ans! quand on aime on est si faible!

— Léon, m'aimeras-tu toujours?

— Au delà de ma vie, chère Agathe!

— Reviens alors, car je sens que je ne puis plus vivre sans toi. A ce soir !

X. — Édouard Dermonville. — Séjour à Rome.

Quelques jours après son bal, M. Dermonville fut atteint d'un accès de goutte. Jules ne quittait pas la chambre de douleur de son oncle ; il lui faisait la lecture, et jouait aux échecs avec le comte. Un soir que la conversation languissait, Jules regardait les portraits de famille qui ornaient l'appartement. Ses yeux s'arrêtèrent sur celui du fils de M. Dermonville. Il ignorait l'aventure qui avait causé la mort de son cousin, le comte le remarqua et lui dit :

— Monsieur, est-ce pour de bon ce soufflet-là ?
— Oui, répond le jeune homme.
— A la bonne heure, monsieur, car je n'aime pas des plaisanteries comme celle-là.

— Tu regardes le portrait d'Edouard, mort à vingt-quatre ans. Tu désires peut-être savoir cette triste histoire. Mon intention avait toujours été de te la conter avant ton départ pour l'Italie. Je suis souffrant, je vais me mettre au lit ; je vais te confier les papiers où elle est relatée, tu en prendras connaissance : les trois quarts sont de sa main, et le reste est tracé par moi.

Muni du manuscrit, Jules monta dans son appartement. Sa curiosité était vivement excitée.

LETTRE D'ÉDOUARD DERMONVILLE A SON AMI EUGÈNE DERMANCE.

« Rome.

» Enfin, je touche bientôt à ce jour fortuné. Oui, mon cher Dermance, encore quelques instants, et Marietta sera ma femme. Tu dois savoir que, pour compléter mon bonheur, mon père est ici ; sa présence a hâté le retour de ma santé. Que je regrette de ne pas t'avoir près de moi ! Quoi ! je vais consacrer l'acte le plus important de ma vie, et tu ne seras pas là ! Que je te plains ! tu ne verras pas Marietta ! Tu m'aimes beaucoup, Dermance ; eh bien ! j'oserais parier qu'en la voyant tu serais jaloux de ton ami. J'ai bien souffert ! et pourtant pas assez, je crois, pour obtenir une telle récompense. Lorsque tu liras ma lettre, une autre la suivra de près pour t'annoncer mon mariage et mon bonheur. Je t'ai aussi tenu parole : tu exigeas, lorsque je te quittai il y a quinze mois, que je te fisse un journal de mon voyage ; je te l'enverrai bientôt, mais c'est plutôt celui de mon cœur, de mes amours ; je n'ai conservé en ce pays ma douce indifférence qu'un seul instant.

» Pouvais-je te peindre les beautés de l'Italie, lorsqu'en arrivant Marietta s'offrit à ma vue ? Non, mon ami, cela m'était impossible. Tout ce qui n'était pas Marietta me fut indifférent : étude, peinture, beaux-arts, j'oubliai tout, hors elle et toi. J'ai pris la plume pour

obéir à ton désir, pour te dépeindre Rome, et je ne te parle que de Marietta, de mon amour pour elle... Adieu jusqu'à la prochaine.

» Ton ami,
» ÉDOUARD DERMONVILLE. »

DU MÊME AU MÊME.

« Je venais d'embrasser mon père et mon meilleur ami, toi, Dermance, les chevaux emportaient ma voiture avec rapidité ; en m'éloignant de Paris, mon cœur éprouvait un trouble indéfinissable. J'y laissais ce qui m'était le plus cher au monde. Pourquoi ce trouble ? ces regrets de quitter ce que j'aime ? N'est-ce pas moi qui veux m'éloigner ? Pourquoi m'affliger ? n'ai-je pas moi-même désiré ce voyage ? Je cours vers l'Italie, ce pays objet de mon désir. Oui, mais je suis seul ; personne pour recevoir les épanchements de mon cœur. Je laisse tout ce que j'aime.

» J'arrivai à Avignon. Je m'y arrêtai deux jours. Je voulais voir la fontaine de Vaucluse et visiter ces lieux qui furent témoins des amours de Pétrarque et de Laure. J'y suis allé. Ah ! mon ami ! quel tableau admirable ! Que d'émotions j'éprouvai ! Quel dommage de quitter ces lieux !

» Je ne pus résister au désir d'y retourner le lendemain. Je parcourus, j'admirai les environs de cette délicieuse fontaine. Le bruit des pas d'une personne qui s'avançait de mon côté me tira de l'extase où ce spectacle majestueux m'avait plongé. Un inconnu s'approchait ; je me levai, et lui rendis le salut qu'il m'adressait. La conversation s'engagea entre nous sur la magnificence du tableau qui se déployait sous nos yeux. Le jeune homme retournait à Avignon. Nous faisons route ensemble. J'apprends qu'il est Italien et qu'il retourne à Rome. Il se nomme Lauranzo, il est d'une famille noble et riche ; son caractère est doux et gai. Il est à Avignon depuis cinq à six jours, il part demain

Madame Scène our.

ainsi que moi. Je lui offre de faire la route de compagnie ; il accepte avec empressement. Arrivés à la ville, nous passons la journée ensemble et la soirée au spectacle ; le lendemain nous roulions sur la route de Gênes, dans la même voiture et les meilleurs amis du monde. La chaise de poste et les gens de Lauranzo nous suivaient de près.

» Nous nous arrêtons à Gênes, à Florence ; nous restons quelques jours dans chacune de ces villes. Nous repartons, nous sommes à Rome. Mon cœur bondit de joie, de bonheur, de respect. Voilà Rome ! Rome tant vantée, tant déchue, mais noble encore par ses souvenirs, par ses ruines, par son nom !

» Lauranzo m'offrit avec instance de vouloir bien accepter la maison de sa famille pour ma demeure, ajoutant que, présenté par lui, je recevrais un accueil digne de moi. Je le remerciai de son obligeance, n'acceptant de ses offres que la faveur d'être présenté à sa famille. Il m'accompagna jusqu'à l'hôtel que je voulais habiter, et me quitta pour se rendre chez lui, promettant de venir me chercher le lendemain matin.

» La nuit commençait à tomber; j'étais à Rome et ne pouvais la parcourir. Pour satisfaire ma vive impatience, la fatigue et les ténèbres mettaient un frein à ma curiosité. Je tombe de sommeil, de lassitude, et je ne puis reposer. J'ouvre la fenêtre, je regarde, quel silence ! il invite à la méditation ! L'histoire romaine se déroule devant moi. Voilà donc cette cité d'où sortaient ces légions pour se répandre sur la terre et la conquérir! Que de sang, que de larmes cette terre a reçus ! que de héros, de grands hommes, de génies !

» A peine si le jour commençait à paraître, que déjà j'errais dans Rome sans guide, regardant, admirant ruines et monuments. J'étais sorti depuis trois heures, et j'avais traversé en plusieurs sens Rome ancienne et Rome nouvelle. Je voulais tout voir, et ne voyais rien. Je demandais à la fois le Capitole, la Roche Tarpéienne, le Panthéon, le Colisée, la colonne Trajane, enfin tous les monuments célèbres. J'allais, je venais; au détour d'une place je me sens saisir par le bras ; je regarde, c'est Lauranzo :

» — Où courez-vous ainsi? me dit-il. Vous êtes en nage; en vérité, je suis persuadé que vous imitez tous les curieux nouvellement débarqués. Signor, vous vous empressez d'embrasser Rome d'un coup d'œil! laissez là je vous en prie, cet enthousiasme. Vous n'êtes pas venu ici comme un Anglais, pour le plaisir de changer de place, de faire du chemin; mais en homme instruit, curieux, amateur de comparer vos souvenirs avec nos ruines; c'est en détail, avec calme, que vous devez visiter, chercher, jouir de la vue des faibles restes que nous ont laissés les barbares et le fanatisme. Je vous guiderai, je partagerai avec vous vos émotions aux souvenirs que fera naître la vue de ces ruines célèbres.

» Laissons un instant la poussière des grandeurs de Rome ancienne, et veuillez descendre jusqu'à écouter la prière d'un Romain de la Rome nouvelle; c'est vous faire tomber tout à coup du sublime à l'infime, mais l'indulgence fut de tous les temps.

» — Vous n'en avez pas besoin, monsieur, car si tous les Romains modernes vous ressemblaient, Rome n'aurait qu'à regretter la ruine de ses palais, son peuple serait encore digne d'elle.

» — Vous êtes aimable et poli comme un Français, c'est tout dire. J'espère que vous ne refuserez pas la demande que je vais vous faire ; ma famille vous attend. Je viens vous chercher pour passer la journée avec nous ; nous ne pouvons disposer de quelques heures.

» — Alors, en attendant l'heureux moment de saluer votre famille, laissez-moi jouir encore de ma curiosité. Guidez-moi dans mes recherches. Menez-moi au Forum.

» — Il est très-heureux pour votre demande que vous vous adressiez à moi, car ce nom est presque inconnu au peuple de cette ville ; ce lieu, jadis le plus peuplé, le plus magnifique de Rome par l'assemblage de ses palais, de ses temples, de ses arcs de triomphe, est connu actuellement sous l'ignoble nom de Champ des Vaches. Venez, je vais vous y conduire ; vous y trouverez encore quelques restes qui vous attesteront son ancienne magnificence, son ancienne splendeur.

» Je suivis Lauranzo : nous parcourûmes pendant quelques heures ce Forum tant renommé, et maintenant désert. Nous quittâmes ce lieu : son aspect m'avait plongé dans une douce rêverie. Je me promis d'y revenir, seul, libre de me livrer aux sensations que faisaient naître en moi âme ces lieux témoins de tant de choses.

» Après être retourné à mon hôtel m'habiller, je suivis Lauranzo. Sa maison était située dans un faubourg de Rome, anciennement nommé le Vélabre. Nous arrivons après avoir traversé plusieurs cours entourées de galeries, d'allées de marbre. Lauranzo m'introduisit dans les appartements : la foule des valets que je voyais aller et venir dans ces vastes pièces, leurs livrées, tout m'annonçait la fortune des maîtres de cette maison.

» Une porte s'ouvre à notre approche : nous sommes introduits dans un charmant salon, de forme ovale. Cette pièce délicieuse est embaumée des parfums de l'oranger, du jasmin.

» Deux dames entrèrent dans le salon en m'adressant un salut noble et gracieux. C'étaient la mère et la sœur de Lauranzo. La conversation roula sur la France, sur Paris, les usages, les mœurs des Parisiens, ensuite sur ma famille. Je t'avouerai, mon cher Dermance, que je laissai passer quelques mots sur ma fortune, du moins celle de mon père. Cela ne pouvait m'être nuisible. Je vais te dépeindre les trois personnes qui la composent : d'abord, la comtesse Delmontès, femme d'une cinquantaine d'années, conservant encore quelques restes de beauté, d'une figure belle, mais sévère. Lauranzo, fils, d'un esprit cultivé et agréable ; ses défauts, je les ignore encore ; son physique est bien, très-bien. Sa sœur, la belle Marietta, voilà, mon ami, le diamant de la famille; un ange de beauté, de grâce, de douceur. Sa vue a produit sur moi l'effet de la foudre. J'osai l'aimer, j'osai espérer, rêver déjà le bonheur, et cependant je ne la connaissais que depuis un moment. Ses yeux rencontrent quelquefois les miens, elle rougit et les baisse aussitôt.

» La comtesse me renouvela l'offre de son fils. Je n'osai accepter, et cependant... On insista, je consentis; mais pour quelque temps. Je craignais d'être indiscret.

» La journée se passa en conversations, en promenades dans le parc. Je pris congé de ces dames assez tard, et retournai à mon hôtel. Lauranzo m'accompagna. Le long du chemin je lui parlai de lui, de sa mère, afin de pouvoir parler de Marietta sans éveiller de son attention.

» Mais, hélas! quelle fut ma douleur, en apprenant de Lauranzo que Marietta était destinée depuis longtemps au fils d'un ami de son père. Ce jeune homme habitait Naples, venait souvent à Rome faire sa cour à sa future; Marietta le voyait avec plaisir, Lauranzo appuyait et désirait ce mariage.

» J'interrompis Lauranzo en lui demandant s'il était certain que sa sœur approuvât le choix de sa famille, et si on laisserait à Marietta la liberté de son choix.

» — Non, me répondit-il ; jamais ma mère et moi n'y consentirions. Mon père n'est plus, mais sa volonté existe toujours pour nous, et nous fait une loi d'accomplir ce mariage. Marietta l'épousera, ou un couvent serait le prix de son refus.

» Lauranzo me quitta à ma porte. Rentré chez moi, je me livrai à mes réflexions. L'image de Marietta était sans cesse présente à ma pensée. Cette union projetée, me mettait au désespoir. Je voyais la nécessité de combattre une passion qui s'était si subitement emparée de mon cœur. La nuit se passa sans sommeil. J'aurais voulu refuser d'aller habiter chez Lauranzo. Je redoutais, pour mon repos, la présence continuelle de Marietta. Dans ce pays, une jeune fille jouit de la liberté d'une femme mariée de France. Elle est libre, jamais ses actions ne sont surveillées; ses tête-à-tête, ses promenades, même avec les hommes, ne sont blâmés en rien. Fille, elle est libre de ses actions; femme, elle est en tutelle. Habitant près de Marietta, ne pouvant l'aimer, je craignais cette liberté, qui me permettrait de la voir, de lui parler sans cesse, sans obstacle et sans témoins.

» Le lendemain je fus installé dans un magnifique appartement ayant vue sur le parc; il était situé au-dessus de celui de Marietta, et les fenêtres donnaient sur un vaste fossé servant à séparer le palais du parc. Mes jours se sont écoulés là semés d'or et de soie; mais, hélas! mes beaux projets de vertu et de continence se sont évanouis. Je n'ai pu résister aux charmes de Marietta; elle voulait me servir de cicerone et de guide dans mes pérégrinations à travers Rome et ses environs, et souvent la nuit venait nous surprendre au milieu de nos promenades. Seul, toujours seul avec la plus belle des femmes, peut-on résister, surtout lorsqu'on sait qu'elle partage toutes vos idées, tous vos sentiments, toutes vos admirations! Je l'aimais avec passion; je le lui dis, elle n'a pas repoussé mon amour. Un baiser est venu m'apprendre mon bonheur; elle m'aimait aussi. Dès cet instant, nos promenades ne furent plus qu'une longue suite de caresses données et reçues. Enfin un soir que nous nous étions attardés au Forum, qu'abrités par les bosquets de myrte, nous nous faisions tous les serments, ma tête s'enflamma; je pressai Marietta sur mon cœur. A la brune, en retournant à la ville, elle n'avait plus rien à me refuser. Nous nous arrêtions à chaque pas pour nous répéter sans cesse ce mot si doux : Je t'aime.

» Bientôt les jours et les soirées ne suffisaient plus à notre bonheur, nous voulions ne nous séparer jamais, rester près l'un de l'autre dans une contemplation éternelle. Les heures de nuit qui venaient interrompre nos amours nous semblaient des siècles. Une nuit, un drap attaché au balcon servit à me conduire auprès de Marietta. Je me laissai glisser jusqu'à sa chambre : effrayée, tremblante, elle me reçut dans ses bras. Après les reproches, elle me pardonna, et le bonheur vint couronner mon entreprise. Chaque nuit nous réunissait ainsi, et notre amour croissait de jour en jour : l'arrivée de l'aurore pouvait à peine nous séparer.

» Cependant Lauranzo devenait triste et pensif; son caractère, naguère si enjoué, s'assombrissait de jour en jour. Son amitié pour moi était toujours la même. Dans nos rêves, Marietta croyait qu'il serait facile de le faire consentir à notre union ; car la comtesse Delmontès n'avait d'autre volonté que celle de son fils; mais je ne pouvais lui parler à cause de ses fréquentes absences. Un jour j'appris qu'il était chez lui, je profitai de l'occasion ; il me reçut avec amitié, mais il semblait encore plus préoccupé.

» — Qu'avez-vous, Lauranzo ? Confiez-moi vos peines, et croyez à mon dévouement.

» — Je suis sensible à votre amitié, mon cher Dermonville; vous voyez un homme désespéré : j'aime, et je suis le point aimé. La coquette met à son amour une condition qui me navre. Je vous ai parlé du tutur de Marietta; c'est sa sœur qui me désespère. Pour répondre à mon amour, elle veut que je sacrifie Marietta à son frère :

» — Je ne vous comprends pas ! N'est-ce pas vous qui désiriez ce mariage?

» — Oui; mais des renseignements nouveaux sont venus rendre cette union impossible. Cet homme que nous destinions à Marietta n'est autre qu'un chef de brigands, entraîné dans le crime par le jeu et la soif de l'or... c'est à moi d'empêcher une pareille conduite de son frère : mais puis-je sacrifier Marietta à mon aveugle passion ?

» — Pouvez-vous balancer un instant : une femme que son frère déshonore! Aimons, sauvons notre vie pour la femme aimée; mais commettre un crime ; jamais ! Quittez Rome, oubliez cette fatale passion; mais écoutez une confidence, et peut-être vous sera-t-elle utile en cette circonstance. J'aime votre sœur, je n'ai pu résister à ses charmes, je vous demande sa main. Je ne vous rappellerai ni le rang ni la fortune de ma famille; mais mon père ne pourra qu'approuver ma résolution lorsqu'il connaîtra l'objet de mon amour.

» — Votre demande me plaît et m'honore : accordez-moi jusqu'à demain pour y penser.

» En cet instant, un valet entra pour annoncer l'arrivée du marquis d'Albertini. A ce nom, Lauranzo frémit et pâlit de colère. — Ce marquis n'est autre que le prétendu, le chef de lazzaroni.

» Aussitôt que le domestique fut retiré, Lauranzo se leva de son siège et parut violemment agité.

» — Concevez-vous, me dit-il, une position pareille? Que faire? Dois-je recevoir cet homme ou dois-je le chasser à l'instant?

» — Gardez-vous, lui répondis-je, de faire un éclat, soyez prudent, accueillez-le de sang-froid, ou refusez de le voir; dans cette circonstance vous n'avez pas à balancer, afin d'éviter d'autres visites.

» — Que me conseillez-vous? Rompre avec lui, n'est-ce pas rompre avec sa sœur? Ah! je ne m'en sens ni la force ni le courage.

» — Lauranzo voudrait-il devenir le beau-frère d'un brigand? Oh! non, je ne le pense pas.

» — C'est avec désespoir que je suivrai vos conseils. Vous avez raison, mon ami, non, je ne le verrai pas, et demain je m'éloignerai de Rome, mais avant je parlerai à ma mère. J'obtiendrai son consentement à votre union avec Marietta. Je l'instruirai de tout, de mon amour, des crimes d'Albertini.

» — Ah! l'on parle de moi ici, dit en entrant un jeune homme d'une tournure élégante et d'un physique avantageux.

» Albertini s'avance vers Lauranzo en lui présentant la main; mon ami retire la sienne. Albertini en demande la cause; la fureur de Lauranzo augmentait à chaque minute : sa colère éclata.

» — Que venez-vous faire en cette maison? dit-il d'un air de mépris en se tournant vers Albertini.

» — Ce que j'y viens faire? et ne le sais-tu pas? Te voir, ainsi que ma belle future Marietta. Mais, dis-moi toi-même que signifie et ton dédaigneux et cette réception?

» — Que je vous ordonne de quitter cette demeure, de renoncer à ma sœur, et je ne jamais vous présenter devant moi.

» — Lauranzo, vous perdez la tête; ne me reconnaissez-vous pas? est-ce à moi que vous adressez ces discours insolents?

» — Oui, répond Lauranzo, à toi, à toi-même, si tu es le chef des brigands qui infestent les routes de Portici, si tu es enfin Albertini de Grastero.

» Albertini furieux ne se contient plus.

» — Rends grâce, répond-il en s'approchant de Lauranzo, d'être en ces lieux, sans j'aurais déjà tiré vengeance de ton insolence. Mais tu m'en rendras raison, toi et ceux qui voudraient embrasser ta défense.

» — Je suis prêt à soutenir mon ami contre vous et les vôtres. J'ajouterai qu'un honnête homme se déshonorerait en se mesurant avec vous; ce serait priver l'échafaud de sa proie. Sortez, vous ne méritez pas de mourir de notre main.

» Albertini furieux se précipite sur moi. Je le repousse avec violence, et l'envoie rouler sur le parquet; il se relève. Lauranzo le saisit à bras-le-corps, je l'aide à maintenir ce furieux. Des valets arrivent en foule; ils s'emparent de lui et l'entraînent hors de l'hôtel. Après cette scène violente, Lauranzo tomba sur un siège. Je lui portai secours, il revint à lui.

» — C'en est donc fait! elle est à jamais perdue pour moi! Lauretta! Lauretta! ô mon frère! ô mon meilleur ami! Tout en parlant ainsi ses larmes coulaient en abondance; il me pressait dans ses bras et me jurait que jamais Marietta n'appartiendrait à autre qu'à moi.

» Cependant je craignais que le bruit de cette scène ne fût parvenu jusqu'à madame Dermontès. Heureusement il n'en était rien. Lauranzo s'était calmé peu à peu. Il voulait aller instruire sa mère de tous les crimes d'Albertini, et lui parler de mon amour pour Marietta, et arrêter le jour de notre mariage.

» — Vous êtes encore trop ému, lui dis-je, reposez-vous, remettez cet entretien à demain. Si vous voulez, je resterai près de vous.

» — Non, mon ami, laissez cette nuit à ma douleur, devant vous je serais honteux de ma faiblesse.

» Quoique je n'aie connu tous les malheurs de cette fatale journée qu'un mois après, je vais vous en conter les événements. Lorsque je quittai Lauranzo, il s'abandonna à toute sa douleur; mais, ne pouvant goûter aucun repos, il descendit au jardin pour se promener sur les bords de l'étang. Lorsque minuit sonnait, il voulut regagner son appartement; mais tout à coup un homme apparaît, et mon malheureux ami tombe percé de plusieurs coups de poignard. Cependant il a reconnu son assassin, c'est Albertini. Il n'est relevé qu'au point du jour par un jardinier, qui court prévenir la comtesse; elle accourt. Son fils vit encore; mais, hélas! ce n'est que pour désigner son meurtrier et rendre le dernier soupir entre les bras de sa mère désolée.

» Pendant cette scène de drame se passait dans le parc, j'attendais avec impatience que l'horloge sonnât une heure, heure qui devait me réunir à Marietta. De cruels pressentiments lui avaient souvent fait craindre pour ma vie lorsque je descendais par la fenêtre. Afin de la rassurer,

je m'étais muni d'une corde à nœuds qui fortement attachée au balcon me permettait de remonter chez moi par le même chemin sans éveiller les soupçons des gens de la maison. Dans cette nuit fatale, tout était prêt. J'allais tout radieux apprendre à Marietta le résultat de ma conversation avec Lauranzo, lorsqu'au moment d'atteindre le balcon de ma maîtresse un coup de feu part et la balle vient me briser le bras gauche. Je reste suspendu, mes forces m'abandonnent. Le bruit de l'arme a réveillé les gens de la maison; mais il est trop tard, je tombe. Tous les témoins poussent un cri d'effroi. Heureusement que dans ma chute j'ai rencontré les branches d'arbre, qui, en amortissant le coup, m'ont sauvé la vie. Je ne sais plus rien de ce qui s'est passé. Lorsque je revins à moi, un seul valet veillait auprès de mon lit. Je voulus parler; il me fit signe de me taire. Je ne pus en tirer aucun renseignement. Le souvenir de Lauranzo et de Marietta se présenta à ma pensée; ma conduite envers cette famille m'apparaissait enfin sous son véritable jour : je reconnaissais mon crime. Hélas! mon mariage avec la sœur de Lauranzo sera-t-il suffisant pour me faire pardonner?

XI. — Le Jeu. — L'Inconstant.

Ici se terminait le récit d'Edouard; mais il restait quelques feuillets écrits par une autre main : ils contenaient la suite des aventures du jeune Dermonville.

« Tous les malheurs accablaient Marietta à la fois, la mort de son frère, la blessure de son amant, le courroux de sa mère. La corde trouvée nouée encore au balcon, le drame de la nuit lui avaient tout appris. Malgré tous les ressentiments et la conduite équivoque d'Edouard, elle n'avait pu se décider à l'éloigner de sa maison dans l'état affreux où il se trouvait. Elle le fit soigner par d'habiles chirurgiens; car son seul espoir était de voir son honneur réparé par un mariage qui aurait porté à la réputation de Marietta. Après un mois de maladie, la nature, la jeunesse et la science aidant, Edouard se trouva hors de danger. Son bras était remis, la santé revenait au corps, mais l'âme était toujours affectée. Le médecin ne permit de lui apprendre la mort de Lauranzo qu'alors qu'il serait hors de danger. Il jura de chercher Albertini et de venger son ami en l'arrachant à le son assassin. Edouard n'avait pas vu la comtesse depuis son accident, lorsqu'un matin elle se fit annoncer chez lui. Il redoutait cette entrevue tout en la désirant. Aussi ne put-il se défendre d'une certaine émotion; mais en entendant cette voix pleine de douceur, ces paroles bienveillantes, et surtout en voyant cette mère désolée, dont les traits lui rappelaient ceux de son malheureux ami, il ne put retenir ses larmes, qui se mêlèrent à celles de la comtesse.

» — Pardon, pardon, madame! s'écria Edouard en étendant ses mains suppliantes, grâce pour un malheureux que l'amour a rendu coupable envers vous!

» — Calmez-vous, Dermonville; si l'indulgence ne me parlait pas en votre faveur, serais-je près de vous? Oui, vous êtes bien coupable; mais il dépend de vous de réparer vos fautes. Dites, Edouard, dites si je dois voir en vous un fils ou un suborneur?

» — Un fils, madame, un fils soumis, repentant, qui emploiera sa vie à mériter votre amour de mère, qui se croira heureux s'il peut remplacer le fils que vous avez perdu.

» La comtesse pressa la main du jeune homme et resta longtemps près de lui. Edouard n'osait demander Marietta, et il y avait si longtemps qu'il était séparé d'elle! La comtesse le devina : quelques minutes après son départ, quelle fut son ivresse de presser Marietta sur son cœur! Ce moment fut bien doux pour lui. Dès ce jour, la jeune fille devint son soutien dans ses promenades, elle guidait ses pas encore chancelants, de jour en jour ses forces renaissaient. La comtesse, craignant que la grossesse de sa fille ne devînt trop visible, souhaitait le rétablissement de l'ami et le mariage des deux amants.

» Ce qui contribua à hâter la guérison du jeune homme, ce fut le bonheur qu'il éprouva à l'arrivée inattendue de la comtesse. La comtesse avait écrit au comte de Dermonville tout ce qui s'était passé, la chute d'Edouard, sa maladie, son rétablissement prochain et l'union nécessaire à l'honneur de sa maison. Le comte s'était hâté d'accourir près de son fils bien-aimé; quelques légers reproches, et tout fut oublié.

» L'alliance de la famille Delmontès, ainsi que Marietta, flattait le comte. Il convint avec la comtesse de presser cet hymen, et résolut d'habiter chez elle jusqu'après le mariage; il s'engagea à quitter l'Italie, à venir s'établir en France auprès de ses enfants. La comtesse ne pouvait quitter l'Italie, où ses affaires la retenaient; mais elle promit de rejoindre ses enfants dès qu'elle serait débarrassée de ses gens d'affaires. Enfin Edouard était complètement rétabli, et le mariage devait se célébrer sous trois jours. C'était reprises ses promenades et ses longues causeries avec Marietta. Un soir qu'ils faisaient des projets de bonheur comme tous les amoureux, ils s'éloignèrent de la ville par la voie Appia, et se trouvèrent tout à coup près du tombeau de Cécilia Métella. Edouard voulait visiter ces ruines, Marietta hésitait; comme toutes les femmes, elle avait peur, la nuit, des lieux funèbres. Cette peur fut encore accrue par l'aspect triste de l'intérieur du tombeau. Elle voulait entraîner Edouard, lorsque tout à coup deux hommes masqués se présentèrent à eux, les séparèrent, et se jetèrent le poignard à la main sur Edouard. Quoique sans armes, le jeune homme se défendit avec courage ; il arrache le poignard des mains d'un des assassins, et l'en frappe au cœur. Le second est dangereusement blessé. Une lutte corps à corps s'engage entre l'assaillant et la victime ; ils roulent dans la poussière. Aux cris de Marietta les gens de la campagne accourent de toutes parts. Mais Edouard a succombé. L'assassin lui-même n'a pas la force de fuir. On arrache les masques, et Marietta tombe inanimée en reconnaissant Albertini dans le premier brigand qu'Edouard a terrassé. Les paysans emportent la jeune fille et le cadavre de son amant. Le désespoir de M. Dermonville et de la comtesse fut à son comble. Mais un malheur n'arrive jamais seul ; et cette malheureuse famille devait être éprouvée dans tout ce qu'elle aimait. Marietta a perdu la raison ; elle ne reconnaît personne, elle pleure, elle chante, elle croit voir l'assassin d'Edouard et demande vengeance. Elle est folle sans espoir de guérison. On l'emmène ; mais le chagrin monte en croupe et voyage avec eux. Cinq mois après, elle mettait au jour au milieu des souffrances une fille qui devait lui coûter la vie et mettre fin à ses tourments. Pauvre Marietta ! une simple croix de bois dans un cimetière de village, et aucune inscription ne dit aux passants que c'est là que repose la noble fille des Delmontès. »

Jules terminait ce récit ; ses larmes coulaient : il pensait à son malheureux cousin. Le lendemain dès le matin il descendit près de son oncle, qui, remarquant sa tristesse, lui dit :

— Je vois que tu as lu avec intérêt ces malheurs. Qu'en penses-tu, mon ami ? N'est-il pas vrai que j'ai eu de grands sujets de peines ?

— Ah ! oui, mon oncle ; vous avez dû être bien malheureux. Mais dites-moi, je vous prie, qu'est devenu l'enfant de Marietta ?

— L'enfant de Marietta, de mon Edouard, ma fille enfin, elle vit, elle est bonne, elle est belle comme sa mère ; elle aimera comme Marietta : j'espère qu'elle sera plus heureuse. Enfin, mon ami, elle est l'épouse que je te destine depuis quinze ans. Je voyais avec peine ton amour pour madame Derville. Que serait devenue ma pauvre enfant, ma chère petite Marietta ?

— Ah ! mon oncle, pardonnez-moi cet instant d'erreur. Pouvais-je penser que vous me réserviez un tel trésor, l'enfant d'Edouard, votre fille !

— Ce mariage est arrêté depuis longtemps entre la comtesse Delmontès et moi. Tant que Marietta n'a pas atteint quinze ans, j'ai différé de te parler de cette union ; actuellement, mon ami, je souhaite qu'elle s'accomplisse le plus tôt possible. C'est après cette union que la comtesse doit venir se fixer à Paris ; alors, entouré de mes enfants, de mes amis, je goûterai quelques moments de bonheur, jusqu'au jour où j'irai rejoindre mon Edouard. Je ne te dicte pas ta conduite envers ta future ; l'amour sera ton maître. Tu habiteras, ainsi que Léon, dans l'hôtel de la comtesse Delmontès. Redouble chaque jour de soins et d'égards auprès d'elle ; tâche d'obtenir dans son cœur la place de Lauranzo et d'Edouard. Vous reviendrez en France aussitôt que la comtesse aura mis ordre à ses affaires. Actuellement, aide Léon à terminer les siennes afin que vous puissiez partir le plus tôt possible.

Cependant Léon négligeait Agathe, il reprenait peu à peu ses anciennes habitudes ; ses courses nocturnes à Passy lui semblaient longues. Les reproches d'Agathe avaient bien encore quelque puissance sur lui ; mais il avait toujours prête une raison pour justifier sa conduite. Depuis quelque temps, grâce aux conseils de Jules, il avait renoncé au jeu. Mais, pour son malheur, il rencontra un jour madame de Brécy, une de ces femmes intrigantes comme il y en a tant à Paris. Celle-ci donne des soirées, des bals ; elle invite tous les étrangers, on joue chez elle. Une légère rétribution mise sous le flambeau sert à payer les cartes, dit-on. Mais c'est là le plus clair du revenu de cette dame. En un mot, madame de Brécy tient un tripot. Elle invite Léon à une soirée ; il refuse. Mais pressé, il ne peut résister, il accepte et se promettant bien de ne pas jouer, car avant tout il lui faut de l'argent pour son voyage. Le soir il se rend chez cette dame, et trouve le salon garni de femmes de trente à quarante ans, fardées, plâtrées, huilées, ressemblant plutôt à des pastels de Latour qu'à des personnes naturelles. Les tables de jeu sont garnies ; l'or ruisselle ; les salles sont encombrées, Léon ne peut approcher ; il croit y voir un avertissement du ciel, qui veut le protéger contre les faiblesses. Il se décide donc pour la danse et fait la cour au premier de ces plâtres peints qui se croient des femmes, lorsque madame de Brécy l'aborde.

— Que faites-vous donc, enfant ? vous sautez ici lorsque la fortune vous attend de l'autre côté ; allons, venez.

— Merci, belle dame, je préfère la danse, j'ai trouvé des dames charmantes, tandis que la fortune ne me donnerait que des épines pour faveurs ; ensuite il n'est pas possible d'aborder de son temple, tant la foule de ses adorateurs est grande.

Madame de Brécy, à qui la résolution de Léon ne plaisait pas, employa tous les moyens de séduction pour l'en faire changer, le jeune homme tint bon ; elle le quitta d'un air extrêmement piqué, en le laissant, à ce qu'elle lui dit d'un ton sec, maître de ses actions.

La danse terminée, Léon, après quelques tours dans le même salon, invite d'autres dames pour une nouvelle contredanse. Quel contretemps, il s'adresse à toutes, l'une après l'autre, et toutes sont invitées ! Pas moyen de danser. Une seconde fois il n'est pas plus heureux. Il semble qu'elles ont toutes le mot pour refuser. Il erre seul de droite

et de gauche. Le voilà, sans le vouloir, dans le salon des joueurs. On demande un remplaçant, c'est comme un fait exprès.

— Eh bien ! monsieur Saint-Elde, allez donc ; un peu de complaisance, essayez.

Madame de Brécy l'entraîne, le fait asseoir, lui met les cartes en mains. Pas possible de s'en défendre ; cela serait trop ridicule. Son adversaire est un gros Anglais qui ne joue que de l'or ; pour commencer, cinq napoléons. — Je les tiens. Léon perd. — Doublons, dix napoléons. Même chance. Au bout de deux heures Léon avait le gousset vide, pas une obole de reste. Au moins il pourra danser librement et ne manquera pas de dames, car il les aperçoit dansant deux ensemble faute de cavaliers ; il passe avant au buffet, se rafraîchit d'un verre de sirop, prend une orange, et rentre dans le salon en la faisant sauter dans ses mains

— Quoi ! vous quittez déjà le jeu ? lui dit madame de Brécy.

— J'y suis bien forcé, hélas ! A moins qu'on ne veuille prendre mon orange pour de l'or, je ne vois pas comment je jouerais.

— J'en suis désespéré, mon cher monsieur de Saint-Elde. Mais jouez sur parole, je vous connais assez pour répondre de vous.

— Non, madame, je ne puis jouer sur parole en commençant une partie, pour qui me prendriez-vous d'étrangers ? Non, j'aime mieux danser.

— J'admire votre insouciance, mais moi je souffre de vos pertes.

— Vous êtes trop bonne madame, mes pertes sont réelles, ainsi mes regrets seraient inutiles. J'ai perdu ce que j'avais résolu de risquer. A moins que vous ne vouliez acheter mon orange ? dit-il en riant.

— J'y consens. Combien en voulez-vous ?

— Un louis.

— C'est dit

— Voici mon orange. Mais une condition. Comme j'espère gagner avec de l'argent venant d'une si jolie main, j'aurai la liberté de racheter mon fétiche.

— J'y consens. Bonne chance !

Madame de Brécy connaissait la fortune de Léon, ce n'était qu'un prêt qu'elle faisait à gros intérêt. Elle espérait qu'en lançant Léon dans une nouvelle partie il perdrait sur parole, et que son bénéfice en serait d'autant plus grand. La partie s'engagea avec un des associés de la maison, habile joueur, tant soit peu connaisseur, connaissant tous les jeux de cartes. Mais la fortune trahit le correcteur de hasard ; il perdit beaucoup. L'Anglais le remplaça et ne fut pas plus heureux. Léon se retira comblant tout l'argent de la maison. Madame de Brécy était furieuse, car elle partageait le gain et la perte de ses acolytes. Lorsque Léon vint prendre congé et réclamer son orange, elle lui dit :

— La voici, monsieur Saint-Elde, mais j'ai grande envie de ne vous la rendre que demain, cela vous engagerait à venir passer la soirée avec nous ; nous aurons quelques personnes, les intimes de la maison : comme je vous range dans cette classe, je vous engage à en augmenter le nombre.

— Croyez, madame, que je ferai tout mon possible pour me rendre à votre aimable invitation.

Lorsque Léon compta son gain, son bénéfice était de près de neuf mille francs. Il résolut de payer Zéphirin de tout ce qu'il lui devait, de donner un à-compte à Jules, et d'arroser, comme on dit, tous ses autres créanciers. Aussi, dès le matin, s'empressa-t-il de se rendre chez son gros ami. Celui-ci, qui ne s'attendait à rien moins qu'à recevoir sa créance, bondit de joie sur son lit, et invita le bienvenu au déjeuner.

— Non, dit Léon, c'est moi qui te prie d'accepter celui que je t'offre au café Anglais

— Diable ! tu as donc trouvé un trésor, dévalisé un coche ou fait un héritage ?

— Ni l'un ni l'autre, mais j'ai reçu des fonds qui m'étaient dus depuis longtemps.

— C'est singulier, dit Zéphirin, je croyais que c'était toi qui devais à tout le monde.

— Eh bien ! mon ami, tu croyais mal ; dépêche-toi de t'habiller, et dis-moi où en est ton amour avec madame Sennecour.

— Ah ! mon ami, bien peu avancé ; je la vois presque tous les jours, mais elle m'impose lorsque je veux lui parler de ma passion ; je suis si intimidé que les phrases expirent sur mes lèvres ; je crois que j'ai eu tort de me rendre amoureux de cette femme-là : actuellement je voudrais reculer et je ne m'en sens pas la force.

— Tu es un maladroit, mon ami, est-ce qu'il te faut pour plaire à une telle femme ; et que lui dis-tu lorsque tu es près d'elle, puisque tu n'oses lui parler d'amour ?

— Hélas ! mon cher, je la regarde, je l'écoute lorsqu'elle parle, et je soupire.

— Tu es vraiment une société fort agréable ! mais encore tu ne restes pas sans cesse dans sa maison à soupirer et à ne rien lui dire, j'espère.

— Ah ! je parle, mais pas de mon amour. Hier, par exemple, nous avions ensemble une discussion sur la cuisine savante. Madame de Sennecour vantait les qualités nécessaires à un poète ; comme nous nous mettions à table et que je mourais de faim, je m'amusai à vanter celles requises pour faire un bon cuisinier et donnai la préférence au dîner sur les poèmes.

— C'était excessivement spirituel ! Et qu'a-t-elle répondu à tes dissertations gastronomiques ?

— Elle a ri, en disant que j'avais pour partisans de mes opinions tous les chiens et tous les chats.

— Elle avait, ma foi, raison. Sais-tu qu'un amant gastronome n'a rien de séduisant, qu'il doit dissimuler ses goûts autant que possible ! Tiens, Zéphirin, je désespère de toi. Je serais bien surpris que tu réussisses.

— Tu crois donc que j'ai fait ou dit une bêtise ?

— Cela, mon cher, j'en suis persuadé.

— Cependant ne m'as-tu pas toi-même recommandé de flatter ses goûts ? Est-ce que tout le monde n'aime pas un bon dîner ?

— Ç'aurait été parfait avec mademoiselle Ursule Loquet. Mais avec madame Sennecour... ah, mon cher !

Léon et Zéphirin arrivèrent tout en causant ainsi chez Jules, à qui Léon remit l'argent qu'il lui destinait. Les trois amis passèrent la journée ensemble. Mais quelques affaires réclamant Jules et Zéphirin, Léon se trouva seul ; et ne sachant que faire de sa soirée, après avoir fait mille projets il se décida pour le spectacle. Il remontait le boulevard en cherchant un théâtre à son goût, lorsqu'il fut arrêté par une femme voilée : c'était madame Sennecour.

— Où allez-vous ainsi, monsieur Saint-Elde ?

— Ma foi, je ne sais, madame, j'erre ; mais, si vous daigniez me permettre de vous offrir le bras...

— J'accepte, j'allais rentrer ; si vous n'avez rien de mieux à faire, nous jouirons un instant de la fraîcheur de cette soirée en nous promenant sur le boulevard.

Après la promenade, Léon accompagna madame Sennecour jusque chez elle. Appuyés sur une fenêtre donnant sur les jardins, la conversation continua. Léon admirait toutes les beautés de cette dame ; il ne pouvait s'empêcher de penser que ce serait un véritable meurtre qu'un Zéphirin devint maître de tant de charmes. Saurait-il seulement les apprécier ? Peu à peu le désir se glissa dans son âme. Agathe était oubliée, et Zéphirin fut sacrifié impitoyablement par son ami.

— Je ne reconnais pas là votre indulgence, monsieur Saint-Elde, lui dit madame Sennecour ; vous qui, il y a quelques jours à peine, vous faisiez l'interprète des sentiments de Zéphirin, vous le raillez aujourd'hui avec si peu de générosité ! Vous vouliez donc me mystifier en me faisant son éloge, en me le présentant ?

Léon fut interdit de la justesse des paroles de madame Sennecour, il eut quelque chose comme une espèce de remords; mais il reprit :

— Pardonnez-moi ces plaisanteries de mauvais goût, madame; mais nous sommes tous ici-bas jaloux du bien d'autrui, on dit qu'on serait-on jaloux si ce n'était de l'homme assez heureux pour vous plaire !

— Personne d'abord n'a ce bonheur, si heureux il y a ; mais en tout cas je pense que vous devriez être le dernier à manifester un tel sentiment, vous qui avez encouragé cet amour, vous qui en avez été l'interprète, vous enfin qui ne m'aimez pas.

— Eh ! madame, qui pourrait vous voir sans vous aimer ?

— Décidément je suis vouée aux passions foudroyantes. Mais vous du moins vous ne pourrez pas arguer de votre timidité pour me faire croire à un amour longtemps caché. Chez M. Zéphirin, cela peut se comprendre à la rigueur.

— Ainsi, madame, je ne pourrais vous convaincre de ma passion ?

— Non, monsieur, je serais incrédule.

— Eh bien ! madame, mettez mon amour à l'épreuve, ordonnez-moi la constance, acceptez mes soins, mon dévouement.

La conversation avait commencé par le marivaudage galant, mais bientôt elle devint plus passionnée. Madame Sennecour, qui vivait avec un souvenir cher à son cœur, se laissa aller à la force de ce souvenir, et les larmes inondèrent son visage. Qu'elle était belle dans ses pleurs ! Léon n'y put tenir, et, se précipitant aux pieds de la grande dame, il lui prit une main qu'il couvrit de baisers en lui disant des mots passionnés, sans suite. Cette action insensée rappela madame Sennecour à elle-même, et, se précipitant vers la cheminée, elle sonna et ordonna à sa femme de chambre d'éclairer à M. de Saint-Elde.

XII. — La Méprise. — Le Voleur. — Le Portefeuille.

Pour un homme habitué à de faciles succès, l'échec avait été terrible. L'amour-propre était blessé au vif. Aussi Léon jura-t-il de se venger. Pour cela, il résolut de réduire par tous les moyens la belle inhumaine. Il se sentait vaincu, mais sa vanité d'homme à bonnes fortunes l'empêchait de se l'avouer. Rentré chez lui, il se mit à son secrétaire et écrivit une de ces lettres brûlantes comme il en avait dans son arsenal de conquérant; lettres qui n'avaient jamais manqué leur effet. Il savait tour à tour y être tendre, passionné, timide, tout en demandant tout ce qu'il désirait. Mais cette fois sa missive demeura sans réponse. Loin de se décourager, Léon s'entêta et chaque jour madame Sennecour reçut une épître toujours plus brûlante, toujours plus pleine de serments, de reproches, de désespoir. Il ne fut pas plus heureux qu'à la première lettre, la réponse ne vint pas le consoler. Enfin il fallut jouer aussi l'amour à l'espagnole, et passer ses soirées à rêver sous les fenê-

tres de sa belle. Une seule chose le soutenait dans sa comédie amoureuse, c'était de voir de temps en temps madame Sennecour venir entr'ouvrir le coin de son rideau et disparaître. Et le moment du voyage arrivait. Il était presque impossible de reculer ce départ; il avait donné sa parole à M. Dermonville, et il craignait de mécontenter le vieux gentilhomme. Il fallait en finir ou renoncer à cette adorable conquête. Un soir il avait résolu de monter lui-même chercher une réponse, lorsqu'au moment de frapper à la porte cochère elle s'ouvrit; et Léon se trouva en face de madame Sennecour, qui riait de son embarras.

— Que venez-vous faire dans ma maison, monsieur Saint-Elde ?

— Madame, j'osais me permettre de venir moi-même implorer mon pardon : il est si cruel de vivre loin de vous.

Léon prononça ces mots d'un air humble, soumis; mais son cœur éprouvait un mouvement d'orgueil et de joie. La sortie de madame Sennecour lui paraissait un stratagème pour se laisser fléchir.

— Je ne vous ai jamais banni, monsieur. J'ai voulu mettre fin à un badinage qui se prolongeait un peu trop, et voilà tout. Sachant qu'il ne se renouvellera plus, j'ai tout oublié ; et si vous voulez passer la soirée chez moi, je ne sortirai pas.

Quelques instants après, Léon occupait dans le salon de madame Sennecour la même place où quinze jours auparavant il s'était rendu coupable d'un manque d'usage.

— Vous ne craigniez donc pas d'être grondé, monsieur, que vous osiez reparaître devant moi ?

— Si, madame, je le craignais; mais que n'aurais-je pas affronté pour vous voir, vous entendre et connaître mon sort!

— Quel sort voulez-vous donc connaître ?

— Celui que vous me destinez, et qui me fera savoir la réponse que votre jolie bouche doit faire à mes lettres.

— Vos lettres, monsieur, elles sont toutes là, je ne les ai seulement pas ouvertes; tenez, voyez plutôt.

— Est-il possible ! madame! quoi ! vous n'avez pas daigné les lire? vous êtes cruelle ! et je suis malheureux !

— Ah ! que faites-vous donc là, ne me déchirez donc pas, je veux que vous me les lisiez, cela nous fera passer le temps, je croirai assister à la lecture d'un roman; allons, lisez, j'écoute.

— Vous l'exigez, madame, au moins à une condition, c'est qu'après les avoir entendues vous m'en donnerez réponse?

— Lisez donc, je n'aime pas les conditions.

Léon lut, il mit tant de feu, tant d'âme dans cette lecture, que peu à peu madame Sennecour se laissa aller au plaisir d'entendre conjuguer le verbe aimer dans tous ses temps. Elle était femme, par conséquent elle aimait les compliments, et Léon l'en saturait. Il lui disait qu'elle était belle, charmante, adorable, sur tous les tons. Peu à peu, cette voix qui ne frappait que l'oreille, pénétra jusqu'au cœur; madame Sennecour laissa presser sa douce main, puis prendre un baiser, et les lèvres du jeune homme avaient effleuré le beau col si blanc, la sonnette était restée muette. Jusqu'où pouvait aller la témérité du lecteur, lorsque la dame sembla sortir d'une extase.

— Que je suis folle! dit-elle. Monsieur Saint-Elde, vous êtes un habile lecteur. J'étais fascinée comme le pauvre oiseau charmé par le regard du serpent. Je croyais presque à toutes vos belles phrases. Oh ! je vous en prie, ne recommencez pas ce jeu trop dangereux, laissez-moi mon indifférence, laissez-moi ma tranquillité d'âme.

— Croyez-vous, madame, qu'on puisse cesser de vous aimer? Et soyez persuadée que mon amour, d'un amour éternel, plus fort que la mort.

— A combien de femmes, depuis longtemps oubliées, avez-vous fait les mêmes serments ?

— Et quand cela serait? est-ce de ma faute, si elles étaient moins belles que vous? suis-je maître de mon cœur, que vous m'avez ravi?

— Cessez, je vous prie; pourquoi tourmenter mon cœur, pour l'abandonner après lui avoir enlevé ce qui lui reste encore de force pour résister?

— Non, madame, je ne suis plus maître de moi, je vous aime, et mon seul rêve est d'être aimé de vous.

Et Léon se jette aux pieds de madame Sennecour, lui fait mille protestations, la conjure, la supplie de l'entendre. Hélas ! la pauvre femme se laisse doucement bercer au ramage d'amour, elle cède peu à peu à chacune des prières, elle n'a plus la force de résister. Mais un bruit se fait entendre, les amours qui aiment le doux tête-à-tête s'envolent à tire-d'aile. Un domestique annonce M. Zéphirin. Il est d'abord surpris de trouver Léon près de madame Sennecour, qui s'est remise de son trouble. Il croit naturellement que cet ami fidèle s'est occupé de lui, de son amour, et comment en douterait-il à l'embarras de madame Sennecour, à cette réception polie mais gênée!

— J'arrive dans un moment inopportun, vous vous occupiez peut-être du bonheur de l'un de nous. O généreux Léon, que je te remercie !

— Non, monsieur, non, ne pouvez jamais être remercié.

— Je vous demande pardon de vous avoir dérangé. Croyez, madame, que tout ce que vous dit Léon c'est pour m'obliger, que je l'en ai prié. Ah ! comment pourrai-je jamais reconnaître tant de dévouement?

— Tu ne me dois rien, dit Léon, garde tes remerciements et ta reconnaissance pour un autre moment.

— Ecoutez, monsieur Zéphirin, c'est un petit avis dont vous pourrez profiter, ne vous fiez jamais à autrui lorsqu'il s'agira d'affaires de cœur et d'amour.

— Il est excellent, sans doute, madame, mais enfin il y a ami et ami, et en les confiant à celui-ci je suis certain qu'ils ne peuvent être mieux placés.

Les éloges que lui prodiguait Zéphirin embarrassaient singulièrement Léon, plusieurs fois il voulut changer de conversation; mais lorsque par hasard Zéphirin tenait un sujet, ce n'était pas chose facile de le lui faire abandonner. Impatienté de cette contrainte que lui imposait la présence de madame Sennecour, et voyant que Zéphirin n'était pas homme à lui abandonner la place, il se leva, et donna en saluant le signal du départ. Mais ce diable de Zéphirin voulait savoir tous les détails et même les mots, si faire se pouvait, de l'entretien de madame Sennecour et de Léon. Aussi accompagna-t-il son ami jusqu'à son appartement, où l'attendait une lettre d'Agathe. Pauvre enfant, comme elle a souffert pendant ces huit grands jours de séparation! Léon est attendri; il ira, malgré les conseils du prudent Zéphirin, qui croit voir des piéges partout, et qui ne comprend pas qu'il plaise aux dames de donner des rendez-vous la nuit. Si le pauvre garçon savait pourquoi Léon semble si inquiet, s'il savait quelle main de femme a écrit ces lignes qui troublent tant son ami! Mais Léon est parti; et resté seul avec François, Zéphirin veut interroger ce domestique, lui tirer les vers du nez, comme on dit. Léon heureusement n'a jamais eu la pensée de prendre son valet de chambre pour confident.

C'est ce qui désespère Zéphirin; mais il est tellement préoccupé du danger que peut courir son ami, son cher interprète galant, que ne pouvant dominer son émotion il finit par la faire partager à François, et ces deux braves, afin de se rassurer, se content toutes les histoires de voleurs et d'assassins qu'ils connaissent. Enfin ils s'effraient mutuellement l'un l'autre à ce point que Zéphirin n'ose plus sortir de l'appartement, il n'a pas le courage de traverser la rue, et il se décide à coucher dans un cabinet près de Léon. François, non moins courageux, ne veut pas passer seul dans la chambre pour faire le lit de l'ami de son maître. Et leurs deux poltronneries s'appuient si bien l'une sur l'autre, qu'elles finissent par faire un sixième de courage.

Pendant ce temps, Léon, combattu par mille pensées diverses, parcourait la route de Passy. Il pensait tour à tour à Agathe et à madame Sennecour : il était dans un de ces moments où l'homme prend pour ainsi dire sa conscience à partie, et l'interroge comme un juge d'instruction interroge un coupable.

— Certes, disait-il, Agathe est jeune, elle est belle, je l'aime, mais a-t-elle l'éducation et les talents que devrait posséder la femme qui doit porter mon nom? J'ai des goûts dispendieux, c'est à peine si ma fortune peut me suffire, et elle ne doit avoir en mariage qu'une faible dot. Madame Sennecour est encore jeune, elle est belle, riche, elle sait tout ce qui peut faire briller une femme dans un salon. Décidément c'est la femme qu'il me faut. J'ai besoin pour vivre de tout le luxe que procure une grande fortune. Mais, cependant, je le sens, Agathe seule a mon cœur. O fatale ambition, qui fait sacrifier le bonheur à l'envie de briller! Tout en s'interrogeant ainsi, le jeune homme arriva devant la petite porte du jardin de Passy.

Cependant il ne voulait pas désespérer la pauvre enfant : il cherchait par quel moyen il pourrait la consoler, et quelles excuses plausibles il donnerait de sa trop longue absence. La lettre d'Agathe l'avait effrayé. Pendant ce temps, qu'était devenue la jeune fille? Hélas! les chagrins avaient abattu sa physionomie naguère encore si joyeuse et si charmante! Elle passait de longues journées seule, à pleurer sous ce berceau de chèvrefeuille témoin de sa première faute. Elle était sans cesse plongée dans une profonde rêverie. M. et madame Tricot se désespéraient de voir leur enfant chérie dans cet état d'abattement. Ils ne pouvaient s'expliquer cette tristesse subite. Madame Tricot, ne pouvant recevoir de réponse de sa fille, avait écrit à Papillard, pour l'engager à venir donner quelques consolations à sa jeune sœur. Elisa était accourue au secours de sa famille, mais elle n'avait pas été plus heureuse que les grands-parents; Agathe restait toujours muette à toutes les questions de ceux qui l'aimaient. Vingt fois elle avait été sur le point d'ouvrir son cœur à sa sœur; mais elle était toujours retenue par la honte, ses larmes étaient ses seules réponses à ses sollicitations.

Madame Tricot avait exigé qu'Agathe quittât sa chambre pour en prendre une autre, où elle pouvait l'entendre et lui porter secours en cas de besoin la nuit. La jeune fille avait refusé ce rapprochement, et ne voulait pas quitter les lieux où elle recevait son amant; puis comment le voir? on ne peut passer une nuit entière dans un jardin, et souvent en attente inutile. Cependant il fallut céder aux désirs, aux inquiétudes de la famille. Agathe changea de demeure, à son grand regret; elle céda sa chambre à madame Papillard pour tout le temps qu'elle devait demeurer à Passy.

Léon ignorait ce changement : il arrive sous la fenêtre de sa maîtresse; elle est fermée, sans doute à cause de la fraîcheur de la nuit : pas de lumière; il grimpe par son chemin ordinaire, il pousse la croisée, elle s'ouvre, il entre dans la chambre. — Elle dort, se dit-il, j'entends sa respiration. Il approche du lit, il hésite à la réveiller. — Pauvre petite! dans ce doux sommeil tu oublies les tourments que je te fais endurer, aurai-je le courage de troubler ton repos? Il le faut, je

veux te prouver que je t'aime toujours. Léon s'assied sur le lit et embrasse Elisa, croyant embrasser sa maîtresse. Elisa a senti le baiser, mais, encore endormie, elle croit être près de son époux et rend caresses pour caresses à Léon. Le jeune homme, enivré de bonheur, veut user du droit d'un amant heureux. Il était grand temps pour le chef de M. Papillard que sa moitié se réveillât. Elisa, se sentant pressée dans des bras amoureux, ouvre les yeux, ses idées renaissent, elle reconnaît son erreur. Ce n'est pas son époux, c'est un étranger qui la presse, qui ose... C'est un voleur, pas de doute; elle demande grâce. Léon reste pétrifié. Ce n'est point Agathe, il s'éloigne du lit. Elisa continue ses supplications, elle conjure le voleur de ne point lui faire de mal, de s'éloigner, qu'elle n'appellera pas. Léon profite de son effroi, regagne la croisée et s'échappe. Elisa le voit fuir, court fermer la fenêtre. Le danger qu'elle vient de courir frappe son imagination, elle sort de sa chambre en appelant. La maison est éveillée; le jardinier, suivi de M. Tricot, arrive, une lanterne en main : armés, l'un d'une bêche et l'autre d'un couteau de cuisine. Quelque chose arrête leur marche dans le corridor. Ils regardent, c'est Elisa évanouie et couchée sur le carreau. Ils la relèvent, la portent sur son lit; arrivent sa mère et Agathe. On s'empresse de lui porter secours; elle revient à elle, raconte son aventure. Agathe tremble, elle seule connaît le coupable et se garde bien de donner le moindre éclaircissement. On cherche partout, le jardin est visité dans tous les coins, la porte de la rue est fermée à double tour, rien n'annonce qu'un voleur ait passé par-dessus les murs : ils sont trop élevés. Alors, c'est un songe, il n'y a pas de doute. Elisa affirme qu'elle est persuadée de la réalité de la chose; et, refusant de rester davantage dans la chambre, elle va partager le lit d'Agathe. Les deux sœurs étaient trop troublées pour dormir. Agathe se mit à questionner sa sœur sur son aventure :

— Ce qui me surprend, ma chère, c'est qu'un vilain voleur soit si caressant, si aimable. Ah! si tu savais comme ses mains étaient douces! elles prenaient les miennes, et c'est ce qui me désole, c'est que, figure-toi, il m'a embrassée, ah! d'une force! avec un cœur! Moi, qui rêvais que c'était mon mari, tu penses bien que je ne me gênais pas pour lui rendre ses caresses; mais, quand je me suis réveillée, ah! j'ai eu grand'peur, et pourtant je suis forcée de convenir qu'il s'est fort bien conduit, rien n'annonce un résistance et sans mot dire.

— Alors, dit Agathe, pourquoi as-tu donc tant crié, puisqu'il était parti sans se faire de mal? tu n'avais qu'à fermer ta fenêtre. S'il n'avait pas eu le temps de fuir, ce pauvre jeune homme, tu l'aurais peut-être fait arrêter.

— Ah! par exemple! tu es bien indulgente pour un malfaiteur; j'aurais bien voulu te voir à ma place, chose qui aurait pu t'arriver si tu n'avais pas changé de chambre.

— Oh! j'aurais fait comme toi. Je l'aurais prié, supplié de s'en aller sans me rien faire.

— Je t'avoue qu'il n'avait pas l'air méchant. Je suis persuadée que cet homme n'est qu'égaré, et que, si on lui faisait une bonne morale, il renoncerait à son vilain métier.

Les deux sœurs causèrent encore quelque temps : Elisa finit par s'endormir. Au petit jour Agathe se leva et descendit au jardin; elle en parcourait silencieusement les allées. Arrivée sous sa fenêtre, plusieurs feuilles de la charmille avaient été arrachées par Léon; elle les ramasse, sa bouche se colle dessus : son amant les a touchées, elles ont été plus heureuses qu'elle. Mais qu'aperçoit-elle dans le gazon, un petit portefeuille! Elle s'en empare; c'est celui de Léon : en sautant de la charmille à terre il lui sera tombé de sa poche. Agathe, munie de ce souvenir, va s'asseoir dans le bosquet, elle tourne entre ses doigts le portefeuille, elle a grande envie de l'ouvrir et n'ose pas : elle craint que son indiscrétion ne lui dévoile des choses qu'elle craint de connaître. Elle hésite, le désir l'emporte; le ressort a joué, il est ouvert; des papiers, des billets de banque... imprudent! des lettres, elles sont ouvertes. Elle lit, et tout aussitôt les larmes inondent son visage : c'est qu'elle vient de trouver la correspondance de Léon avec madame Sennecour. Agathe ne doute plus de son malheur; elle trompe, il en aime une autre : plus d'espérance, plus de bonheur! Adieu famille, adieu tout! elle veut mourir; mille projets sinistres lui passent dans la tête. Ce soir elle sera débarrassée d'une vie odieuse et déshonorée; mais avant elle veut le revoir, lui faire des reproches et mourir à ses yeux. Elle sait sa demeure : sa raison ne connaît plus d'obstacle, plus de bienséance; c'est chez lui qu'elle court lui dire un éternel adieu.

Depuis longtemps elle marche; son regard égaré, sa pâleur, la sueur qui coule sur son visage, ses vêtements en désordre attirent l'attention des passants : heureusement il n'est que quatre heures et demie du matin, les rues sont peu fréquentées à cette heure. Elle arrive rue Joubert, à la porte de Léon; elle a frappé, elle monte; la sonnette s'agite avec force; on ouvre, c'est François.

— Que demandez-vous à cette heure, mademoiselle?

— M. Saint-Elde.

— Il repose, vous venez trop matin; repassez à dix heures.

Agathe ne l'écoute plus, elle se précipite dans l'appartement, traverse le salon, François veut s'opposer à son entrée; elle le supplie, l'implore de la laisser parvenir jusqu'à son maître. Le jeune homme s'est éveillé; il appelle, demande la cause du bruit qu'il entend. Zéphirin, qui toute la nuit a rêvé de revenants, croyant entendre le bruit des chaînes et des voix sépulcrales, s'enfonce la tête dans le lit. Agathe a reconnu la voix de Léon, nul obstacle ne peut plus s'opposer à son entrée, elle se jette sur la porte de la chambre à coucher, Léon la reconnaît et se lève assez à temps pour la recevoir mourante dans ses bras. Zéphirin, revenu de sa frayeur, appelle, demande ce qu'il y a. Il se lève, il va entrer ! Léon n'a que le temps de déposer avec précipitation Agathe sur le premier siége : elle ne peut s'y soutenir et roule sur le tapis. Zéphirin entre au moment où le manteau de Léon vient de couvrir le corps de la pauvre fille.

— Qu'est-ce que ça tapage-là ? dit-il en entrant dans la pièce, qu'as-tu ? qu'est-il donc arrivé ?

— Rien, rien, répond Léon hors de lui et tremblant, rentre, retourne te coucher ; va, va donc.

— Non pas, je n'ai plus sommeil, ce bruit m'a tout bouleversé, mais qu'est-ce qu'il y a donc là par terre ?

Zéphirin va pour s'approcher d'Agathe, Léon se précipite entre lui et elle et s'oppose à son action.

— Laisse cela, ne vois-tu pas que c'est mon manteau ? Rentre, je t'en supplie, je veux être seul.

— Ah ! gaillard, je ne suis pas ta dupe ; je sais ce qui est là-dessous, je l'ai deviné à ton embarras.

Zéphirin s'approche de l'oreille de Léon en ajoutant à voix basse :
— C'est une petite cocote que tu veux me cacher ; es-tu fou ? avec moi, entre garçons, de faire tant de mystère ! pourquoi ne pas l'avouer ?

— Alors, reprend Léon avec impatience, puisque tu as deviné, sors d'ici, je t'en prie.

— J'y consens, car la pauvre créature n'est pas trop à son aise dans cette position ; mais, dis-moi donc, on dirait qu'elle est morte, elle ne bouge pas plus qu'une statue.

— Ta présence l'a fait évanouir, je veux lui porter secours ; sors donc, tu me fais mourir à petit feu.

— Au contraire je vais t'aider à la faire revenir, ensuite je te laisserai avec elle.

— Zéphirin, je ne te revois de la vie si tu ne t'éloignes de suite.

— Allons, ne te fâche pas ; mais, regarde donc, voilà qu'elle revient, elle s'agite : Dieu ! que vois-je ! Agathe !

La jeune fille, dans un mouvement convulsif, avait écarté le manteau et laissé le visage à découvert. Léon reste pétrifié, Zéphirin lui lance un regard où se peignent le courroux et le reproche ; il relève Agathe, la dépose sur un canapé, François apporte des sels ; tous les secours lui sont prodigués par les deux jeunes gens, mais sans qu'ils s'adressent une seule parole. Enfin l'évanouissement cesse, Agathe ouvre les yeux, des larmes inondent son visage, elle ne peut prononcer un mot, sa vue égarée se promène avec indifférence sur les objets qui l'environnent ; Zéphirin envoie François chercher une voiture, le domestique se prépare à y transporter Agathe.

— Eh quoi ! dit Léon avec le ton de la plus grande affliction, pourriez-vous l'emmener dans cet état ? attendez au moins qu'elle ait repris ses sens ; voyez, elle est si mal qu'elle ne nous reconnaît même pas.

— Monsieur, répond Zéphirin, je préfère la voir souffrir que de la laisser plus longtemps chez son séducteur. Ah ! Léon, Léon ! est-ce là la conduite d'un ami ?

— Zéphirin, ne m'accable pas de tes justes reproches, mon cœur m'en dit assez.

Zéphirin roule vers Passy en soutenant dans ses bras Agathe mourante. Mais le pauvre garçon ne sait comment expliquer cette aventure à la famille Tricot. Enfin, il ordonne au cocher d'arrêter à quelques pas de la maison ; et, appelant sa cousine, qui entr'ouvre ses grands beaux yeux, il lui dit :

— Agathe ! ma bonne Agathe ! répondez-moi, aidez-moi, de grâce, à vous sortir d'embarras ; que faut-il dire à vos parents lorsqu'ils vont demander d'où nous venons, où je vous ai trouvée ?

Agathe ne peut répondre ; un léger signe de tête exprime à son cousin son indifférence à cet égard : qu'il dise ce qu'il voudra. Le gros garçon se trouve extrêmement embarrassé ; plus son étroit génie cherche un expédient, moins il le trouve.

Depuis deux heures la maison Tricot est en alarmes ; on cherche Agathe, on l'appelle, on la cherche dans le jardin, dans Passy, et son père la retrouve en tête-à-tête dans une Citadine arrêtée à vingt pas de sa demeure.

— Que signifie cela, monsieur mon neveu, seriez-vous un séducteur ? Et vous, mademoiselle, n'êtes-vous pas honteuse de rester dans une telle position devant votre père ? Descendez de suite. Et vous, mauvais sujet, vous n'avisez jamais de reparaître chez moi.

Zéphirin, stupéfait de la présence de son oncle, laissait parler l'ancien bonnetier sans trouver d'expressions pour lui répondre ; enfin, s'entendant accuser de séduction, l'indignation lui rend la parole.

— Il faut convenir, mon oncle, que vous êtes bien injuste envers moi, et que vous feriez mieux de m'aider à descendre Agathe de cette voiture que de me faire une scène injuste et ridicule.

— Comment ! s'écrie M. Tricot, ma fille serait-elle malade ?

— Parbleu ! mon oncle, est-ce que vous ne faites que de vous en apercevoir ? Et vous-même pas au galbeur ?

— Oui, répond M. Tricot, c'est vrai, elle est blanche comme un linge, la pauvre enfant ! attends, mon ami, je vais t'aider.

Zéphirin et son oncle prennent Agathe, la portent jusqu'à la maison et la déposent sur un lit ; madame Tricot se désespère de voir sa chère enfant dans cet état de souffrance, elle et sa fille aînée s'empressent autour de sa fille infortunée. Un médecin est appelé ; après avoir examiné la malade, il recommande les plus grands soins et dit que ce sont là les symptômes d'une longue et dangereuse maladie. Il écrit une ordonnance et promet de revenir dès le soir même.

Zéphirin était en train de raconter à la famille qu'en venant de Paris il avait rencontré Agathe courant la campagne, dans un état de délire complet, lorsqu'au même moment l'avertir que le cocher de la citadine qui l'avait amené demandait à lui parler et l'attendait dans le jardin. Zéphirin, surpris et ne comprenant pas ce que cet homme lui voulait, se hâta de se rendre près de lui.

— Que désirez-vous, mon brave homme ?

— Not'bourgeois, je vous rapportons ce portefeuille que vous avez laissé tomber dans mon carrosse ; vous pouvez faire la visite, j'sommes un honnête homme et ne l'avons pas ouvert ; mais comme, ce qu'y a de sûr, il n'y était pas c'matin quand j'avons quitté l'écurie, et que vous êtes le premier bourgeois qui nous a fait marcher aujourd'hui, bien sûr qu'il est à vous ; tenez, regardez-le, le voici.

Zéphirin prit le portefeuille des mains du cocher, et reconnut qu'il n'était pas le sien. Mais, d'après la parole que lui donnait le conducteur qu'ils étaient les premiers qui eussent monté dans son fiacre, il pensa que ce petit meuble appartenait à sa cousine. Il remercia le cocher, et le congédia après avoir récompensé sa probité.

Zéphirin regagnait la maison, tenant le portefeuille à sa main et dans l'intention de le remettre dans la chambre d'Agathe ; mais il lui vint à la pensée qu'il pourrait bien contenir des lettres capables de compromettre sa cousine en faisant connaître ses secrets.

Il crut qu'il était de son devoir, à lui le confident involontaire des amours de la jeune fille, de vérifier les papiers contenus dans ce portefeuille, il se retira dans un coin du jardin pour procéder à cette visite.

— Des billets de banque ! diable ! où donc ma cousine a-t-elle gagné tant d'argent ? une fille de quinze ans avoir déjà un portefeuille garni comme celui d'un banquier ! Ah ! des lettres : voyons, sans doute d'amour, oui, de Léon ; je reconnais son écriture. Lisons, Madame Sennecour, en son hôtel. Comment ! il est en correspondance avec la femme que j'aime ! Ah ! sans doute pour lui parler de mon amour. Cet homme-là a du tact, et s'il veut épouser Agathe, je ne vois pas pourquoi je lui en voudrais. Sachons comment il s'y prend pour me servir et peindre ma flamme. Voyons, que vois-je ?...

« J'expire de douleur, femme inhumaine, et vous êtes sans pitié ! Un seul mot de votre main ne viendra-t-il pas soulager l'affreux tourment qui dévore le cœur du trop infortuné

» Saint-Elde.... »

Zéphirin prend bien avec le train de lire davantage, la lettre, le portefeuille, tout lui échappe des mains. Il reste immobile de surprise, d'indignation, de colère. Après quelques instants de silence :

— Voilà donc, s'écrie-t-il, l'homme que j'aimais, l'ami auquel j'ai prodigué ma plus sincère amitié, auquel j'ouvrais et mon cœur et ma bourse ! Ingrat ! perfide ! non content de faire le malheur et la honte dans ma famille, il abuse encore de ma sincérité, et de ma confiance ; il sera là séduire celle que j'aime ! O mon cher Jules ! c'est pas toi qui m'aurais trahi ainsi. Que ne t'ai-je choisi pour mon interprète, ou plutôt pourquoi suis-je si sot et si timide ?

Zéphirin, après ces lamentations, parcourut les autres lettres et ne pouvait concevoir comment, étant adressées à madame Sennecour, elles se trouvaient dans les mains d'Agathe.

Léon, après la scène du matin, était resté abîmé dans ses réflexions. Quelques légers remords s'élevaient dans son âme, il se reprochait d'avoir troublé le repos de la jeune fille pour satisfaire un amour passager ; il craignait les suites de sa coupable conduite : le désespoir d'Agathe et le tort qui lui ferait cette aventure, si le bruit en parvenait jusqu'à madame Sennecour. Il résolut de parer à cet inconvénient en éloignant Zéphirin de chez cette dame. Il se rendit près d'elle.

Madame Sennecour reçut notre jeune homme comme une femme reçoit un amant aimé, avec un sourire gracieux. Assis l'un près de l'autre, ils se livraient aux doux charmes de l'amour. La conversation était tendre, les protestations de fidélité et d'amour éternel se succédaient sans relâche.

Madame Sennecour se plaisait à l'écouter, à lui faire répéter sans cesse les serments sur lesquels elle fondait ses espérances de bonheur.

— Léon, est-ce vie la vie ? disait-elle d'un air tendre.

— Au delà du tombeau, s'il est possible ; pouvez-vous penser que je voudrais cesser d'être heureux ? Ah ! mon amie ! le bonheur d'être aimé d'une femme aussi jolie, aussi vertueuse que vous, pourrait-il se rencontrer deux fois dans la vie ? Oh ! non ; et puisque je le possède, le reste vœu du, de le mériter toujours !

— Dois-je sérieusement ajouter foi à ces promesses, mon ami, j'ai peur, car vous avez une terrible réputation d'inconstance ?

— Daignez oublier quelques folies de jeunesse, et croyez que, si vous eussiez été la première amie que mon cœur eût aimée, personne moins que moi n'aurait mérité le reproche d'inconstance puisque jamais je n'aurais cessé de vous adorer. Oubliez le passé, et ne jugez désormais que ma conduite à venir.

— J'ai besoin que vous rassuriez mon faible cœur, je serais si malheureuse si vous me trompiez ! Hélas ! vous allez vous éloigner. Ce voyage d'Italie ! combien je vais être tourmentée, inquiète !

— Ah ! madame, pouvez-vous croire que je consente à m'éloigner de vous ? non, je ne pars plus ; je reste près de vous.

— Non, Léon ; malgré le chagrin que va me causer votre éloignement, partez ! puisque vous avez donné votre parole au comte Dermonville, vous ne pouvez renoncer à ce voyage. Un honnête homme doit tenir ses promesses. Si vous refusiez, vous perdriez l'estime de

Elle sonna et ordonna à sa femme de chambre d'éclairer M. Saint-Elde.

vos amis, la faute retomberait sur moi ; mais si j'ai sur vous les droits d'une amie, promettez-moi de revenir le plus tôt possible. M. Delmar doit, dit-on, habiter Rome une année ; j'espère, Léon, que vous ne ferez pas souffrir une si longue absence au cœur de votre amie ?

— Une année ! y pensez-vous, madame ? rester loin de vous ce siècle ? oh non ! puisque vous l'exigez, j'accompagnerai Jules ; mais, aussitôt à Rome, je reviens près de ce que j'aime. Mais puis-je aussi, mon amie, obtenir une promesse de vous, un serment dont dépend ma tranquillité ?

— Parlez, Saint-Elde ! quel est-il ?

— De ne plus recevoir Zéphirin chez vous.

Madame Sennecour, à cette demande, ne peut s'empêcher de sourire.

— Expliquez-vous, de grâce ! pourquoi bannir ce bon Zéphirin ? Serait-il possible que l'amour qu'il croit avoir pour moi vous donnât de l'ombrage ? Ah ! Léon, je vous crois trop d'esprit pour cela, et pense que vous m'estimez assez pour ne rien craindre d'un rival.

— Pardonnez-moi mes craintes, madame, mais l'absence est funeste aux amants. Je n'ai pas à redouter ce danger avec vous ; cependant la pensée de le savoir près de votre adorable personne, quand je serai loin, me tourmente. Daignez m'accorder cette demande, je vous en supplie !

— Vous êtes bien injuste, monsieur ; en vérité, je n'oserai jamais lui faire l'insulte de lui refuser ma porte !

— Comment ! madame, mais il le mérite en se permettant de vous aimer ; si vous me refusez, je ne puis m'éloigner.

— Je ne reviens pas de ma surprise, en vérité, monsieur Saint-Elde, je ne vous conçois pas ; vous jaloux de Zéphirin ! Oh ! tenez, vous penserez ce que vous voudrez, mais je ne me sens pas la force de vous obéir ; et pourtant, mon ami, je vous aime bien ; ce que je puis faire pour vous, c'est de partir pour ma campagne de Surènes. Jamais Zéphirin n'y est venu, et, n'y étant pas invité, il n'osera venir m'y chercher. D'ici à mon départ, je consens à refuser les visites sous un prétexte quelconque ; mais l'inviter de vive voix à les cesser, cela serait trop pénible pour moi. Que penserait-il de moi ?

Léon se contenta de cet arrangement, et se crut à l'abri des indiscrétions de Zéphirin. Il resta une partie de la journée près de madame Sennecour, et la quitta pour se rendre chez Jules : afin d'essayer à reculer encore le voyage, voulant obtenir un mois de plus pour jouir de son triomphe.

M. le comte de Dermonville était seul lorsque Léon se présenta. Notre jeune homme fit tomber la conversation sur le voyage. Le comte lui demanda s'il était disposé à partir le jour convenu, ajoutant qu'il comptait sur sa parole. Léon répondit que, malgré la multitude d'occupations qu'il avait à terminer dans le peu de temps qui lui restait jusqu'au jour du départ, rien ne l'empêcherait de se mettre en route si ce moment ne pouvait être reculé. Le comte devina Léon, et lui dit que, si vraiment ce voyage était nuisible à ses affaires, il était trop juste pour exiger un tel sacrifice ; que Jules partirait seul, et que Léon le rejoindrait lorsqu'il serait libre. Cependant, ajouta le comte, j'aurais préféré connaître d'abord ces difficultés ; j'aurais choisi à mon neveu un autre compagnon de voyage, moins aimable, peut-être, mais plus libre. Ne vous gênez pas, monsieur ; et si vous êtes disponible à cet instant, nous serons heureux de vous avoir : sans cela, Jules partira seul.

Léon, craignant d'avoir indisposé M. Dermonville, s'empressa d'assurer au comte qu'il était prêt, que son intention n'était pas de différer plus longtemps le départ, et qu'au jour indiqué il serait à sa disposition.

Jules rentra et trouva son oncle et Léon en grande conversation.

— En vérité, dit-il à son ami, tu deviens extrêmement rare, on ne te voit plus ; dispose-toi et que tu fais pour négliger ainsi tes amis ? Te disposes-tu à te mettre en route ? Pense que c'est pour la semaine prochaine. Le temps est magnifique, nous allons faire un voyage charmant. Je te conseille d'emporter force albums : car, mon cher, nous passerons par la Suisse, et nous ne manquerons pas de points de vue à croquer.

— Not' bourgeois, je vous rapportons ce portefeuille, que vous avez laissé tomber dans mon carrosse.

— Je vois, mon cher Jules, que tu veux rapporter à Paris la Suisse et l'Italie dans ton carton ; mais, une fois à Rome, l'amour te donnera assez d'occupation pour ne plus te livrer à d'autres sujets, profite jusque-là de ton heureuse indifférence.

— Puisque tu parles d'amour, donne-nous des nouvelles de celui de Zéphirin : fait-il des progrès dans le cœur de la jolie madame Sennecour ?

— Pourrais-tu penser qu'une femme charmante se laissât jamais séduire par un Zéphirin ? Oh ! non, le pauvre garçon, loin de réussir, doit perdre tout espoir et je t'engage même, pour son intérêt, à le détourner de cette folle passion.

— Comment, Léon, tu ne plaides donc pas en sa faveur ? Si tu faisais valoir son mérite, ses excellentes qualités, cela pourrait effacer les torts de son physique; moi je verrai madame Sennecour, je parlerai pour lui, ce cher Zéphirin! il n'est pas heureux.

— Tu perdrais ton temps; crois-tu que l'amour se commande dans le cœur d'une femme?

— C'est singulier, toi, qui as fait les premières démarches près d'elle, tu sembles actuellement en désespérer, et même te mettre en opposition; serais-tu par hasard amoureux d'elle? Tu rougis, je le vois, tu es coupable.

— Alors, tu ne dois pas me blâmer de ne plus servir la cause d'un rival.

— C'est assez juste, dit le comte, mais au moins fallait-il ne pas attendre, pour devenir amoureux de cette dame, que votre ami le devînt lui-même, et qu'il vous découvrît son désir de posséder un trésor auquel vous ne pensiez nullement.

— Monsieur le comte, soyez indulgent; vous connaissez les jeux de l'amour, est-on maître de ses sentiments? Cependant croyez que je fais avec Zéphirin une guerre franche; il emploie tous ses moyens de séduction, moi je déploie les miens. C'est au plus heureux et au plus adroit à réussir.

— Et voilà, reprend le comte, les grandes occupations dont vous me parliez il n'y a qu'un instant, et qui vous faisaient désirer de reculer votre départ! Allons, vous avez tant d'avantages sur votre rival que je pense qu'il a besoin de votre absence pour faire pencher un peu la balance de son côté.

XIII. — Voyage. — Connaissances nouvelles. — Maladie.

Une chaise de poste roulait, par une nuit orageuse, sur la route de Lucerne; une obscurité profonde, un torrent de pluie et les coups redoublés du tonnerre forcèrent le postillon d'arrêter les chevaux, que le feu des éclairs et le bruit de la foudre effrayaient et rendaient indociles au frein.

— Postillon, où sommes-nous? dit une voix qui sortait de la chaise.

— Ma foi, not' bourgeois, je n'en sais trop rien: la nuit est si noire qu'en vérité je crois m'être trompé de route; elle faisait la fourche au dernier village que nous avons traversé, je n'savons si nous avons pris la bonne. Attendons, pour nous reconnaître, que le ciel se débar-

Leaby près de la chapelle.

bouille un peu; d'ailleurs je n'pouvons plus avancer, la pluie tombe trop fort; de plus, Cadet et Rossignol, mes deux chevaux, font geste de vouloir se fâcher, la musique de là-haut ne leur convient pas. Holà! Cadet, allons, calme-toi, Bijou, oh! oh!!!

Les voyageurs étaient arrêtés depuis une demi-heure, lorsqu'un épouvantable coup de tonnerre, effrayant les chevaux, leur fit prendre le mors aux dents. Ils s'élancèrent sur la route, accrochèrent une petite carriole, la renversèrent et allèrent se jeter à travers champs dans les buissons. Jules et Léon n'eurent le temps de sauter à terre et de courir vers la carriole, d'où partaient des cris et des gémissements à n'en plus finir.

— Etes-vous blessé? dit l'un d'eux en s'approchant de la voiture.

— Certainement, je dois l'être; je serai bien heureux si j'en suis quitte pour un bras ou une jambe de cassé; je ne sais lequel, car je souffre horriblement de toutes les parties du corps.

— Etes-vous seul blessé, monsieur? reprennent les voyageurs.

— Parbleu! je le pense, à moins que ma jument ne le soit aussi; diable d'orage! Aïe! prenez donc garde, vous me tirez trop fort.

— Pardon, monsieur, mais nous pouvons distinguer à peine, il fait si noir!

— Maudite nuit! diable d'aventure! s'écriait le malencontreux quidam. Attendez, attendez donc que je dégage mon pied. Ah! le voici, actuellement levez-moi, c'est cela.

L'inconnu se tâte du haut en bas, afin de sentir si rien n'est dérangé dans son physique. Décidément il en est quitte pour quelques légères contusions et la boue dont il est couvert.

— Monsieur, nous sommes désespérés de cet accident, car nous-mêmes avons couru aussi un grand danger; nos chevaux, emportés par la frayeur, sont cause...

— Certainement, messieurs, je pense bien que ce n'est pas de votre faute; mais cela n'en est pas moins fort désagréable. Comment me remettre en route et relever ma carriole?

— Monsieur, prenez patience, au petit jour notre postillon nous aidera à réparer le désastre commun. D'ici là, veuillez monter avec nous dans notre chaise, vous serez du moins à l'abri de la pluie.

— Tu conviendras, Léon, que voilà une nuit assez désagréable et qui nous retarde considérablement.

— Vraiment oui; et, si je croyais me trouver souvent en pareille situation, je t'assure, mon cher Jules, que je renoncerais à courir les champs: cette pluie m'a tarversé; je suis transi de froid.

— Ces messieurs vont loin? demanda le monsieur à la carriole en s'adressant à nos jeunes gens.

— A Lucerne, monsieur, répond Léon, et de là en Italie par le Saint-Gothard.

— Je suis ravi, messieurs, d'apprendre que vous passez par Lucerne, c'est l'endroit de ma résidence, et cela me donne l'espoir de vous remercier chez moi du bon secours que vous m'avez porté.

— Monsieur est Suisse?

— Par goût, messieurs, car je suis Français, ancien huissier audiencier près les tribunaux de Besançon; de plus amateur enthousiaste de la belle nature. Pensant qu'il n'y a que l'Helvétie capable de satisfaire ce penchant, j'ai transporté mes pénates dans ces lieux champêtres, au milieu de ces montagnes, de ces vallons, au sein de cette contrée qui conserve encore dans ce siècle les mœurs pures de l'ancien temps. Séjournerez-vous à Lucerne, messieurs?

— Quelques jours, monsieur; nous voyageons en amateurs, en artistes, et souhaitons de voir et d'étudier les curiosités des pays que nous devons parcourir.

— Vous avez raison, je vous engage à visiter la Suisse, à parcourir nos belles montagnes : est-il rien qui soit plus digne d'admiration? A Lucerne, par exemple, vous avez à gravir le mont Pilate, à visiter les souterrains du Mandloch, le canal de Reng.

Pendant cette conversation, le petit jour vint éclairer nos voyageurs. Jules et Léon s'étaient empressés, aux premiers rayons, d'examiner l'étranger tant amateur de la belle nature : c'était un gros papa, d'une physionomie riante et animée. Les extrémités de ses joues et de son nez, chargées d'une teinte vermeille, prouvaient qu'il ne devait pas être l'ennemi de Bacchus; sa conversation, plus amusante que spirituelle, annonçait la bonhomie et la franchise. Après cet examen, qui fut sans doute réciproque du côté de l'ancien huissier, nos jeunes gens aidèrent le postillon à débarrasser la roue qui s'était enclavée dans un arbre. La carriole fut relevée, on rattela les chevaux. Jules offrit à l'ex-huissier de vouloir bien accepter une place dans sa chaise de poste, où il serait plus à l'aise que dans sa carriole, que la pluie avait totalement mouillée dans l'intérieur. L'offre fut acceptée, le cheval de la carriole attaché derrière la voiture, et le postillon fit retentir son fouet, ils roulèrent de nouveau. Arrivés au premier village, on parla de déjeuner, et l'on s'arrêta à la meilleure auberge, qui fut indiquée par M. Bernard, le nouveau compagnon de voyage.

— Messieurs, j'espère que vous me procurerez l'avantage de vous recevoir chez moi. Madame Bernard et moi ferons tout notre possible pour vous rendre notre séjour agréable; j'aurai infiniment de plaisir à vous présenter à ma femme, ainsi qu'à ma belle-sœur.

— Monsieur, répondit Jules, nous acceptons votre aimable invitation, et regrettons de ne pouvoir faire un plus long séjour à Lucerne.

— J'espère vous posséder au moins assez de temps pour vous faire goûter les excellents vins que renferme ma cave et apprécier les talents culinaires de ma femme, et que vous, monsieur Léon, ferez plus d'honneur à ma table que vous n'en faites en ce moment à cette truite que voici, ainsi qu'aux mets qui l'ont précédée.

— La remarque est vraie, tu ne manges pas, Léon : serais-tu malade?

— Je ne me sens pas bien, mais tranquillise-toi, cela se passera, ce n'est rien.

— Si tu te sens incommodé, veux-tu que nous arrêtions ici? Léon répondit que non. M. Bernard fut de son avis, prétendant que le grand air dissiperait cette incommodité. Lorsque le repas fut terminé, ils remontèrent en voiture et partirent, laissant le cheval et la carriole de M. Bernard à l'auberge qu'ils quittaient.

Le reste du voyage se fit lestement, mais d'une manière assez monotone. Jules, inquiet, voulait s'arrêter dans chaque village qu'ils traversaient, afin de donner le temps à son ami de se remettre de son malaise. Léon s'obstinait à vouloir continuer la route jusqu'à Lucerne.

Ils arrivent; M. Bernard, la tête hors de la portière, adresse un sourire et un bonjour à chaque passant. Il ne se contient pas de joie de rentrer dans sa ville chérie. Les deux amis l'ont remercié de son invitation de prendre domicile chez lui. M. Bernard, après avoir insisté pour être plus heureux, indique au postillon une auberge située près de sa maison.

Quoiqu'il fût encore grand jour à leur arrivée, la fatigue accablait tellement les deux amis qu'après avoir reçu l'adieu de leur compagnon de voyage et l'annonce de sa visite pour le lendemain ils se mirent au lit : Jules en pensant au plaisir qu'il aurait le lendemain à parcourir ces superbes campagnes; Léon avec le projet de faire la grasse matinée, afin de se rétablir du malaise qu'il ressentait et qu'il attribuait à l'extrême fatigue. Depuis longtemps il était au lit et ne pouvait dormir. Il pensait à Agathe, les remords le tourmentaient, il se reprochait son abandon. Puis ses idées se portaient sur madame Senpecour, et il voyait déjà le jour où, heureux époux de cette grande dame, il se trouverait maître d'une fortune immense. Elle lui avait promis d'habiter la campagne pendant tout le temps de son absence, il devait donc tranquille de ce côté, il ne craignait plus les indiscrétions de Zéphirin.

Germain, le valet de chambre de Jules, qui avait obtenu son maître de quelques jours pour aller voir sa famille qui habitait la Suisse, fut réveillé le matin par des gémissements; il courut au lit de Léon et le trouva en proie à une fièvre violente. Effrayé, il s'empressa d'éveiller Jules, qui se leva pour appeler un médecin et donner les plus grands soins à son ami.

M. Bernard, en quittant nos jeunes gens, s'était empressé d'aller embrasser sa femme, sa belle-sœur, et de raconter à ces deux dames les incidents de son voyage, l'honneur qu'il avait eu de faire connaissance avec deux jeunes gens fort aimables arrivant de Paris. Le lendemain de bon matin, M. Bernard était tellement pressé d'aller voir ses nouveaux amis, qu'il se montrer dans la ville avec eux, que madame Bernard eut peine à lui faire prendre patience en attendant que son café lui fût servi et sa perruque fût frisée.

— Allons, avez-vous fini, Baptiste?

— Une minute, monsieur Bernard, j'ai encore un côté à crêper.

— Baptiste, vous m'impatientez, vous allez être cause que je serai en retard. Donnez, donnez; ma perruque est bien comme cela.

— J'espère, mon ami, que vous allez nous amener ces étrangers, dit madame Bernard.

— Oui, ma femme, je vais déployer près d'eux les instances les plus grandes pour qu'ils nous accordent cet honneur; surtout, ma bonne amie, recommanda à Kesy de faire toilette, car elle en a besoin pour paraître moins laide.

M. Bernard courut en toute hâte chez les deux amis, et sa douleur fut grande de trouver Léon dangereusement malade. Il se mit à la disposition de Jules; il offrit sa maison en disant que le malade serait toujours mieux chez lui que dans une auberge; mais les médecins déclarèrent qu'il y aurait danger à transporter le malade, dans l'état où il se trouvait. Jules ne quittait pas le chevet de son ami. La maladie faisait des progrès effrayants; le bon M. Bernard semblait s'intéresser à Léon absolument comme s'il le connaissait depuis vingt ans. Il passait les jours et les nuits à le veiller; il ne consentit à prendre un peu de repos que lorsque sa belle-sœur Kesy vint s'offrir pour soigner le malade.

Kesy, âgée de vingt ans, et elle a été jolie avant que son visage n'ait été labouré par une affreuse maladie. Mais si la beauté de ses traits a disparu, son âme est restée belle et forte. Tous les malheureux connaissent la bonté de son cœur. Elle ne se plaît qu'à faire le bien; et dès qu'elle a su la maladie de Léon, elle est accourue offrir ses soins et ses veilles; elle est infatigable dans sa charité. Dans les longues nuits passées auprès du malade, Jules ne peut s'empêcher d'admirer le dévouement de cette excellente fille.

Après trois semaines, Léon était bien de aller mieux, les médecins l'avaient condamné. Heureusement que les prédictions de ces messieurs ne se réalisèrent quand elles peu.

Enfin, après six semaines de souffrances, un mieux sensible se déclara tout à coup. La nature aidant, le malade put commencer à se lever dans sa chambre, et remercier ses amis qui avaient tremblé pour ses jours et lui avaient prodigué leurs soins.

Les deux amis durent céder aux pressantes instances de M. Bernard, et accepter un appartement chez lui, où l'air de la campagne et toutes les commodités de la vie devraient aider au complet rétablissement de Léon. Dès que le malade fut en état de supporter le trajet, on alla s'établir dans le cottage du vieil admirateur de la nature. Jules s'était beaucoup fatigué en veillant son ami; il sentait aussi le besoin de respirer l'air des champs, et de se promener à travers la campagne. Le lit de Léon était placé de manière qu'étant couché, il pouvait jouir de la vue des montagnes de ce pays si pittoresque. Lorsque Léon essayait ses forces, il marchait appuyé sur la bonne Kesy, et un mot aimable, un sourire semblaient pour elle la récompense de toutes ses peines.

— Mon cher Jules, disait un jour Léon à son ami en présence de Kesy, combien je dois de reconnaissance à cette bonne fille! Dis-moi comment pourrai-je jamais reconnaître les peines, les fatigues, que je lui cause, les soins touchants dont elle m'entoure? La jeune fille rougissait à ces mots. Les regards des deux amis fixés sur elle peignaient l'expression de la plus tendre amitié.

— Ah! Kesy! lui disait Jules, je vous dois la vie de mon ami. Dites-nous comment nous pourrons nous acquitter. Tant de bontés, de vertus, peuvent-elles se trouver réunies dans un seul être? Oh! combien vous êtes digne d'admiration et de notre sincère reconnaissance!

— Vous ne me devez rien, messieurs. Ce que l'humanité m'inspire, je le fais; la récompense est là, dans mon cœur. Je sens que Dieu me l'accorde déjà, puisqu'il exauce ma prière en vous rendant la santé; mais si je suis digne de votre estime, daignez la conserver à la pauvre Kesy.

— Vous pleurez, Kesy; qu'avez-vous? Quoi! une si belle âme doit-elle connaître le chagrin? Ah! confiez vos peines à vos amis, ils sont prêts à les soulager, si ce bonheur est en leur puissance. Parlez, Kesy! nous savons que vous êtes sans fortune; si cela vous inquiétait pour votre avenir, calmez vos craintes, la nôtre peut être partagée avec vous.

— Oh! non, messieurs, ma pauvreté, je ne la ressens pas, Mon bon frère, ma bonne sœur ne m'abandonneront pas.

— Si nous ne vous aimions comme une tendre amie, comme une sœur chérie, nous vous gronderions de ne pas nous instruire du sujet de vos larmes. Bonne Kesy, l'amour peut-être?...

— L'amour, répond la jeune fille en balançant tristement sa tête; oh! quel est celui qui voudrait d'une laide fille? Oh! non, je ne crois pas aimer, Dieu est trop bon pour m'inspirer une telle faiblesse, pour me rendre si malheureuse.

— Bonne Kesy, croyez-vous donc être incapable d'inspirer du retour? Croyez-vous qu'un beau visage soit seul digne d'être aimé? Et ces vertus, ces qualités précieuses, que nous admirons en vous, les comptez-vous pour rien? Ah! Kesy, dites plutôt si vous êtes persuadée que vous possédez tout ce qui charme, attache un honnête homme à votre sexe. Cette beauté, objet de tous les regrets, elle passe, et vos vertus seront toujours. Placez bien vos sentiments; choisissez un être qui soit capable d'en apprécier tout le prix, et je vous réponds d'un bonheur sans mélange.

— Oui, reprit Kesy, je le pense; mais où trouver cet homme? Est-on maître de son cœur, de choisir? et si celui que je préférerais ne m'aimait pas! s'il allait par son indifférence méconnaître la passion qu'il aurait allumée dans mon cœur, dans ce cœur qui, pour mon malheur, ne sait saisir faiblement, mais embrasser avec feu, avec passion?

— Ce mal serait affreux; mais croyez bien, mon amie, que la beauté n'est pas toujours exempte des peines de l'inconstance et de l'amour.

M. Bernard entra dans la chambre. Il venait s'informer de la santé du jeune malade, apprendre à ses amis qu'il allait les quitter pour deux ou trois jours, et offrir à Jules de l'accompagner dans un petit voyage au canton de Zug, situé à cinq lieues de Lucerne, et un des plus agréables de la Suisse. Jules remercia M. Bernard; mais ce dernier insista en piquant la curiosité de Jules par le récit et la description des lieux qu'il allait parcourir. Léon se joignit à lui pour décider son ami. Le seul motif qui causait le refus était d'abandonner Léon malade. Madame Bernard et Kesy promirent de tenir compagnie au convalescent et d'en avoir grand soin, et Jules céda aux sollicitations de son ami et de M. Bernard; le même jour ils se mirent en route, tous deux à cheval, et cheminèrent en causant.

Jules promenait avec délices sa vue sur le charmant pays qu'il parcourait; l'air pur et calme qu'il respirait, l'aspect imposant de ces montagnes, ces pâturages embaumés, cet horizon immense, ces chalets solitaires entourés de rochers et de sapins, la fraîcheur des eaux qui jaillissent dans tous ces petits vallons, ces nappes d'eau bleuâtres qui brillent dans le lointain, la réunion de tant d'objets divers produisaient une impression délicieuse sur ses sens.

— Tout dans ce pays, dit Jules, tout ici, jusqu'aux habitants, excite mon admiration. Je conçois comment les pâtres suisses s'aiment tant que leurs pâturages, leurs vallées, leurs chalets. Où retrouveraient-ils ailleurs cette égalité de condition, cette liberté garantie par leur pauvreté et la simplicité de leurs goûts?

Où trouveraient-ils cet air si pur, cette riche végétation, ces eaux limpides, abondantes, et ces superbes points de vue ?

Nos deux voyageurs, à mi-chemin de leur route, rencontrent un village composé de quelques chalets.

— Arrêtons-nous ici, dit M. Bernard ; par la course que nous venons de faire, il me semble que vous devez avoir appétit autant que moi.

— Mais, répondit Jules, je vois des chaumières et pas une auberge.

— Soyez sans inquiétude, nous trouverons dans toutes ce dont nous avons besoin ; ici on ne fait pas trafic de l'hospitalité ; bon pour les villes ; au village, c'est le cœur et non l'intérêt qui fait agir.

Nos voyageurs entrèrent dans le hameau : les pas de leurs chevaux firent sortir quelques femmes. Des enfants vinrent entourer les cavaliers et se mirent à courir derrière les chevaux, dont le bruit faisait fuir de tous côtés une infinité de poules, de canards et d'oies.

M. Bernard arrêta son cheval devant le groupe de femmes que leur arrivée avait fait rassembler ; puis, s'adressant à l'une d'elles :

— Mère Tuby, lui dit-il, voulez-vous recevoir chez vous deux voyageurs affamés, et les traiter aussi bien que vous l'avez fait lors de mon dernier passage ici ?

— Très-volontiers, répondit cette femme ; entrez, soyez les bienvenus. Je ferai de mon mieux pour vous contenter.

Les voyageurs entrèrent dans une grande salle. Une table de chêne placée au milieu en remplit un grand espace ; des armoires, un buffet et des bancs de bois, tel est le mobilier qui orne la pièce, la vaisselle de terre tapissait une partie de la muraille. Ce qui surprit Jules, fut l'extrême propreté qu'il se plaisait à admirer dans ce lieu. Une jeune fille aux cheveux d'ébène, la tête couverte d'un joli chapeau suisse orné de fleurs naturelles, de rubans de diverses couleurs, s'empressa de placer sur la table du vin et du pain, afin de faire prendre patience à ces messieurs, le temps de préparer le repas. Jules admira avec plaisir la mise singulière de la jeune fille. Ces rubans rouges attachés à un corset ainsi qu'à sa collerette, la chaîne d'or qui entourait sa jolie taille et qui retombait sur son tablier ; le court jupon vert, ces bas rouges, le tout ensemble, quoique bizarre, était riche et agréable à l'œil. Chaque fois qu'elle passait près de Jules, le jeune homme lui adressait un mot galant auquel la jeune fille souriait avec grâce.

— Comment, Betty ! mais vous êtes en costume de fête aujourd'hui mardi ! auriez-vous quelque partie de plaisir avec vos compagnes ?

— Monsieur, je suis de noce. C'est aujourd'hui que mon cousin s'est marié, et demain nous faisons la fête des épousailles à Saint-Carli ; si vous voulez nous faire l'honneur d'y assister, vous serez tous deux les bien-venus.

— Volontiers ! c'est justement à la porte de Zug, où nous allons ce soir ; ainsi nous acceptons votre offre.

Jules fut enchanté de l'invitation, pour le plaisir qu'il se promettait à voir ce rassemblement de monde en costume de fête, et d'être témoin de ces plaisirs champêtres.

La mère Tuby servit le repas. Quoique ses mets fussent communs, ils parurent excellents à nos deux voyageurs. La maîtresse du chalet leur renouvela l'offre de sa fille d'assister aux fêtes du mariage de son neveu ; elle engagea M. Bernard et Jules à passer la nuit chez elle, afin de partir le lendemain tous ensemble et de grand matin. M. Bernard consulta Jules sur la proposition : le jeune homme y consentit, à la grande satisfaction de tout le monde. La journée était sur son déclin ; on entendait dans le lointain les chants des pâtres ramenant leurs troupeaux. M. Bernard offrit à son compagnon de venir voir ce spectacle curieux, et d'entendre chanter le Ranz des vaches, chant national de la Suisse. Betty les accompagna ; ils grimpèrent la montagne et admirèrent le tableau le plus magnifique : le soleil se couchait derrière les montagnes. Les vaches, les moutons, les chèvres regagnaient à pas lents leurs étables, les pâtres les suivaient en fredonnant des airs pastoraux que d'autres exécutaient sur leurs cornemuses, et que répétait de loin en loin l'écho des rochers. Ces sons proférés, sans art, produisaient cependant une vive émotion dans le cœur de Jules. Il désirait en entendre les paroles, Betty lui offrit en souriant de satisfaire son envie : ils s'assirent tous trois, et la jeune fille chanta ainsi :

> Les vaches du Colombette
> De bon matin se sont levées.
> Vaches ! vaches ! pour (vous) traire
> Venez toutes,
> Blanches et noires, rouges et étoilées,
> Jeunes et autres,
> Sous un chêne
> Où (je) vous trais,
> Sous un tremble
> Où je tranche (le lait),
> Vaches ! vaches ! pour (vous) traire, etc.

Le refrain de ce chant fut répété en chœur par les pâtres que la voix de Betty avait attirés autour d'elle.

— Ce fameux air accompagne ces paroles insignifiantes, dit M. Bernard à Jules, entendu par des soldats suisses à l'étranger, a souvent produit sur eux une telle impression, qu'il leur donnait ce qu'ils appellent le mal du pays, et les faisait déserter pour regagner leurs

montagnes ; en sorte que l'on a été forcé d'empêcher de jouer cet air, sous peine de punition.

Jules invita Betty à vouloir bien lui chanter d'autres chansons du pays. La jeune fille y consentit, et fit encore quelques instants retentir les rochers des accents de sa jolie voix. La soirée s'avançait, l'air devenait froid et humide. Ils quittèrent la montagne, et rentrèrent au chalet. Betty s'empressa de servir du laitage, des fruits aux hôtes de sa chaumière.

Jules contemplait avec intérêt les soins dont ils étaient entourés, la grâce de la jeune fille à leur offrir tout ce qu'elle présumait leur plaire.

Quelques instants après chacun se retira dans sa chambre pour prendre du repos. Le lendemain, au point du jour, la mère Tuby vint réveiller les deux voyageurs, en leur annonçant que le déjeuner les attendait, et qu'aussitôt après on partirait pour la ville.

Jules fut debout en un instant ; il n'en fut pas de même de M. Bernard, à la porte duquel il fallut carillonner une heure pour l'éveiller et le faire déguerpir du lit.

Après une légère collation, la mère Tuby, Betty et quelques amis montèrent dans une carriole, Jules et M. Bernard sur leurs chevaux. Le signal du départ fut donné, et l'on chemina gaiement sur la route de Zug, où l'on arriva de fort bonne heure ; n'ayant eu à franchir que l'espace d'une petite lieue.

XIV. — Le Cimetière. — L'Orpheline.

La ville de Zug, chef-lieu du canton, est une place murée, très-ancienne, qui a conservé le nom de Tugeni, d'un des peuples helvétiens. Cette petite ville est très-agréablement située au pied d'une montagne fertile, et sur les bords orientaux du lac du canton.

Zug est placée sur la grande route qui conduit en Italie ; il s'y fait très-peu de commerce ; aussi ne voit-on dans ses murs aucune activité.

Le canton est un des plus agréables et des plus fertiles de la Suisse ; les maisons des villages sont la plupart ombragées par des vergers ; un dôme de feuillage couvre les rues et fait de ces hameaux des bosquets délicieux. Les habitants de ces montagnes ont les traits fortement prononcés, le corps robuste. L'habitude qu'ils ont de se parler souvent d'un rocher à l'autre, au bruissement des sapins agités par les vents et du fracas des torrents, est cause qu'ils élèvent tellement la voix en parlant, que l'on serait tenté de croire qu'ils se mettent en colère lorsqu'ils vous adressent la parole ou qu'ils vous répondent.

C'est dans la ville capitale de ce charmant pays que Jules, M. Bernard et leur compagnie descendirent à la porte d'une maison située à l'extrémité de la ville et hors des remparts. Les maîtres de cette demeure, tous en habits de fête, sortirent à leur arrivée, et vinrent avec les plus vives démonstrations de joie au-devant de la compagnie qu'ils attendaient. On se serra les mains, on s'embrassa : c'étaient la maison et la famille de la mariée : elle habitait la ville avant de se marier, et femme elle allait quitter ses parents pour être menée en pompe dans le village de son époux. Le repas du matin, préparé sur une table dressée sous un berceau, fut offert aux arrivants, où s'assit ; Jules admirait cette aimable famille, ces figures où le bonheur se peignait.

La franchise, l'aimable réception qu'il avait reçue des gens qui l'entouraient, les égards dont il était comblé, lui faisaient oublier qu'il était en ce moment, lui, homme riche et à la mode, parmi de simples montagnards ; il comparait la joie et les plaisirs dont il était témoin, aux tristes banquets du grand monde. Arriva le tambourin du village, ce fut le signal du départ pour Saint-Carli ; chacun prit sa chacune sous son bras ; M. Bernard offrit le sien à une grosse maman bien fraîche, auprès de laquelle il avait fait l'aimable tout le temps du repas ; Jules offrit le sien à Betty ; bientôt on se mit en marche deux à deux, armés de gros bouquets dont les queues étaient nouées par de longs rubans de diverses couleurs.

Rien de plus agréable que la route que l'on avait à parcourir ; elle serpentait le long d'un lac, sous des arbres touffus et des treilles ; on apercevait disséminées de côté et d'autre de charmantes maisons de plaisance ; la vue se promenait sans cesse dans le plus délicieux paysage du monde. En moins d'une heure on découvrit le clocher de Saint-Carli ; quelques instants après, les voyageurs étaient arrivés et mêlés aux habitants du village ; on se rendit à l'église, où les nouveaux époux reçurent la bénédiction nuptiale.

Depuis longtemps les jeux et les danses étaient en train. Chacun s'y livrait de bon cœur. Jules, fatigué, désirant respirer et s'éloigner un instant de la foule, quitta le lieu de la fête. Le zéphyr promettait une douce fraîcheur pour la soirée. Jules en jouir, dirigea ses pas au hasard dans le village. Tous les habitants étaient à la danse, les portes des chalets ouvertes, et personne n'était là pour garder son bien : il paraît qu'à Saint-Carli on ne craint pas les voleurs ; sans doute même cette profession y est-elle inconnue.

De jeune homme, en se promenant, arriva près d'une charmille, sans doute celle d'un jardin. Non ! c'est le cimetière du village ! De toutes parts des fleurs, des arbustes entouraient et ombraient les tombes ! Quel silence ! Combien ce lieu en ce moment est solitaire ! combien la vue de ce champ de repos éternel, l'âme de Jules se sent saisie d'un saint respect, d'un doux attendrissement ! Il entre, il le parcourt à pas lents, il erre au milieu des tombes; là; le riche n'a point entassé la pierre, le marbre, le bronze, pour perpétuer le souvenir de celui qu'il regrette : non, tous les tombeaux sont les mêmes : ce n'est qu'un léger monticule de terre couvert de couronnes de fleurs. Jules contemple en silence. Un bruit frappe ses oreilles, il écoute : c'est la voix d'un être qui prie, c'est celle d'une femme. Jules l'aperçoit à travers les arbres. Elle est jeune, elle est belle, elle se prosterne sur une tombe, y dépose des fleurs, elle prie avec ferveur. Jules l'admire, ne peut détacher sa vue de cette jeune fille; elle lui semble un ange descendu du ciel. Lorsque tout le village est en fête, pourquoi s'en éloigne-t-elle pour prier en ces lieux? Ah! sans doute, la perte récente d'un être chéri l'attire sur cette tombe; elle fuit les plaisirs pour se livrer à sa douleur! Jules oublie, à sa vue, le saint respect que ces lieux lui imposent; il se glisse doucement à travers les arbres, sans être vu de la jeune fille. Sa prière terminée, elle se lève, elle arrange les fleurs qui croissent autour de la tombe, cueille une rose, la baise et l'attache à sa ceinture. Que sa taille est divine; quelle figure angélique! ses yeux peignent la modestie, l'intelligence et la douceur. Elle est blonde. Comment est-il possible que tant de charmes, une tournure si distinguée, soient cachés dans un hameau des montagnes de l'Helvétie?

Jules brûle du désir de s'approcher davantage, de lui parler; mais comment s'y prendre? la nuit tombe, la jeune fille s'éloigne; il se hâte de la précéder, et sort du cimetière avant elle sans en être aperçu; il feint de se promener lorsqu'il l'aperçoit s'avancer. Elle baisse les yeux, elle marche lentement la tête baissée; la jeune homme est près d'elle; elle passe après avoir levé les yeux sur lui, et lui avoir rendu avec modestie le salut qu'elle en a reçu.

Jules la regarde s'éloigner; il n'ose le suivre; il reste immobile. La jeune fille traverse une prairie, et bientôt, tournant une petite montagne, disparaît à ses yeux. Jules demeure longtemps fixé à la même place; son cœur éprouve un trouble extrême. Qu'elle est belle!

Elle doit souvent venir à ce tombeau; mais demain je dois quitter ces lieux, mon ami est souffrant. Ah! du moins restons encore un jour ici.

Jules regagne le village et la fête; M. Bernard, du plus loin qu'il aperçoit le jeune homme, court à lui : — D'où venez-vous donc? lui dit-il, je vous cherche inutilement depuis fort longtemps.

— Mon cher monsieur Bernard, comme amateur de la belle nature, je viens de lui prouver la préférence sur tout autre plaisir.

— Jeune homme, chaque chose à son temps; ce soir, dansons.

— Dites-moi, monsieur Bernard, comptez-vous quitter ces lieux demain?

— Oui ; pourquoi?

— C'est que le peu que je viens de parcourir me ferait souhaiter d'y rester encore un jour; j'attends cette complaisance de vous.

— Volontiers, répond de suite M. Bernard, demain je reste avec vous; après cela, si vous souhaitez y demeurer davantage, je retournerai terminer l'affaire qui m'a amené à Zug, et je reviendrai ensuite vous reprendre pour retourner ensemble à Lucerne.

— Vous êtes un homme aimable, en vérité, mais je n'abuserai pas de votre complaisance; demain seulement, et je vous accompagne.

Jules, après avoir quitté M. Bernard, rencontra Betty, prit son bras, et causa avec elle dans l'intention d'obtenir quelques éclaircissements sur la jeune fille du cimetière.

— Betty, dites-moi, pourquoi toutes les jeunes filles du village ne sont-elles pas à la fête?

— Je puis vous assurer, moi, monsieur, qu'il n'en manque pas une : ah! elles s'en garderaient bien.

— Et moi, ajoute Jules, je suis persuadé qu'il en manque une.

— Ah! bien, monsieur, vous avez raison, il manque la grande Rousselette : elle est malade, la pauvre fille! je suis persuadée qu'elle en est désolée. Ces jours de plaisirs sont si rares chez nous, que c'est un vrai malheur d'en échapper un.

— C'est très-malheureux, comme vous le dites, pour cette pauvre fille; mais je crois que c'est d'une autre dont je veux vous parler. Une fille charmante, dont la mise, le ton, les manières annoncent l'aisance, l'éducation; tantôt, en visitant le cimetière, je l'ai aperçue pleurant et priant sur une tombe.

— Je devine actuellement qui vous parlez : oh! monsieur, celle-là c'est une grande demoiselle, elle ne fréquente personne; jamais elle ne partage nos fêtes. Cette fille est orpheline, et c'est sur la tombe de sa mère que vous l'avez vue pleurer. Pauvre Lesby!

— Dites-moi, Betty, vivrait-elle seule?

— Non, monsieur, elle habite depuis sa naissance avec le père Binon et sa femme; ces bonnes gens la regardent comme leur enfant, et en ont un soin particulier.

— Ils demeurent dans le village?

— Oui, sur les bords du grand lac, derrière cette montagne que vous voyez à droite, répond Betty; là ils habitent un chalet, le plus beau, le plus riche du canton de Zug.

— On ignore donc dans ce pays à qui cette jeune fille appartient, ce qu'étaient ses parents?

— Oui, monsieur, personne n'en sait rien; mais ce que l'on n'ignore pas, ce sont les vertus, la bienfaisance de Lesby; les malheureux

cessent de l'être lorsqu'elle les découvre; sa charité est infatigable; aussi elle est chérie, adorée dans ces lieux.

— L'éloge attendrissant que vous me faites de sa personne excite ma curiosité, mon intérêt, au dernier point, je désirerais bien connaître ce modèle de vertus.

— Rien de plus aisé que d'être reçu au chalet du père Binon, mais bien difficile de faire connaissance avec Lesby; elle est si timide, si craintive! la présence d'un étranger la fait fuir aussitôt.

— Merci, Betty, merci de vos bons renseignements; à présent, voulez-vous; en dansant avec moi, regagner le temps que mes questions vous ont fait perdre?

Betty accepta, Jules et elle terminèrent la fête sans se quitter. La nuit était fort avancée quand les danses cessèrent.

Jules ne put goûter un instant de repos, tant le souvenir de Lesby lui courait dans la tête. La beauté de cette jeune orpheline, les vertus qu'on lui accordait lui donnaient un grand désir de la connaître davantage.

Aussitôt la petite pointe du jour, il se leva doucement pour ne point éveiller M. Bernard, que la grande quantité de monde à loger ce jour-là avait forcé de coucher dans la même chambre que lui. Jules gagna le chemin de la campagne, et les bords du lac de Zug, près duquel devait être située la demeure de Lesby, selon les renseignements que lui avait fournis Betty.

Rien n'égalait la beauté de cette matinée, et les sites enchanteurs qui se déployaient aux yeux de Jules : il apercevait le Righi, le mont Pilate, et dans le lointain les Alpes d'Unterwald, de Grindelwald, et de Lauterbrunn.

Le cor des pâtres retentit déjà dans les montagnes; les sonnettes des bestiaux, le mugissement des vaches, viennent frapper son oreille, et personne ne se présente pour le guider dans sa recherche.

Il aperçoit plusieurs petits bateaux sillonner la surface des eaux et traverser le lac dans tous les sens; un d'eux cependant s'avance de son côté, une femme le dirige, il approche; quel est son étonnement en reconnaissant Lesby! La jeune fille aborde le rivage, d'un saut léger, ses jolis petits pieds touchent la terre; elle attache la nacelle et s'éloigne sans apercevoir le jeune homme.

Lesby court à travers une prairie. Jules la suit, elle gagne une avenue et disparaît. Notre jeune homme se met à courir sur ses traces, enfin ses yeux la retrouvent, elle monte un sentier taillé dans un rocher. Jules est à vingt pas d'elle, il la voit sonner à la porte d'une petite chapelle masquée par des touffes de sapins.

Personne ne vient ouvrir, Lesby continue à sonner. La jeune fille, lassée d'attendre, fait le tour du bâtiment, entre dans un petit jardin, cueille quelques plantes et revient, les tenant dans un panier, s'asseoir à la porte et sur les marches de la chapelle; là, elle s'occupe à les trier, à les nettoyer.

Jules s'était arrêté, il admirait la jeune fille; ses yeux, son cœur se repaissaient du bonheur de la voir, de contempler sa beauté angélique, la grâce de tous les mouvements; il n'osait approcher; craignant enfin que, lassée d'attendre, elle ne partît, il se décida, non sans éprouver un trouble inconcevable, à s'avancer vers elle. Lesby, effrayée à l'approche de l'étranger, se lève vivement et veut s'éloigner, mais Jules occupe l'étroit sentier par où elle veut fuir; Lesby, embarrassée, rougit, baisse les yeux. Jules, faisant un grand effort, lui adresse enfin la parole; d'une voix douce et timide.

— Pardon, mademoiselle, de venir interrompre vos occupations et votre solitude; étranger dans ce pays, parcourant ces montagnes, j'ai aperçu cette chapelle, et la curiosité m'a fait en approcher : veuillez me dire s'il me serait possible de la visiter.

Lesby, à ce doux organe, à l'air honnête et modeste du jeune homme, se rassure, lève son regard sur lui, et répond :

— Monsieur, le père Ambroise, le desservant de cet ermitage, est absent ce moment; moi-même je venais pour le voir : si vous voulez attendre, je pense qu'il ne tardera pas.

Jules, enchanté de cette proposition, se hâte d'en profiter; voyant Lesby reprendre sa place et son occupation, il s'assied à quelque distance d'elle.

Plusieurs minutes s'écoulèrent sans qu'il osât adresser d'autres paroles, et cependant ces moments lui étaient précieux. A chaque instant il croyait entendre les pas du père Ambroise; il regardait l'orpheline, elle semblait avoir oublié sa présence.

— Que ce pays est enchanteur! dit-il enfin s'adressant à la jeune fille, que la vue de ce rocher est majestueuse! vous avez sans doute le bonheur d'habiter ce canton?

— Oui, monsieur.

— Depuis longtemps? reprend Jules.

— Depuis ma naissance, monsieur.

— Que vous êtes heureuse! que ne puis-je en dire autant! tout en ces lieux charme et le cœur et les yeux; oui, je conçois facilement que l'enfant de ces montagnes les regrette lorsque le sort l'en éloigne; vous-même, mademoiselle, ne voudriez peut-être pas les quitter?

— Oh! jamais, répond la jeune fille.

Jules désespéré des réponses laconiques de Lesby et du peu d'attention qu'elle semblait prendre à lui, ne savait que lui dire pour lier la conversation.

— Hier, reprend-il, Saint-Carli était en fête, et parmi la jeunesse de ce pays vous seule manquiez, mademoiselle.

— Je reste près de mon père adoptif, de ma mère; ils sont âgés, et demandent des soins et ma présence.

— Hier, je vous vis dans le cimetière, prosternée près d'une tombe, sans doute celle de votre père?

La jeune fille, à ces mots, leva tristement la tête, fixa Jules, et répondit en soupirant :

— Non, c'est le tombeau de ma mère; hélas! je ne la connus jamais. Et sa tête retomba sur son sein.

— Pardon! mille fois pardon; je vois que cette indiscrète demande vous afflige; oui, une perte pareille doit être le sujet d'un regret éternel; moi aussi je pleure un père, une mère chéris, dont le souvenir ne me quittera jamais.

Le silence se rétablit de nouveau; Lesby avait terminé son ouvrage, elle remettait les plantes dans le panier; Jules craignait qu'elle ne partît.

— Habitez-vous près de ces lieux?

— Oui, monsieur, d'ici on voit notre demeure.

— Serait-ce cette jolie habitation que j'aperçois entre ces arbres, au bord du lac?

— Oui, répond Lesby, c'est elle, c'est la demeure de mes parents adoptifs, la mienne; lorsque la fatigue ou la soif vous tourmenteront dans vos courses, si vous êtes près de cette demeure, n'oubliez pas qu'il vous est permis, comme à tout autre, de venir y chercher le repos et ce qui pourra vous être nécessaire; mes parents accueillent toujours avec plaisir le voyageur que le hasard ou le besoin attire sous leur toit.

Jules éprouva un mouvement de joie à ces paroles; il remercia la jeune fille de son invitation, se promit d'en user le plus tôt possible. Lesby quitta sa place et se disposa à s'en retourner. Le ciel depuis le grand matin avait brillé d'un pur éclat, mais depuis quelques moments des nuages s'amoncelaient sur la cime des montagnes, quelques éclairs annonçaient un orage; en effet, au moment où Lesby et Jules quittaient le lieu de leur rencontre, le bruit du tonnerre se faisait entendre, la pluie commençait à tomber avec force; à moitié chemin du sentier, une cavité dans le rocher offre un asile à nos deux jeunes gens. Cet endroit est petit, Jules est près de la jeune fille, il touche ses vêtements, il peut compter les mouvements de la gaze agitée par les soupirs de son sein. Qu'il est heureux! combien il rend grâce à cet orage! Le vent renvoie la pluie dans la cavité, Jules et Lesby, pour s'en garantir, s'enfoncent plus avant, et plus ils reculent, plus le lieu est étroit, et plus il est près d'elle. Un violent coup de tonnerre se fait entendre, Lesby, effrayée, fait un pas en arrière et se jette sur Jules en cachant ses yeux dans ses jolis doigts; le jeune homme la soutient dans ses bras; ses lèvres sont collées sur la belle chevelure de Lesby, il sent sur son cœur battre celui de l'orpheline. Délicieux moments! Il voudrait qu'il tonnât encore plus fort! Mais non, l'orage cesse, tout se calme, le soleil reparaît, Lesby a demandé à Jules excuse de ses craintes; ils descendent, ils vont atteindre la prairie, mais impossible que Lesby la traverse, la pluie l'inonde en grande partie, et pas d'autres chemins; la jeune fille embarrassée soupire, reste immobile; Jules est botté, il peut le franchir sans se mouiller; mais Lesby, sa légère chaussure ne la garantirait pas. Que faire? la prendre dans ses bras, le trajet est si court! Cela serait facile et doux pour lui, osera-t-il le proposer? Acceptera-t-elle? Il essaie.

— Comment allez-vous traverser cette prairie? En mouillant vos pieds délicats, vous risquez de vous faire du mal; si vous daignez y consentir, permettez-moi de vous passer.

Lesby, pour réponse, fait de la tête un signe négatif. Elle a rougi à cette demande; Jules emploie tous les moyens, toutes les expressions les plus délicates, les plus persuasives pour l'engager; cependant il faudrait se décider, et vite, car l'eau qui descend des montagnes grossit et augmente celle de la prairie; n'y aura-t-il plus possibilité de traverser cette nappe d'eau; elle s'étend à chaque minute, s'élève, et, débordant de tous côtés, elle se confond bientôt avec les eaux du lac.

Une extrême inquiétude se peint sur les traits de Lesby; que va-t-elle devenir en attendant le lent écoulement de cette eau? Jules se rappelle le regard de Lesby, il rassure l'orpheline, descend dans la prairie, l'eau lui vient à moitié corps, rien ne l'arrête; il continue de marcher au milieu des flots, il atteint le léger bateau, le traîne avec force, le fait passer du lac dans la prairie et le conduit près du rocher et de Lesby. Un gracieux sourire, une aimable excuse payent doublement le jeune homme de sa peine, mais il faut terminer l'entreprise. Malheureusement cette nacelle, formée d'un seul tronc d'arbre, est trop faible pour deux personnes; Lesby y monte seule. Jules conduit le bateau en le poussant devant lui; ici sa profondeur défend à Jules de pousser plus loin. Lesby prend sa flexible rame, montre sa nouvelle adresse en engageant Jules à s'y rendre en tournant le lac; ensuite elle s'éloigne en le remerciant encore. Jules suit le bateau des yeux, la traversée est courte, bientôt il voit Lesby débarquer à l'autre rive. Le chemin pour se rendre à la maison de Lesby est le double plus long que par eau. Après une demi-heure de marche, il arrive. Jules fut bien reçu du père et de la mère Binon; Lesby leur avait raconté ce qu'il avait fait pour elle; ils remercièrent le jeune

homme et lui témoignèrent la reconnaissance de ce service. Jules sécha ses habits et partagea le déjeuner que l'on servit; mais Lesby n'était pas là, Jules ne l'avait pas aperçue depuis son arrivée.

— Ma femme, appelle Lesby!

Madame Binon obéit à son mari; la jeune fille répondit, et peu de temps après vint s'asseoir au couvert.

La conversation s'était engagée entre Jules et Binon; on parlait de voyages, de la Suisse, de l'Italie. Jules, qui voulait se mettre bien avec le père et qui connaissait la manie des vieillards d'aimer à causer, l'écoutait sans l'interrompre. Si son oreille était pour le vieux Suisse, ses yeux étaient pour Lesby; il les portait sur elle à chaque instant, et s'il les en détournait, c'était pour jeter des regards surpris sur l'élégance et le mobilier de la maison : toutes celles qu'il avait vues dans le pays, même les plus riches, étaient loin d'approcher de celle-ci. Après le déjeuner, Binon conduisit Jules dans différents appartements, non pour lui en faire admirer la beauté, mais les points de vue que l'on apercevait des fenêtres de chaque chambre. La journée s'avançait, Jules était sorti sans en prévenir M. Bernard; craignant qu'il ne s'en offensât et qu'il ne fût inquiet de lui, malgré tout le bonheur qu'il éprouvait près de Lesby, il pensa à retourner près de son compagnon de voyage, se promettant de revenir le plus tôt possible.

Pendant le déjeuner, Jules avait déployé tous ses moyens d'amabilité; rien n'avait été épargné par lui pour plaire et gagner la confiance de ses hôtes. Il le trouvait fort de son goût; Lesby elle-même était devenue moins timide, sa jolie bouche avait laissé échapper plusieurs mots adressés à notre jeune homme sans qu'il les eût provoqués. Enfin on l'avait invité à revenir en lui disant que sa présence serait toujours agréable.

Jules quitta ces lieux à regret. En s'éloignant, il retournait la tête à chaque instant, dans l'espoir d'apercevoir encore la jolie fille, auprès de laquelle il laissait déjà son cœur. Il sentait cependant la nécessité de ne pas s'engager; il savait que son oncle ne consentirait jamais à un hymen autre qu'avec Marietta.

Il arriva au village, rentra au chalet dans lequel il avait passé la nuit, s'informa à Betty, qu'il rencontra la première, si M. Bernard était encore dans sa chambre. Après une réponse affirmative, il monta et trouva M. Bernard causant avec un jeune homme dont la tournure et la mise annonçaient un habitant des montagnes.

Jules voulut se retirer afin de ne point interrompre leur conversation.

— Restez! restez! lui crie Bernard; vous n'êtes point de trop ici; au contraire, je me plaignais de votre longue absence. Je croyais être le plus intrépide coureur de campagne, mais je m'aperçois que vous l'êtes plus que moi; vous ne pouvez rester un instant en place.

— Ne me grondez pas; j'avoue qu'il n'est pas généreux à moi d'abandonner ainsi mon compagnon; je n'avais pas l'intention de faire une si longue absence, mais l'orage qui vient d'avoir lieu m'a empêché de rentrer plus tôt.

— Oh! je ne vous en veux pas, mon cher monsieur Delmar; avec moi liberté entière. Aussi bien je ne suis pas fâché d'être resté à Saint-Carli ce matin, puisque j'y ai rencontré ce grand garçon, pour lequel je venais à Zug, et que, de cette rencontre, je remplis le but qui m'y attirait : l'affaire dont il s'agit entre lui et moi n'est pas moindre que de faire de lui mon beau-frère. C'est un gaillard que j'estime fort, un honnête homme qui s'attache à mériter dans la femme qu'il choisit de bonnes qualités plutôt qu'un beau visage; aussi je lui accorde à demande, je lui donne et confie ma chère Kesy; et comme un peu d'argent ne gâte rien, j'ajoute au don de sa main une somme de dix mille francs, que ma femme et moi amassons depuis longtemps pour cet usage.

Le jeune homme, en entendant M. Bernard, baissait les yeux et serrait avec affection la main de son futur beau-frère.

— Je fais mes sincères compliments à monsieur, reprit Jules, de l'excellence de son choix; je lui réponds d'un avenir heureux avec une aussi vertueuse compagne.

— N'est-ce pas, Richard, reprend M. Bernard, que tu rendras ma Kesy heureuse, que jamais tu ne lui causeras du chagrin?

— Oh! non, monsieur Bernard, soyez-en certain; une femme pareille est trop précieuse, trop estimable, pour que l'homme qu'elle aura daigné accepter pour époux méconnaisse, par une conduite coupable, la faveur précieuse dont elle l'aura comblé.

— Messieurs, Léon et moi avons de nobles obligations à Kesy; sa conduite envers nous a été celle d'une tendre sœur, et j'espère que vous nous permettrez d'agir tous deux en frères avec elle : veuillez donc permettre que nous lui donnions une faible marque de notre reconnaissance : mon ami et moi souhaitons faire l'acquisition de quelques terres que nous voulons lui offrir. J'oserai donc prier M. Richard d'en faire l'achat dans le lieu qu'il jugera convenable et de m'en faire part.

— Non, non, s'écrie M. Bernard; je vous remercie, généreux amis; mais Kesy a fait envers vous ce que son humanité lui commandait. Sa récompense est dans son cœur; gardez vos bienfaits pour meilleure occasion : nous sommes assez riches si nous avons gagné votre amitié.

— Vous la possédez, mes bons amis, répond Jules; mais si vous nous refusez, vous nous ferez une grande peine. C'est au nom de cette même amitié que nous vous supplions de ne pas rejeter le gage de notre estime. Ainsi donc, plus de refus, ou mon ami et moi quittons votre maison dès aujourd'hui.

— Au moins, monsieur Delmar, vous me permettrez de la consulter à ce sujet.

— Non, monsieur; c'est là encore une grâce que j'attends de vous, c'est qu'elle n'en soit instruite qu'après notre départ.

— Ah! vous êtes un homme auquel on ne peut rien refuser; je me rends, faites ce qu'il vous plaira; au surplus c'est du bonheur pour cette chère enfant, ainsi je ne m'oppose plus à rien.

— Quel jour, demanda Jules, se fera la noce?

— Hélas! monsieur, répond Richard, je ne puis vous le dire; je ne sais même si ce beau jour se lèvera pour moi. Kesy ignore nos projets, mon amour et la demande que je fais de sa main.

— Rassure-toi, mon garçon, ce soir je lui en parlerai, et demain tu viendras toi-même chercher la réponse; je puis te promettre qu'elle sera bonne. Kesy se trouvera honorée de ton choix, elle possède trop de bon sens pour refuser.

— Oui, monsieur Richard, je me joindrai à monsieur pour lui parler en votre faveur.

Richard, au comble de la joie, les quitta en emportant dans son cœur une douce espérance.

M. Bernard demanda à Jules s'il était prêt à partir; Jules y consentit, et tous deux montèrent à cheval. Tout en causant, les deux voyageurs arrivèrent à Lucerne.

XV. — Nouvelles Amours. — La Demande en mariage.

Le bruit que causait l'arrivée des deux personnages fit accourir madame Bernard.

Jules, après l'avoir saluée, se hâte de demander des nouvelles de Léon et de Kesy, qu'il n'avait pas encore aperçue.

— Votre ami est bien, très-bien; et ce qui va vous faire plaisir, c'est qu'aujourd'hui ses forces lui ont permis de faire une petite promenade dans la prairie qui borde notre jardin.

— Je suis ravi de cette bonne nouvelle, ma chère madame Bernard, permettez-moi de vous quitter un instant pour me rendre auprès de lui, le complimenter sur ce que vous venez de m'apprendre.

— Montez et entrez doucement, car je crois qu'il sommeille, reprend madame Bernard.

Jules s'empresse de gravir l'escalier le plus doucement possible, la porte de la chambre de Léon est entr'ouverte; il avance à petits pas et jette, avant d'entrer, un coup d'œil dans l'intérieur. Il voit son ami dormant étendu dans son lit. Kesy est là, debout, la tête penchée sur lui et le contemplant en silence. Le jeune homme s'est arrêté à la porte, ses yeux sont fixés sur Kesy: la jeune fille se penche sur Léon davantage, respire son haleine, dépose doucement un baiser sur son front... le regarde encore... essuie ses larmes.

— Ah! que je la plains, l'infortunée! elle l'aime.

Jules marche cette vision découverte, s'éloigne de la chambre et revient en marchant avec bruit, afin de prévenir Kesy de son approche.

Kesy, qui s'est éloignée du lit, vient à lui, le reçoit avec amitié, sourit, mais sa gaieté s'accorde mal avec son regard abattu.

— Il dort, dit-elle à voix basse, mais il est beaucoup mieux, laissons-le reposer encore quelques instants, l'exercice d'aujourd'hui l'a fatigué; nous en avons eu bien soin, oh! bien soin, je vous assure.

— Je vous crois, bonne Kesy, j'en suis persuadé; vous voyez que nous n'avons pas abusé de vos bontés: que nous sommes revenus même plus tôt que nous ne l'avions annoncé. Je vais prier qu'on me dresse un lit près du sien, je le veillerai avec Germain; quant à vous, Kesy, je ne veux plus que vous vous fatiguiez ainsi: c'est trop abuser de vos bontés.

— Laissez-moi, monsieur Delmar, terminer ce que j'ai si bien commencé, je veux qu'il me doive son retour à la santé.

— Non, Kesy, je vous regarde, et je vois quelque changement dans vos traits, causé par la fatigue; reposez-vous, ma chère amie, je vous en supplie.

Léon se réveille, il entend parler à voix basse, et aperçoit son ami causant avec Kesy.

— Ah! te voici de retour, Jules, tu n'as pas été long dans ton voyage? Je gage que ce retour si prompt est causé par moi; tu ne m'as pas cru quitté que tu t'es figuré me voir souffrant davantage, peut-être mort.

— Mon cher, répond Jules en serrant la main de Léon, si ta santé m'avait causé de pareilles craintes, je ne t'aurais pas quitté. Le désir de te revoir m'a fait hâter mon retour, il est vrai.

— Demain ton bras me soutiendra. Ce matin celui de cette bonne Kesy m'a rendu cet office. Ah! Jules, quelle tristesse! que sa bonté, que ses soins sont infatigables! Avec elle, un souffrant n'a besoin ni d'attendre, ni de souhaiter; elle est là, et sa prévenance devine vos pensées.

— Épargnez-moi, messieurs, dit Kesy d'un air modeste, ce que j'ai fait ici est ce que l'humanité, la religion me commandent; je ne mérite pas, pour avoir fait mon devoir, des éloges aussi flatteurs.

M. Bernard entré: il vient voir et s'informer du malade.

— Bonjour, monsieur Saint-Elde. Eh bien! il paraît que nous redevenons grand garçon; allons, allons, je suis content de vous et de toi, Kesy; car, à ce que m'a dit ta sœur, tu en as eu beaucoup de soin; va, tu es une bonne fille; aussi, demande à M. Delmar, nous t'apportons une bonne nouvelle.

— Eh! laquelle, mon frère?

— J'avais envie de ne t'en parler que demain, reprend M. Bernard; mais, ma foi, comme c'est pour ton bonheur, je veux que tu en jouisses de suite; je vais te marier, ma bonne amie; un brave et honnête homme me demande ta main.

Kesy à ces mots devient pâle, tremblante, ses genoux fléchissent, elle reste sans répondre, des larmes coulent de ses paupières; Bernard et Jules s'aperçoivent de son état, vont à elle, la soutiennent et la conduisent sur un siège.

— Qu'as-tu donc, Kesy? est-ce la nouvelle que je t'apporte qui te cause ce tremblement, ces larmes? réponds à ton frère, à ton ami; es-tu fâchée de ne t'en parler que demain, de ton bonheur?

— Oh! mon frère, vous voulez m'éloigner de vous? qu'ai-je donc fait pour mériter cette rigueur?

— T'éloigner! je n'est pas pour ne plus te voir que je veux te marier: oh! non, ma chère amie; mais vois-tu, je suis vieux, Kesy, et je puis mourir; je veux avant assurer ton sort; tiens, interroge M. Delmar, il connaît la personne qui demande ta main, il te dira quel beau et bon garçon cela fait.

— Oui! Kesy, dit Jules, oui! j'ai la ferme assurance que vous serez heureuse avec un époux tel que lui; vous le verrez bientôt, et j'espère qu'il saura gagner votre estime.

— Combien je serais heureux et content de voir Kesy bien établie avant de la quitter! dit Léon; je ne connais pas le futur, mais je m'intéresse à lui, son choix lui fait honneur.

Les pleurs de Kesy redoublent à ces mots; elle se lève de son siège et sort en faisant entendre au milieu de ses sanglots le mot: Jamais, jamais! prononcé avec désespoir.

Ces pleurs, ce départ précipité laissent les trois personnes présentes étonnées et saisies. Jules seul en connaît la cause. Le secret de Kesy n'en est pas un pour lui.

— Concevez-vous cette fille? s'écrie M. Bernard. Une chose qu'elles désirent toutes et attendent avec impatience lui cause un pareil chagrin! moi qui croyais la rendre contente!

— Écoutez, monsieur Bernard, vous lui avez annoncé cela trop brusquement: il fallait...

— Il fallait, il fallait, s'écrie M. Bernard interrompant Léon, sans doute prendre des mitaines pour lui annoncer qu'un homme honnête, un des plus riches fermiers du canton, veut bien lui faire l'honneur de la prendre pour femme!

— Richard vient demain, il me l'a dit! laissez-moi parler à Kesy avant son arrivée. Je me charge de la disposer à le bien recevoir.

— Oui, je vous en prie, monsieur Delmar, parlez-lui, tâchez de la faire consentir, vous ne sauriez croire combien je souhaite ce mariage.

— Je vous promets de faire tous mes efforts pour y réussir, reposez-vous sur moi.

M. Bernard se retira avec l'espoir que lui donnait Jules. Les deux jeunes gens restés seuls causèrent quelque temps. Jules raconta à Léon tout ce qui lui était arrivé pendant son voyage: sa rencontre avec Lesby; sa réception chez elle. Jules mettait un tel feu dans son récit, surtout lorsqu'il parlait de Lesby, des charmes de cette orpheline, que Léon ne put s'empêcher de l'interrompre en souriant:

— Sais-tu que je suis tenté de te croire amoureux d'elle? Il serait plaisant que ton oncle eût pris tant de peine à te conserver jusqu'ici pour sa petite-fille et que, lorsque tu vas pour la fiancer avec elle, tu t'avisasses de t'amouracher d'une autre à mi-chemin!

— Non, mon ami, ce que tu penses n'est pas; cette jeune fille m'intéresse beaucoup, il est vrai, mais je n'ai pas d'amour pour elle.

— Alors, tu ne retourneras pas la voir?

— Une fois seulement, parce que, ton père adoptif m'y ayant engagé, il y aurait impolitesse à ne pas y retourner.

— Que t'importe la politesse ou non, quand nous serons partis pour ne plus revenir? qu'ils pensent de toi ce qu'ils voudront, tu ne leur dois rien; c'est au contraire eux que tu as obligés, en tirant cette petite d'embarras, en lui sauvant peut-être quelques heures d'ennui, un rhume qu'elle aurait gagné en mouillant ses jolis pieds: pourtant, des montagnards, ça doit être dur au mal.

— Mon cher, une montagnarde comme celle-là est tout aussi délicate que tes demoiselles de Paris.

— Bah! laisse-moi donc avec ta paysanne. Oh! je te reconnais là, tu t'enflammes pour toutes les femmes. Je suis persuadé que celle-ci a déjà des droits sur ton cœur, à tes yeux c'est une divinité; tu auras pris de la jeunesse pour de la beauté, un petit air hypocrite pour de la modestie, et de la bêtise pour de la timidité.

— Je te remercie de la bonne opinion que tu as de ma préférée; et je t'en ferai juge aussitôt que tu pourras m'accompagner à Saint-Carli.

— Tu plaisantes, sans doute, j'espère bien que voici un assez long séjour que nous faisons ici, et qu'aussitôt que je serai en état de voyager nous partirons pour Rome.

— Pourquoi partir si vite? n'avions-nous pas le projet de copier quelques vues de ce pays? J'en ai promis une collection à mon oncle, et je veux lui tenir parole. Je suis certain que la vue du rocher, de la chapelle, et celle de ma situation embarrassante avec Lesby, lui ferait un grand plaisir; je me propose de dessiner le tout, afin de le lui offrir.

— Oui, et il en résultera qu'en peignant l'héroïne, le peintre deviendra amoureux de son modèle; que nous partirons d'ici je ne sais quand.

— Ne faut-il pas des siècles pour faire une esquisse? Va, sois tranquille, elle sera terminée avant que tu puisses te mettre en route, non que je pense que tu sois longtemps à te rétablir, mais parce que je n'ai besoin que de deux ou trois jours.

— Et quand comptes-tu commencer ce sujet magnifique?

— Mais, peut-être après-demain ; le canton de Zug en offre assez de pittoresques pour ne pas laisser échapper l'occasion d'enrichir mes appartements de ces charmants points de vue.

— Et moi j'attribue cet enthousiasme à ton désir de rester auprès de la belle; en tout cas, si tu veux en faire la conquête, dépêche-toi, afin de ne pas rester éternellement en ces lieux.

— Que dis-tu? en faire la conquête! Penses-tu, Léon, que je voudrais séduire cette jeune fille et l'abandonner après? Ah donc : tu me crois bien misérable !

— L'on n'est pas misérable pour cela, mon cher. Mais s'il fallait ne courtiser une femme que dans le but d'en faire son épouse, cela serait par trop bourgeois.

— Plaisante, moque-toi tant que tu voudras, prêche-moi ta morale inconstante, mais tu ne me feras pas changer. Cette jeune fille est divine; je ne veux pas m'en faire aimer; mais si je succombais, si jamais je faisais naître dans son cœur le sentiment de l'amour, ma foi, mon cher, je n'aurais pas la force de l'abandonner ; et malgré mon oncle et les vertus de sa petite-fille, je ne sais si je pourrais résister à ne pas prendre Lesby pour ma femme; d'abord, c'est qu'il est impossible que Marietta soit aussi charmante, aussi adorable que cette jeune orpheline.

— Mon cher, Marietta peut être encore plus délicieuse, et par-dessus, elle est plus riche. Pense que l'héritière des grands biens de la famille Delmontès ne peut entrer en comparaison avec une petite montagnarde, qui ne t'apporterait en mariage qu'une bicoque de village et des vertus champêtres. Marietta, élevée, sans doute, dans le grand monde, pourvue de talents et de grâces, flattera ton amour-propre, ton goût pour les beaux-arts.

— Tu ignores encore les talents que possède Lesby, mon cher; si tu l'entendais parler, tu jugerais qu'elle ne manque pas d'instruction : elle s'exprime avec tant de grâce !

— Je ne conteste pas qu'elle ne possède l'instruction, l'esprit nécessaires à sa position, à son pays, par exemple de très-bien traire les vaches, de perfectionner le fromage et faire couver les poules, enfin mille autres talents fort utiles.

— Insupportable railleur! je me tais, car avec toi il n'est rien dans le monde qui soit digne d'être aimé; je suis même surpris que tu rendes justice et hommage aux vertus de Kesy, car, à l'entendre, la vertu n'est qu'un mot et l'amour n'est qu'un jeu.

— Ah! pardon! mon cher Jules, du moment que tu me parles de vertu sans amour, je prends la chose au sérieux. Tout ce qu'a fait Kesy pour moi est de la véritable vertu, de l'humanité pure et désintéressée; elle fait le bien par besoin, son cœur la pousse à la bienfaisance : cette femme est bien digne d'être aimée.

— D'amour ou d'amitié? reprend Jules aussitôt.

— D'amitié! de grande amitié! répond Léon, et même d'amour pour un autre que moi, par exemple.

— Mais, supposons, dit Jules, si ces soins, ces égards, dont t'entoure à chaque instant, lui étaient inspirés par un autre sentiment que celui de l'amitié; si elle t'aimait d'amour, enfin, d'après tout ce que tu lui dois, que ferais-tu?

— Ah! mon ami; je serais bien chagrin; ce serait pour moi un motif de douleur amère. J'aime Kesy comme une sœur, mais je ne pourrais jamais la payer de retour si le malheur voulait qu'elle eût pour moi d'autres sentiments que les miens.

— Cependant, tu lui dois presque la vie; laisserais-tu s'éteindre la sienne dans un tourment si cruel?

— Que veux-tu? l'amour ne se commande pas. Mais à quoi veux-tu donc en venir? pourquoi ces questions?

— Rien, te dis-je; une simple supposition, afin de connaître ce que tu ferais si était possible que pareilles circonstances se présentassent, et si la reconnaissance t'engageait à faire une belle action, en payant de ton cœur la femme à laquelle tu devrais autant qu'à Kesy. Je t'en croirais capable si elle avait la beauté en partage.

Quelques instants s'écoulèrent et Léon ne répondait plus; il était tombé dans une profonde rêverie. Jules s'en aperçut, et craignit d'avoir, en voulant sonder le cœur de Léon, trahi le secret de Kesy.

— Tu sembles avoir sommeil, je vais te quitter; aussi bien je dois écrire à mon oncle, à Zéphirin, et je vais m'en acquitter ce soir. A propos, as-tu reçu des nouvelles de madame de Sennecour?

— Non, répond Léon sortant de sa rêverie et d'une voix émue. Je ne comprends rien à son silence. Je croyais qu'elle m'aimait davantage, après tant de serments, de promesses, à mon départ. Elle est libre, et n'accourt pas près de moi, lorsqu'elle apprend que je suis mourant; ne pas même répondre à tes lettres, à celles que je lui écris chaque jour, depuis que j'en ai recouvré la possibilité !

— Cela m'étonne, car madame de Sennecour n'est pas une femme frivole; elle est bonne, aimante, et je la crois une amie tendre et fidèle. Sans doute elle est malade.

— Non, Jules, elle se porte bien, très-bien! j'ai reçu une lettre de François, mon domestique; je lui avais écrit d'aller s'informer de ses nouvelles, et celles qu'il m'envoie sont des meilleures. Je t'avouerai que cette conduite me surprend et me chagrine, de la part surtout d'une personne dont je désirais devenir l'époux.

— Mon pauvre Léon, je suis moi-même inquiet pour toi, mais c'est une petite punition qui t'arrive. Allons! repose-toi, assez bâbillé pour ce soir ! je vais faire mon courrier, et y joindrai une lettre à madame Sennecour, afin de l'engager à rompre son éternel silence envers nous.

Kesy, après avoir quitté son beau-frère, ainsi que les deux jeunes gens, était allée s'enfermer dans sa chambre; elle donnait un libre cours à ses larmes.

— O mon Dieu! disait-elle, vous m'avez abandonnée; puisque les prières de la pauvre Kesy ont été rejetées de vous. Vous m'avez refusé, grand Dieu! la force qui m'était nécessaire pour arracher de mon cœur le germe d'une passion insensée. Maintenant je n'en suis plus maîtresse. J'aime, et sans espoir. Ah! Léon, Léon, vous ignorez tout ce que vous faites endurer de tourments à l'infortunée Kesy. Non, jamais elle ne vous fera connaître un amour qu'elle ne vous ferait point partager; elle emportera dans la tombe le secret de son cœur. Mon frère ! pardonnez si je trahis votre espoir; non, un autre n'aura jamais mon cœur.

Kesy passa la nuit sans sommeil, en priant l'Éternel de lui donner le courage de surmonter son amour malheureux. Jules s'était levé dans l'intention de la rencontrer seule et de remplir la promesse qu'il avait faite à M. Bernard de parler à Kesy du mariage projeté.

Il aperçut la jeune fille sortir par la porte du jardin, se hâta de descendre et la rejoignit comme elle entrait dans la vallée.

— Déjà levée, Kesy! où allez-vous donc si matin?

— Je vais, monsieur, respirer le bon air. J'ai peu dormi cette nuit, et je sens qu'un peu d'exercice m'est utile.

— Voulez-vous permettre à votre ami de vous accompagner?

— Volontiers, si cela vous fait plaisir.

— En pouvez-vous douter? Au surplus, Kesy, vous me devez cette petite complaisance pour me dédommager du chagrin que vous nous avez causé hier au soir en nous quittant si vite.

— Pardonnez-moi, monsieur Delmar, je ne savais ce que je faisais.

— Cependant il n'y avait rien, dans ce que vous disait M. Bernard, qui pût vous causer de la peine; au contraire, il vous donnait la preuve de son intérêt. Ce mariage qu'il vous propose ne peut que vous être avantageux.

A ce mot mariage, Kesy a frémi. Jules s'en est aperçu avec peine, et continue d'un ton encore plus amical.

— Kesy, qu'a donc cet hymen pour vous inspirer tant d'effroi, pour faire couler vos larmes?

— Ah! monsieur, s'il est vrai que j'aie mérité votre amitié, si je la possède, de grâce, détournez mon frère de ce mariage.

— Kesy, vous vous alarmez trop vite; vous ne connaissez pas bien celui qu'il vous destine. Un honnête homme, d'un physique agréable, n'est cependant pas à dédaigner, à moins que vous n'ayez fait vœu de renoncer au bonheur d'être jamais épouse et mère.

— Ce bonheur est perdu pour moi, et pourtant il était mon plus doux espoir!

— Je ne vous comprends pas, Kesy, puisque aujourd'hui il vous est offert. Croyez un ami, ne refusez pas ce mariage; au moins ne le rompez pas de suite, réfléchissez auparavant. Ah ! Kesy, souvent de fausses chimères nous font sacrifier le véritable bonheur, on espère, on s'abuse.

— Non, monsieur, il n'est pas nécessaire de bercer d'un vain espoir l'homme qui aujourd'hui veut m'honorer de son choix, puisque je ne puis être son épouse.

— Kesy, reprend Jules en pressant affectueusement la main de la jeune fille, Kesy, un ami sincère, qui vous aime, réclame votre franchise, demande à votre cœur de s'épancher dans le sien. Vous avez des chagrins, confiez-les-moi. Vous pleurez, vous gardez le silence; ne me jugez-vous donc pas digne de votre confiance?

Kesy ne peut répondre, une pâleur mortelle couvre son visage; Jules la conduit près d'un tertre, il soutient sa tête mourante :

— Kesy, pardonnez si mon zèle indiscret a pu vous affecter : gardez votre secret; désormais je ne vous importunerai plus par mes demandes.

— Vous, monsieur, m'importuner! oh! non. C'est moi qui au contraire vous cause du tourment par mes larmes. Oui, je vous en dois le secret; vous êtes sensible et bon, vous plaindrez l'infortunée Kesy. J'aime, monsieur, j'aime et d'un amour sans espoir. J'ai combattu de tout mon pouvoir cette passion dévorante; j'ai sans cesse demandé au ciel la force d'arracher de mon cœur ce fatal amour. Hélas! il-fut sourd à mes prières. Voilà ce secret qui fait le désespoir de ma vie. Celui qui le cause involontairement l'ignore et l'ignorera toujours. Je consens à souffrir, à mourir, s'il le faut; mais au moins qu'on ne me force pas à contracter un hymen dont je ne suis pas digne, qui serait un crime, puisque mon époux ne posséderait pas mon cœur.

— Kesy, le temps est un grand maître; l'absence diminuera l'ardeur du feu qui vous dévore. Soyez confiante avec moi votre meilleur ami, nommez celui qui a blessé votre cœur; par de sages et utiles avis je pourrai peut-être ramener la paix dans votre âme. Kesy, n'hésitez pas, parlez, j'implore de vous cette marque de confiance.

— Que me demandez-vous? hélas! aurai-je jamais la force de vous faire un tel aveu? Oh! non, non, je ne le puis.

— Permettez au moins que j'aide votre franchise : Kesy, pauvre Kesy! vous gardez le silence; c'est en vain, je sais tout : j'avais surpris involontairement le secret de votre cœur avant qu'il ne découvrit sa blessure. Oh! ne rougissez pas : est-on maître de ses sentiments? Combien, mon amie, je vous plains de cette passion! Celui qui l'a fait naître ne la partage pas. Son cœur, sensible à l'amitié, ne tient aucun compte de l'amour. L'inconstance est sa divinité. Oubliez-le. Sachez vous vaincre, et ne repoussez pas les offres de bonheur qu'on vous fait aujourd'hui. Séchez ces larmes, recevez l'époux qu'on vous présente et que vos vertus vous méritent; il est digne de vous. Vos jours s'écouleront heureusement auprès de lui.

Bernard.

— Que vos paroles sont douces pour moi! elles répandent un baume consolateur sur les blessures de mon cœur. Ah! si je pouvais jouir du repos que vous me présagez! mais comment éteindre en moi ce feu qui embrase tout mon être? C'est en vain que je lutte contre lui. Croyez bien, monsieur, que sans cesse je me suis représenté l'extravagance de cette passion. Oui, je veux essayer encore. Je recevrai M. Richard; mais je ne promets rien avant de connaître si je pourrai me vaincre.

Quelques heures après cet entretien, le pas d'un lourd cheval, s'arrêtant devant la maison de M. Bernard, attira Jules à la fenêtre; il se retira aussitôt, et vint annoncer que M. Richard, fermier de Saint-Carli, descendait de cheval.

Richard, en entrant, salua respectueusement Léon et les deux dames. Il se présenta avec aisance et mieux qu'on ne s'y serait attendu d'un habitant des montagnes; il adressa à la société quelques excuses de s'être fait attendre. M. Bernard l'invita à prendre place à table.

— Kesy, comment trouves-tu ce grand garçon-là? s'écrie-t-il subitement au milieu du repas. Kesy, surprise, rougit et baisse les yeux sans répondre. Eh bien! reprend-il, serais-tu devenue muette?

— Laissez mademoiselle, je vous en conjure, dit Richard, votre demande l'intimide et ne peut que lui être désobligeante.

— Mais, dit Léon, si Kesy répondait à la question de M. Bernard, ce serait un compliment direct qu'elle adresserait à M. Richard.

— Vous pouvez avoir raison. Cependant je veux savoir ce qu'elle pense du mari que je lui présente. Allons, parle, Kesy, fais entendre ta voix doucette.

— De grâce! monsieur, laissez mademoiselle. Je crains que votre zèle ne me soit nuisible.

— Tenez, futur beau-frère, vous et votre prétendue êtes deux nigauds. Il vous faut donc bien du temps, bien des façons pour dire si vous vous convenez mutuellement; du premier coup d'œil cela se sait.

— Et moi je soutiens que votre système est faux, fit Jules. En amourette passe : on se voit, on se convient, on se souhaite; mais dans un cas comme celui-ci, où il s'agit du bonheur ou du malheur de la vie, d'un lien indissoluble, il faut s'étudier, se connaître. Kesy est trop sage, trop sensée pour répondre.

— Kesy est votre second tome, monsieur Delmar; vous êtes tous deux moralistes sentencieux. Il faut que vous étudiiez et connaissiez la quintessence des choses les plus naturelles pour fonder votre opinion, votre jugement.

— Alors vous voulez dire, monsieur Bernard, que nous sommes des gens prudents et sages.

— Et systématiques, reprit M. Bernard.

— Excellent moyen pour éviter les erreurs, dit Léon.

— Ah! oui, s'écria Jules en fixant Léon, les gens sages en commettent quelquefois encore; par exemple une femme vertueuse qui s'attacherait à ce que l'on nomme un mauvais sujet.

Après le déjeuner les deux amis se levèrent pour quitter la salle.

— Pourquoi vous éloignez-vous, messieurs?

— Monsieur Bernard, vous avez à causer en famille, et nous ne voulons pas être importuns.

— Vous importuns! n'êtes-vous pas de la famille? Non, restez; ne partez pas. Nous avons au contraire besoin de vous. Vous connaissez le but de notre réunion, et je souhaite que vous y assistiez. D'ailleurs ce n'est pas une affaire d'état d'arrêter le mariage d'une jeune fille lorsque tout est à peu près d'accord. Sans plus tarder, abordons la question. Kesy, voilà Pierre Richard; il demande ta main. Veux-tu de lui? il a tout ce qu'il faut pour faire un bon mari. Réponds Oui ou Non.

— Monsieur, répondit Kesy d'une voix émue en s'adressant à Richard, votre demande m'honore; mais je ne puis répondre de suite à l'offre que vous daignez m'adresser. Je réclamerai de vous quelques jours de réflexion.

— J'approuve votre prudence, mademoiselle, et je m'y soumets.

— Tu l'obtiendras, mon ami, s'écrie M. Bernard, Kesy est trop sage pour refuser un mari tel que toi.

Puis on alla faire un tour de jardin; et Richard, après un court entretien avec Kesy, prit congé de la compagnie, en invitant les deux amis à venir passer quelques jours à son chalet. Cette proposition convenait à Jules, qui brûlait de revoir les lieux qu'habitait Lesby; et qui, malgré les lettres pressantes de son oncle, ne se sentait pas disposé à quitter la Suisse pour l'Italie. Aussi résolut-il de faire dès le lendemain une course aux bords du lac, afin d'habiter quelque temps les mêmes lieux que Lesby.

— Je vois, dit-il à Léon, que tu es beaucoup mieux. Je demanderai à ton amitié la permission d'aller faire un tour de promenade à cheval; je brûle d'envie de parcourir les environs de cette ville.

— Tu es libre, mon cher. Actuellement que je puis me promener hors de cette chambre, je m'ennuie beaucoup moins; dis-moi de quel côté tu iras.

— N'importe, au hasard; les alentours me sont tous inconnus; de quelque côté que je m'achemine, cela sera toujours nouveau pour moi.

— C'est juste; je te conseille alors de ne pas aller du côté de la route de Zug, que tu connais. Est-ce demain que tu commences le dessin de ton paysage?

— Non, j'attendrai pour cela que tu sois en état de m'accompagner; je me ferais scrupule de m'éloigner si longtemps de toi.

— J'attends alors ce moment avec impatience, car je meurs d'envie de voir ce fameux rocher, cette romantique chapelle, ainsi que ta petite héroïne suisse.

— A laquelle tu rendras hommage, incrédule?

— C'est possible; nous verrons. Dis-moi, quelle espèce de figure a-t-elle? Cherche dans nos connaissances une tête qui puisse m'en donner une idée.

— Franchement, tu en riras si tu veux, mais de toutes les femmes jeunes et jolies que nous connaissons, aucune n'est digne de lui être comparée. La seule qui pourrait à peu près avoir avec elle un léger rapport, en fraîcheur, en grâce, serait Agathe Tricot.

— Agathe! oh! oui! s'écrie Léon avec émotion; elle est bien jolie, et je suis bien coup.....

Léon retint à moitié le mot que lui arrachaient sa conscience et ses souvenirs. Jules n'avait pas assez prêté d'attention à sa phrase pour en deviner le sens et le dernier mot. Il parla encore quelque temps à Léon; mais son ami, livré à ses réflexions, ne lui répondit plus.

XVI. — La seconde Visite. — La Nacelle. — La Déclaration.

— Comment! déjà levé à six heures! En vérité, Jules, tu ne peux nier qu'il n'est que l'amour capable de réveiller si tôt un homme tel que toi,

— Tous les amours font de pareils miracles, et, tu le sais, j'aime la nature. Mais, pense ce que tu voudras; moi, je sais seulement que je ne veux pas être venu ici pour ne voir que les rues d'une petite ville.

La conversation continua. Léon, toujours sceptique, ne voulait croire ni à la soudaine passion de son ami pour les sites agrestes, ni à la vertu tant vantée des heureux habitants des beaux vallons de l'Helvétie. Jules, au contraire, plein d'enthousiasme, était comme tous les amoureux passés et futurs; il voyait tout en beau. Les arbres de la Suisse lui paraissaient plus verts, le ciel plus bleu, l'eau plus limpide que ceux des autres pays, parce qu'il pensait à Lesby, qui était la femme aimée.

C'était un jeune homme dont la tournure et la mise annonçaient un habitant des montagnes.

— Mais, je pars, Léon, tout en causant je laisse écouler les heures. Je vais faire ma tournée, et te promets d'être de retour pour le dîner.

— Va, heureux mortel, cours où le plaisir et l'amour t'appellent.

— Le plaisir si tu veux, mais l'amour pas encore.

— Non, mais bientôt.

Quelques minutes après il galopait sur la route de Zug; et en moins de deux heures son cheval était arrêté devant le chalet de Betty, où après un frugal déjeuner, et après s'être informé de tous ses amis de l'avant-veille, il se disposait à prendre congé, lorsqu'il fut retenu par quelques demandes indiscrètes de la jeune fille : enfin il fut obligé de lui avouer qu'il allait à Saint-Carli, où il voulait faire une visite à M. Richard le fermier.

— Vous le connaissez, sans doute?

— Oui, monsieur.

— Ensuite, saluer le père Binon.

Ici Betty ne peut retenir un sourire.

— De quoi riez-vous, Betty?

— De votre honnêteté envers le père Binon; vous un beau monsieur de Paris, être si poli avec un paysan!

— Croyez-vous qu'un paysan n'a pas autant de droits à ma politesse qu'un citadin?

— Certainement que oui, monsieur, surtout celui-ci, qui a chez lui une si jolie fille. Oh! je vous réponds qu'elle lui a bien attiré des coups de chapeau. C'est dommage que toutes ces grandes salutations des gens de la ville et du pays n'ont servi à rien, et que la demoiselle ne tient aucun compte de toutes ces courbettes.

— Je vous remercie de l'opinion que vous avez de moi en pensant que je ne suis poli que par intérêt. Croyez-vous donc, Betty, que si je voulais faire ma cour à Lesby, je serais tenu à faire des courbettes à son père, ou son tuteur, comme vous voudrez?

— Sur les titres que tu accordes au cher homme, je ne vous contesterai en rien. On ignore ce qu'il lui est, on dit simplement que Lesby lui a été confiée pour être élevée en secret.

— Cette jeune fille est donc depuis longtemps abandonnée de sa famille?

— J'ignore, répond Betty. Tout ce que j'ai entendu dire, c'est que la mère de Lesby mourut peu de temps après lui avoir donné le jour; qu'elle repose dans le cimetière de Saint-Carli, où chaque jour Lesby va prier sur sa tombe.

— Ne vient-il jamais personne rendre visite à Binon?

— Chaque année, dans cette saison, il arrive chez eux une grande dame; elle y reste deux ou trois jours, et repart la nuit.

— Alors le nom de la famille et le rang de Lesby sont un mystère pour tout le monde?

— Comme vous le dites, et personne ne cherche à le connaître, excepté vous, qui me faites babiller à ce sujet.

— Pardon, Betty, c'est que cette jeune fille m'intrigue et m'intéresse au dernier point.

— Surtout n'allez pas, monsieur, en devenir amoureux. Ah! je vous plaindrais sincèrement. Déjà plusieurs jeunes gens ont eu cette faiblesse; ayant été refusés de la fille, les pauvres garçons ont failli en devenir fous.

— Grand Dieu! c'est donc une princesse que cette fille-là, et que prétend-on en faire? Parbleu, je serais curieux d'essayer. Je veux feindre de l'aimer, et savoir ce que Binon répondrait si je la lui demandais pour femme.

— Ah! monsieur Delmar, prenez garde de vous y laisser prendre; car vous auriez le sort des autres. Moi, j'ai idée que l'on veut en faire une religieuse.

— Vous pourriez bien avoir deviné juste, Betty. Convenons que ce serait un grand malheur d'ensevelir dans un cloître une si belle fille, tant de grâces, tant de charmes ne sont pas faits pour languir et mourir dans la solitude, et cette idée que vous venez de me donner me confirme dans le dessein dont je viens de vous faire part.

Kesy se penche sur Léon, respire son haleine et dépose doucement un baiser sur son front.

— Allez, monsieur, et bonne réussite vous souhaite votre servante Betty!

— Au revoir, ma jolie fille!

Notre jeune homme traversa Zug au galop; il aperçut le toit du chalet de Binon, et bientôt il mit pied à terre devant la porte et reconnut un vieillard endormi près d'une jeune fille : c'était Lesby et son père adoptif. Elle le reconnut, et du geste lui fit signe de garder le silence.

— Il souffrait; en ce moment il repose : ménageons son sommeil. Quant à vous, monsieur, soyez le bienvenu sous notre toit. Mon père parle souvent de vous; vous avez gagné son estime. A son réveil, il lui sera agréable de vous revoir; venez, en attendant, vous reposer et vous rafraîchir.

Jules remercia Lesby de son offre. Ils s'assirent tous deux non loin du vieillard ; et causèrent à voix basse.

— J'étais inquiet en arrivant ici, mademoiselle, de ne trouver personne dans le logis. Je craignais que votre père ne fût plus mal.

— Dieu merci ! monsieur, nous n'avons pas ce malheur à déplorer. Ma mère est absente et nos serviteurs sont aux champs ; je suis seule auprès du malade. Malgré notre solitude, demandez tout ce qui peut vous plaire ; je suis prête à vous le servir.

— Je n'ai besoin que du bonheur d'être près de vous, mademoiselle, et de me rendre digne de l'aimable accueil que je reçois en ces lieux. Ah ! combien j'étais loin, en visitant ces montagnes, de m'attendre à rencontrer une personne telle que vous ! Pourquoi, faite pour embellir le monde, ensevelir tant de grâces dans un simple hameau ?

— Ce hameau, monsieur, est le lieu de ma naissance, mon univers, la demeure de mon père, de ma mère adoptive ; j'y suis libre, heureuse, et je souhaite de ne le quitter jamais.

— Je suis loin de désapprouver l'amour que vous portez au berceau de votre enfance ; cependant le quitter jamais est un vœu impuissant à votre âge. Un jour des liens vous en arracheront ; l'époux de votre choix ne voudra pas cacher à tous les yeux le trésor qu'il possédera ; et vous quitterez sans regret ces lieux pour le suivre.

Lesby écoutait en silence les paroles de Jules ; ses yeux étaient baissés vers la terre, une tendre rougeur colorait ses joues, ses doigts effeuillaient une rose, de légers soupirs s'exhalaient de son sein. Jules ne parlait plus ; il la contemplait. Qu'elle lui semblait belle ! Il voulait continuer de parler et cherchait les expressions les plus pures, les plus délicates, et craignait qu'un mot ne vînt ternir l'éclat de la pudeur, dont l'image réelle était peinte à ses yeux. Lesby se taisait aussi : que dire à un jeune homme que l'on connaît à peine ? La froide réserve est là : elle répand autour d'eux la gêne, la contrainte.

Binon se réveille. Lesby quitte Jules, vole près du vieillard, et lui prête son aide pour quitter le bosquet. Jules s'est approché. Il offre son bras pour soutenir la marche du vieux père. Bientôt ils sont tous trois assis dans le salon.

Jules aperçoit un piano ; cela le surprend et le flatte. Lesby est musicienne. Des cartons de dessins couvrent une des tables, à côté, des pinceaux, des palettes ; si la jeune fille possède ces talents, Jules va s'avouer qu'il est amoureux : sentiment qu'il cherche jusqu'ici à se dissimuler. Jules s'approche du piano. Sa main parcourt le clavier ; un air charmant et nouveau frappe les oreilles attentives et charmées de Lesby et de Binon.

— Que cet air est joli ! qu'il me plaît ! dit la jeune fille après l'avoir écouté.

— Je puis, mademoiselle, vous l'offrir, s'il vous semble agréable. Je puis le noter, et serais ravi de vous le voir l'entendre exécuter.

Lesby accepte. Jules demanda pour récompense qu'elle lui en touchât un des siens. Lesby consentit et prit place au piano. Ses jolies mains se promenèrent avec grâce sur l'ivoire, des sons harmonieux se firent entendre. Jules admirait la grâce de Lesby, et ces sons ravissants faisaient pénétrer dans son âme les plus tendres émotions.

Lesby ne jouait plus ; les sons avaient cessé, que Jules, plongé dans un doux ravissement, écoutait encore. La voix de Binon le fit sortir de cette extase.

— Vous exécutez à merveille, mademoiselle ! veuillez en recevoir mon sincère compliment.

Lesby, d'un salut et d'un sourire gracieux, remercia Jules de sa galanterie. La conversation roula sur les arts, ils parlèrent peinture. Lesby possédait ce talent et consulta la jeune homme sur ses faibles essais, que ce dernier trouva admirables.

Madame Binon fut de retour pour l'heure du dîner. Jules fut invité au repas, ensuite à une promenade sur le lac. Lesby et lui se rendirent sur ses bords. Une barque fut détachée, et bientôt Jules voguait seul avec sa gentille batelière. Lorsqu'ils furent au large, Lesby quitta les rames inutiles. Un léger zéphyr ridait à peine les eaux. L'air était pur et calme. Le soleil éclairait lentement les montagnes du Ruffi et les rochers escarpés du Kaiser. De loin en loin on entendait les cris et les chants des bergers. Que cette campagne était belle en ce moment ! Combien ce magnifique spectacle, ce silence imposant, la présence d'une fille de seize ans, portaient dans l'âme de Jules de tendres et délicieuses émotions ! Quittant la place qu'il occupait en face de Lesby, il vint se placer près d'elle. La barque flottait au caprice des vents. Lesby, timide autant que belle, gardait un modeste silence. Jules l'admirait, penché sur elle : il puisait l'amour en dévorant de ses regards ses formes voluptueuses. Sa passion surmonte sa timidité ; il va parler, exprimer son amour. Il n'est plus maître de sa raison, sa main saisit celle de Lesby et la presse. Lesby ne retire point sa main, mais elle rougit.

— Lesby ! quel heureux moment que celui que je passe près de vous ! Ah ! je doute d'en retrouver jamais un si délicieux. Lesby, dans ces solitudes j'ai apporté un cœur tendre, sensible, exempt des peines de l'amour. Voyez combien je vais être à plaindre, puisqu'en cherchant le calme dans ces montagnes, je viens d'y perdre le repos de mon âme, et que je vais en emporter le tourment d'un amour sans espoir ! Vous baissez la paupière ! vous gardez le silence ! Ah ! Lesby !

— L'amour, monsieur, est inconnu, interdit même à mon cœur ; je ne dois pas aimer, non, je ne le dois pas, pourquoi ferais-je endurer ce tourment à mon âme ? Je vous plaindrais beaucoup si votre langage est sincère, Lesby ne pourrait vous payer de retour.

— S'il est sincère ? pouvez-vous ainsi douter de la puissance de vos charmes ! Oui, Lesby, l'amour que vous m'inspirez est vrai. Dès l'instant où je vous apparus, votre présence décida du sort de ma vie ; prononcez ! dois-je, en vous faisant partager ma passion, être le plus fortuné des hommes, ou le plus malheureux ? Vous ne répondez pas ! que je suis à plaindre ! Lesby, un mot ! un mot de votre bouche ! ah ! je vous en supplie ! ou je meurs à vos pieds !

— Relevez-vous, monsieur, répond Lesby avec les marques de la plus vive émotion, vous abusez de la confiance que j'avais en vous. Regagnons le rivage, là je vous répondrai comme il m'est permis.

— Moi, abuser de votre confiance ! de ce qu'en ce moment vous êtes près de moi sans défense ! Oh non ! connaissez mieux mon cœur ; il n'a pu contenir l'amour dont il s'est rempli. Est-ce un si grand crime ? Calmez vos craintes ! Voyez, Lesby, je suis plus tremblant que vous !

Un regret se glisse dans le cœur de la jeune fille, son regard se lève sur Delmar : il est à ses genoux, pâle, tremblant, suppliant ; elle l'engage à se relever en lui donnant la main, et l'attire à ses côtés.

— Vous me causez bien du chagrin, monsieur, par ce que vous venez de m'apprendre. Qu'exigez-vous de moi ? Je vous le dis, il ne m'est pas permis d'aimer. Si ce malheur m'arrivait, je serais bien à plaindre, parce que l'ami de mon choix ne pourrait être mon époux. Depuis mon enfance celui auquel je dois appartenir est choisi par ma famille, et rien ne pourrait rompre cet hymen. Jugez si je puis me livrer à un sentiment qui ne serait jamais couronné d'une union désirée.

— Que venez-vous m'apprendre ? on enchaîne votre cœur, votre vie entière ! Voilà bien les familles ! au berceau elles disposent de nous, règlent notre destinée sur leurs caprices. Croyez-moi, Lesby, ne tenez aucun compte de cette loi tyrannique ! Aimez ! Ne vous privez point d'un bonheur que rarement l'époux qu'on vous impose vous fait partager ; aimez, et l'amour vous protégera. Lesby, je vous en supplie ! écoutez mes serments ! les serments d'un amant qui vous adore, qu'un refus conduirait à la mort ! Lesby ! Lesby ! écoutez ma prière ! je vous consacre ma vie, mon existence entière !

Jules transporté presse, supplie, conjure, et attendrit. Lesby presque vaincue reçoit ses serments. Jules apprend qu'il a perdu dans le cœur de la jeune fille une douce atteinte. Heureux amant ! il en reçoit l'aveu ; désormais alors moins de contrainte entre le jeune couple.

Les heures s'écoulent promptement lorsqu'on les passe à parler d'amour à la femme aimée, lorsque chaque parole est un serment, lorsque les cœurs et les yeux se mêlent à la voix pour chanter l'hymne sacré, dont les baisers marquent la mesure. Aussi, la nuit commençait à envelopper la vallée de son noir manteau quand Jules et Lesby rentrèrent au chalet.

— Y pensez-vous, monsieur Delmar ? vouloir partir ce soir, la route est trop longue, lui dit madame Binon ; vous passeriez une mauvaise et triste nuit à voyager seul ; restez encore avec nous ; et si demain vous voulez nous quitter, vous serez libre de profiter du jour.

Jules se rendit à cette offre, le plaisir de rester près de Lesby, de passer la nuit sous le même toit, était pour lui le comble de la félicité. La soirée s'écoula en conversations jusqu'à l'heure du repos, que Jules ne put goûter.

— Concevez-vous, Kesy, cette longue absence ? voilà trois jours qu'il est parti. Que lui est-il arrivé ? En vérité il faut qu'il soit mort ou amoureux, l'un des deux.

— Nous sommes tous très-inquiets ; mon frère veut absolument partir à sa recherche. Germain est revenu de Saint-Carli hier très-tard. Il assure que personne ne l'a vu ; qu'il n'a pas paru dans le village ni chez M. Richard. C'est bien mal à lui de nous donner autant d'inquiétude, lui si sage, si raisonnable ordinairement.

— Oh ! ne vous fiez pas à ces doucets-là ! ils font des sottises tout comme les autres, et je parierais que Jules oublie ses amis en ce moment pour un cotillon qui lui aura tourné la tête. Ce garçon-là me fait trembler chaque fois que le mal d'amour lui prend.

— Vous plaisantez, monsieur Saint-Eldé, je ne peux croire que cela arrive plusieurs fois ; quand on aime, cela doit être pour la vie.

— Pourquoi, Kesy ? Quand on n'aime plus une femme, soit parce qu'elle n'est pas ce qu'on croyait avant de bien la connaître, ou qu'elle vous trompe, il est tout naturel de changer, de s'attacher à une autre.

— Oui, quand on a cru l'aimer, que l'on s'est trompé ; alors elle devient victime de votre méprise, et l'amour qu'elle a conçu pour vous devient par votre abandon le malheur de sa vie.

— Ma chère Kesy, si vous aimiez d'amour, je vous plaindrais de n'être pas payée de retour ; vous pensez comme Jules ; vous sacrifieriez, j'en suis certain, jusqu'à votre vie pour celui que votre cœur aurait choisi.

— Oui, mon avenir serait voué aux larmes, s'il ne m'aimait pas.

— Qu'avez-vous donc, Kesy ? vous pleurez. Kesy, confiez-moi le sujet de votre chagrin. Aimeriez-vous une autre personne que Richard ? Parlez, dites-moi votre secret. Si des obstacles s'opposaient à votre bonheur, nous les aplanirions : notre amitié, notre fortune nous répondraient du succès.

— Merci, monsieur Saint-Elde, pardonnez-moi de vous montrer un visage en pleurs. Je suis heureuse, très-heureuse; pourtant je pleure, et je vais me marier : je vais près d'un époux recommencer une nouvelle vie, et mériter l'honneur qu'il me fait, ainsi que son estime.

— On dirait, Kesy, à vous entendre, que ce passé que vous voulez oublier fut pour vous témoin de quelque faute; non, ne l'oubliez pas; il doit au contraire être par son souvenir la récompense de vos vertus; moi-même j'aurais à craindre que Kesy oubliât les droits qu'elle a acquis à notre amitié, à notre reconnaissance.

— Vous oublier, oh non, jamais!

— Jamais nous ne vous oublierons. Nous allons bientôt vous quitter pour longtemps, sans doute; mais, quoique absente, vous serez toujours présente à notre pensée. Un jour nous reviendrons vous voir, vous embrasser, embrasser vos enfants. Oui, nous reviendrons exprès pour vous, Kesy.

— Voilà, monsieur, des paroles de bonheur dont j'avais grand besoin.

— Quoi, mon amie! serait-ce l'idée de nous séparer qui vous fait tant de peine?

— Ah! monsieur, pourriez-vous en douter? maintenant je suis moins chagrine, je vous reverrai encore avant de mourir. Quoique loin, vous ne serez pas perdu pour moi. Je pourrai dans mon cœur nourrir l'espoir de vous revoir. Cette pensée sera ma plus douce consolation.

— Oui, Kesy, recevez l'assurance de la promesse que je vous fais aujourd'hui. Croyez que ce sera un doux moment pour mon ami et pour moi.

— Vous vous marierez peut-être bientôt?

— Le plus tôt possible, à mon retour, si la femme que j'aime ne m'a pas oublié.

— Vous oublier! ah! je sens là dans mon cœur que cela est impossible. Oh! que je souffre!... O mon Dieu, ayez pitié de moi.

— Ciel! Kesy! qu'avez-vous? revenez à vous...

Kesy, pâle, défigurée, vient de succomber; ses genoux ont fléchi, et son corps couvre la terre. Léon, effrayé, hors de lui, s'empresse de la relever; il appelle du secours; bientôt à sa voix accourent M. et madame Bernard; ils s'informent, en prodiguant leurs secours, de la cause de cet événement. Léon ne sait lui-même à quoi l'attribuer ou plutôt n'ose l'approfondir, il craint trop de l'avoir devinée.

Enfermé dans sa chambre, le jeune homme se livrait à de pénibles réflexions et soulevait même lui le voile qui jusqu'alors lui avait dérobé le motif de la mélancolie de Kesy. Depuis longtemps il était plongé dans ses méditations, lorsqu'il entendit frapper à sa porte, il ouvrit : c'était Jules.

— Ah! c'est fort heureux! Veux-tu me faire l'amitié de me dire d'où tu viens?

— C'est aisé, mon cher, mais après que tu m'auras donné des nouvelles de ta santé, que je crois retrouver encore meilleure qu'à mon départ.

— Comme tu le dis; je me ressuscite de mieux en mieux, et j'espère dorénavant ne plus garder la chambre lorsqu'il plaira à monsieur d'aller faire ses caravanes. Allons, parle, d'où viens-tu? qu'as-tu fait?

— Je viens d'herboriser à Saint-Carli; ce pays, ces montagnes sont véritablement le seul endroit convenable pour cette sorte d'étude; on y trouve réuni l'assemblage de toutes les plantes de l'Europe; il semble que la végétation du nord et celle du midi s'y soient donné rendez-vous.

— Voilà qui est singulier! je ne te connaissais pas de goût pour ce genre d'étude; je t'en fais mon compliment, elle te sera utile si jamais tu devenais apothicaire, ou pharmacien, le mot est plus noble. Tu auras trouvé quelques simples qui t'auront retenu et charmé. Je pense que tu ne dois pas être resté seul à étudier : avec qui étais-tu?

— Avec un ange.

— Sans doute, mon cher Jules, que c'est à cette perfection que tu dois ton goût pour la botanique. Il doit être si doux de gravir les monts, de parcourir les bois avec un gentil minois!

— Oui, mon ami, c'est avec elle, auprès d'elle, que je viens de passer ce siècle de délices. Pardonne à l'amour d'avoir oublié l'amitié. Ah! mon cher! si tu la voyais, que de charmes, de grâces! Je l'aime, Léon, je suis aimé, j'en ai reçu l'aveu; viens avec moi, viens voir de tes propres yeux s'il m'était possible de résister à tant d'attraits. Partons, quoique instant que je passe loin d'elle me fait mourir à petit feu.

— Diable! l'ami, voilà du beau que vous m'apprenez là! et que va dire l'oncle, et que fera-t-il de sa Marietta?

— Mon oncle et Marietta diront et penseront ce qu'il leur plaira; désormais, je ne puis plus vivre sans ma Lesby.

— Tu ne penses donc pas à la folie que tu fais en ce moment? Jules, réfléchis, ne fais pas d'imprudence, et pour une petite villageoise ne va pas détruire ton avenir en te brouillant avec ton oncle.

— Je te permets de moraliser à ton tour; mais lorsque tu auras vu ma Lesby, tu m'approuveras.

— Moi, qui ne suis ni amoureux ni botaniste, je ne me soucie aucunement de faire cinq lieues pour ma première sortie, surtout à cette heure. La nuit nous prendrait à mi-chemin; remettons la partie à

demain, nous prendrons notre voiture et ferons doucement et mollement le trajet, de plus l'amour n'exclut pas l'honnêteté, nous sommes chez des amis, et tu leur dois quelques instants à ton retour.

— Je me suis excusé auprès d'eux, ils me donnent liberté complète. M. Bernard lui-même vient avec nous; le mariage de Kesy lui nécessite un voyage à Saint-Carli. Tu vois, Léon, qu'il ne dépend plus que de toi de hâter l'heureux moment qui doit me réunir à Lesby.

— Quel enthousiasme! à peine quelques heures se sont écoulées depuis que tu es séparé d'elle, que déjà tu brûles de la revoir. Demain, je me rends à ton impatience : va, profite, du peu d'instants qui te restent, hâtons-nous de nous rendre sous le beau ciel de l'Italie, où nous attendent la fortune et l'amour.

— Je ne crois plus, mon ami, qu'il soit utile d'aller si loin les chercher : la fortune, je la possède en France, et l'amour est ici.

XVII. — Les nouvelles Visites. — Le Rendez-vous nocturne.

Le jour venait à peine d'éclore que déjà Jules, le plus matinal et le plus empressé de se mettre en route, étant entré chez son ami, le conjurait de quitter le lit et de hâter sa toilette; ensuite courant frapper à la porte de M. Bernard, Jules réitéra les mêmes invitations.

Les chevaux étaient attelés et n'attendaient pour partir que le signal de Germain, qui cette fois devait servir de cocher; en moins d'une heure M. Bernard et les deux amis étaient en route.

Léon, quoique moins amateur de la nature, ne pouvait s'empêcher d'éprouver une douce émotion à la vue de ces délicieuses campagnes. Le temps était superbe, et promettait une belle journée; l'air pur permettait aux yeux de découvrir la cime des hautes montagnes du pays. Jules les indiquait et les nommait à Léon.

La voiture s'arrêta à la porte du chalet de Betty; les trois voyageurs descendirent et demandèrent à grands cris un bon déjeuner, que l'air du matin avait rendu nécessaire. En attendant qu'il fût prêt, ces messieurs, pour délasser leurs jambes engourdies, se rendirent dans le jardin. Betty les accompagnait et les écoutait, en marchant près d'eux, les compliments que Léon lui adressait sur sa gentillesse. La jeune fille souriait à ce beau langage, et d'un petit balancement de tête annonçait son peu de foi aux paroles doucereuses que Léon lui débitait.

Bientôt le repas étant servi, on fut se mettre à table. Léon ne quittait pas les yeux de dessus Betty; chaque fois qu'elle passait près de lui, elle en recevait quelques-uns de ces mots flatteurs qui plaisent tant à une jeune fille de dix-sept ans.

Le déjeuner étant fini, les trois voyageurs se disposaient à remonter en voiture, lorsque Betty, qui s'était absentée, reparut dans la salle parée de son costume de fête et tenant un petit panier au bras.

— Où va donc notre jolie hôtesse? demanda Léon.

— A Saint-Carli, monsieur, répond la jeune fille, passer, avec la permission de ma mère, quelques jours chez ma parente.

— Partez-vous de suite, Betty?

— Oui, monsieur Delmar.

— Alors, ma chère petite, vous voudrez bien profiter de notre voiture, nous ferons route ensemble!

— Merci, messieurs, vous êtes trop bons, je n'oserais accepter.

— Nous vous en supplions, ne faites pas l'enfant! allons! vite, montez la première, et partons!

Betty, presque enlevée de force par Léon, se trouva en une minute installée dans la calèche. Ces messieurs prirent place à côté d'elle, et bientôt ils s'éloignèrent au grand galop. Arrivés à Saint-Carli, Betty remercia ses obligeants compagnons de voyage.

— Messieurs, dit-elle avant de les quitter, j'espère que vous daignerez nous procurer le plaisir de nous visiter quelquefois pendant votre séjour au hameau!

— Oui, très-certainement, ma belle petite, répond Léon, je vous demande la permission d'user souvent de l'offre que vous avez l'obligeance de nous faire.

Peu après la calèche entrait dans la cour d'une des plus belles fermes de Saint-Carli, où les voyageurs recevaient de Richard l'accueil le plus cordial.

— Vous voyez, lui dit Jules en l'abordant, que nous profitons de votre invitation. Mon ami et moi venons respirer l'air pur de votre pays, et vous demander l'hospitalité.

— Soyez tous deux les bienvenus, mon chalet est à votre disposition, je réclame seulement votre indulgence pour le ménage d'un garçon.

— Dans lequel nous introduirons incessamment une bonne ménagère; car, mon garçon, je viens ici pour arrêter le jour des épousailles, je voudrais déjà cette affaire fût terminée.

— Cela ne dépend que de vous, monsieur Bernard; quant à moi, je suis tout prêt et point assez maladroit pour reculer volontairement l'instant le plus heureux de ma vie.

Après quelques heures de repos, Jules et Léon furent visiter la ferme de Richard, admirèrent sa beauté, et sa position agréable près des bords du lac. Ils dirigèrent ensuite leurs pas du côté de la demeure de Lesby, dans laquelle Jules, depuis son arrivée, était impatient de se rendre.

— Tiens, regarde, Léon! vois de l'autre côté de ce bassin, ce rocher escarpé. Eh bien! mon ami, c'est là que la première fois j'eus le bonheur de lui parler et d'entendre les sons de sa voix. Voilà la vallée que l'eau couvrait entièrement, et sur laquelle je traînais ma légère nacelle; et ce beau lac que tu vois à tes pieds a été témoin de nos amours, de nos serments.

— Pressons le pas, Jules, hâtons-nous d'aller admirer cette femme si jolie; du moins lorsque je la connaîtrai, je goûterai beaucoup mieux tes discours amoureux.

— Nous y voici : tiens, regarde cette maison ombragée par ces arbres; c'est là qu'elle habite, tu vas envier mon bonheur.

Sur un banc couvert d'un épais feuillage devant la demeure que Jules vient d'indiquer, est assise une jeune fille. Elle est vêtue d'une robe blanche, ses beaux cheveux blonds sont ornés de fleurs naturelles. La jeune fille tient un crayon, elle dessine, sa main suspend son ouvrage. Elle sourit, son cœur palpite de plaisir, Lesby a reconnu Jules; elle se lève, reçoit les deux amis. Quelle est belle! se dit Léon; jamais rien de si charmant ne s'est offert à ma vue. Que de grâce, de modestie! quel délicieux sourire! Léon, enthousiasmé, saisit la main de Jules :

— Oui, oui, lui dit-il, tu as raison, je t'approuve, adore-la toute la vie, sacrifie tout pour elle.

Lesby, confuse, baisse les yeux, rougit. Jules presse sa main et la couvre de baisers.

— Lesby, je vous revois, que de tourments j'éprouverais s'il fallait m'éloigner longtemps de vous! Que j'avais hâte de revenir! Ah! Lesby, ma vie s'éteindrait, je le sens, si je vous perdais un jour. Ah! ma Lesby, l'ami témoin de ce moment rend comme moi hommage à vos charmes. Il connaît aussi l'amour.

— En approuvant dans mon ami, dit Léon, un choix aussi flatteur, je me plais à lui rendre les éloges qu'il mérite. Oui, mademoiselle, aimez-le, il en est digne par ses qualités estimables, et je puis répondre qu'en unissant vos cœurs, jamais amants n'auront été mieux assortis.

Madame Binon vint interrompre nos trois jeunes gens. Sa joie fut grande en voyant Jules de retour, elle fit aussitôt prévenir son époux. Le vieillard vint prendre place sous la feuillée; des rafraîchissements furent apportés, l'on s'entretint jusqu'à l'heure du repas, que les deux jeunes gens refusèrent d'accepter étant forcés d'accepter celui de Richard, chez lequel ils se rendirent en promettant de revenir le plus tôt possible.

— Que dis-tu de ma Lesby? que me conseilles-tu de faire maintenant? demandait Jules à Léon en regagnant la ferme.

— Ne me consulte pas, répond l'ami, car si je te conseillais de faire ce que je ferais à ta place, tu ne commettrais que des extravagances.

— Mais encore, Léon, parle, je t'en prie, que ferais-tu étant aimé d'une aussi charmante créature, et que ta famille et la sienne voulussent disposer d'elle, et que toi en faveur d'une autre femme, et d'elle d'un autre que toi?

— Alors je perdrais la tête, s'il faut le dire, j'enlèverais ma maîtresse, je la conduirais en pays étranger, je l'épouserais, après je reviendrais demander le consentement des papas et des mamans.

— Diable! c'est un moyen bien violent, tu tranches lestement les difficultés.

— D'accord, mais aussi c'est le plus sûr, le moins long, qui me dégagerait tout de suite de la crainte d'un refus des familles. Il y en a bien encore un autre, celui de tuer son rival lorsqu'on le connaît, et de mettre la fille en certaine position dans laquelle on ne peut plus vous la refuser : mais ce sont de ces moyens auxquels on ne descend qu'à la dernière extrémité; aussi je ne te conseille que le premier, sans cela Lesby te sera ravie et ton oncle te mariera, bon gré, mal gré, avec Marietta.

— Ce moyen me répugne; enlever une jeune fille! si je la demandais à Binon, il m'instruirait de ce qu'elle est, de sa famille et de ce que je puis espérer; car jusqu'ici j'ignore quelle est la naissance de Lesby; elle garde et m'impose le silence chaque fois que je lui en parle, et même, comme cela l'afflige, elle m'a prié de ne jamais lui adresser aucune question à ce sujet.

— Alors, mon cher ami, ceci cache quelque chose qui gâtera tes amours si tu ne suis la marche que je te trace. Cette jeune fille est promise en mariage, l'âge est arrivé d'accomplir cette promesse; au moment où tu y penseras le moins, ta maîtresse te sera enlevée. Crois-moi, suis mon conseil; tu l'aimes, tu en es aimé, alors, mon cher, que ton amour emploie tout pour arracher ce secret; presse, supplie, n'épargne rien; une fois que tu connaîtras ce que tu désires, tu verras ce que tu dois redouter; et si le danger est réel, alors ta chaise de poste sera toute prête pour déjouer les plans de sa famille.

— Cependant, Léon, si Lesby persiste à se taire?

— Mon ami, une femme de seize ans qui aime bien ne garde pas de secrets envers son amant. Si tu veux, ce soir tu sauras tout, et même il faut que ce soit le plus tôt possible.

— Léon, mon ami, aide-moi, je t'en supplie! Je sens la justesse de tes conseils, et je crains de ne pas avoir, comme tu le dis, assez de force pour lui arracher son secret.

— Mon cher, calme d'abord tes scrupules, tu ne dois pas en avoir

en cette circonstance; donner à une femme qui vous aime un nom et de la fortune, je trouve que c'est agir noblement. Il n'y aura dans tout cela que les parents qui feront la grimace et qui s'attendriront après.

Qu'il est heureux que je vienne ainsi à ton aide! sans cela tu aurais soupiré paisiblement, puis ton bonheur, un beau jour, se serait écroulé au moment où tu te serais cru au comble de la félicité la plus parfaite.

Les amis arrivèrent chez le fermier. Une société composée des notables de l'endroit, parmi lesquels étaient Betty et ses parents; un repas excellent, la gaieté et la franchise, voilà ce qui attendait Jules et Léon. A leur arrivée on se mit à table. Léon, enchanté de la présence de Betty, s'était placé près d'elle, et s'occupait assidûment de lui conter fleurette.

Après le repas on quitta la table, on se dispersa dans les jardins, dans les prairies. Léon et Betty se promenaient tous deux. Le jeune homme avait attiré la jeune fille à l'écart et lui parlait d'amourette. Betty, fille sage et spirituelle, riait de l'amour de Léon, et n'était pas si simple d'y ajouter foi. Cependant ce gentil et doucereux langage d'un monsieur de la ville sonnait agréablement à son oreille, et lui faisait faire serment en elle-même de ne donner son cœur qu'au garçon qui roucoulerait aussi agréablement que celui qu'elle écoutait en ce moment.

— Comment! cruelle! disait Léon, vous refusez à mon cœur une si douce faveur! Betty, je vous en prie, ne repoussez pas ma demande! ce soir, à la nuit, daignez m'entendre! daignez vous rendre à ma prière!

— Y pensez-vous, monsieur! que dirait-on de moi dans le canton si l'on découvrait que je me suis entretenue la nuit seule avec vous? Oh! non, je ne puis vraiment vous promettre ce que vous me demandez là! Qu'avez-vous donc à me dire de si important pour exiger de moi une entrevue nocturne?

— Vous voir, ma belle amie, vous peindre l'amour que vos beaux yeux m'inspirent!

— Mais, monsieur, ce serait toujours la même chose, depuis que j'ai le plaisir de vous connaître, vous n'avez cessé de me le dire.

— Allons! Betty, vous consentez? ce soir, n'est-ce pas?

— Non, monsieur.

— Betty, vous n'aurez pas la cruauté de me refuser, de me faire languir. Ce soir, je me rendrai à dix heures, lorsque tout sera tranquille dans le village, sous les fenêtres de votre chambre; vous descendrez, Betty, dites que oui, je vous en conjure!

— Vous avez donc bien des choses à me conter?

— Infiniment! ma belle amie.

— Votre intention est de me parler cette nuit, et vous ne demandez que cela?

— Oui, Betty, que je puisse passer quelques instants à vous entretenir, voilà mon ambition.

— Monsieur, vous n'êtes pas raisonnable; encore convalescent et vouloir veiller la nuit!… Je ne veux pas vous refuser ce que vous demandez si gentiment, je descendrai, je vous le promets, à condition que nous ne causerons pas longtemps.

— Autant que vous plaira, Betty, vous serez la maîtresse de limiter la durée de notre tête-à-tête.

— Alors, monsieur, à ce soir.

— Adieu, Betty, à ce soir!

La jeune fille s'éloigna en souriant malignement. Léon, enchanté de sa promesse, retourna gaiement rejoindre la société de la ferme.

Jules, en ce moment, regagnait la demeure de Lesby; il marchait rêvant à son amour, aux conseils que lui donnait Léon. Il cheminait enfoncé dans ses réflexions, lorsqu'il se sentit inonder d'une pluie de fleurs; il lève la tête, qu'aperçoit-il? Lesby sur le haut d'un rocher souriant à sa surprise. Jules s'empresse de franchir l'espace qui le sépare de la jolie arroseuse : il est sur le rocher; mais Lesby, légère comme une gazelle, a sauté sur un autre, puis, continuant ce manège à mesure que s'approche son amant, elle gagne dans les rochers un asile inabordable à celui qui n'a pas, comme elle, l'habitude de gravir ces endroits escarpés. Enfin la jeune fille se laisse atteindre.

— Dites-moi, Lesby, comment dois-je me venger de vos espiègleries? croyez-vous que cent, que mille baisers seront assez pour vous acquitter envers moi?

En demandant cet avis, Jules se payait avec usure; tenant Lesby dans ses bras amoureux, ces deux sur le roc solitaire, les deux amants se livraient à toute l'ardeur de leur amour.

— Lesby! Lesby! disait-il, je t'idolâtre! pour la vie!

— Toi aussi, Jules, pour la vie! ou la mort de la pauvre Lesby serait certaine et prompte.

— Lesby, ma tendre amie! quand donc seras-tu mon épouse chérie? quand donc ce jour fortuné naîtra-t-il pour moi?

— Hélas! mon ami, je crains bien des obstacles, j'entrevois bien des pleurs avant ce doux moment.

— Calme-toi, ma Lesby; qui donc aurait la barbarie de séparer d'aussi tendres amants? Lesby, pour éloigner tes craintes cela ne dépend que de toi, un mot de ta bouche vaincrait toutes les entraves qu'on voudrait opposer à notre union. Tu es orpheline, le don de ta main ne dépend que de Binon, lui seul est toute ta famille, il t'aime, il veut ton bonheur; pourrait-il mieux l'obtenir qu'en m'unissant à toi? Oui, Lesby, demain je lui en ferai la demande, j'espère qu'il ne la repoussera pas...... Mais qu'as-tu donc? des larmes s'échappent de ta paupière; craindrais-tu qu'il me la refusât? parle, je t'en conjure.

— Il m'aime, Jules, il m'aime comme sa fille; pourrais-tu douter qu'il me donnât à toi quand il saurait combien tu me chéris! mais, hélas! il n'en a pas le pouvoir!

— Quoi! d'autres que lui sont maîtres de ta destinée? Ah! Lesby, tu me caches un mystère, tu ne m'accordes pas toute la confiance que mon amour exige de toi. Dis-moi, ces autres, qui sont-ils? où sont-ils? toi-même qui es-tu? Confie à ton époux, ton ami, les secrets de ton cœur.

— Je ne le puis, Jules, ne me questionne pas; il m'est défendu de jamais dévoiler le mystère qui m'environne.

— Ils t'avaient aussi défendu d'aimer; non contents d'enchaîner tes paroles, ils ont encore voulu enchaîner ton cœur. Quels sont donc ces tyrans? quel avenir te destinent-ils? parle, Lesby, parle au nom de notre amour! Est-ce ton père, tes parents qui t'imposent ces lois? confie ce secret à ton amant: il doit être aussi le sien, puisque nous n'avons à nous deux et qu'un cœur et qu'une âme. Lesby, si tu persistes à te taire, adieu union, bonheur. Au moment où nous nous y attendrons le moins, ils viendront briser notre liaison, te ravir à mon amour, te séparer de moi; notre désespoir sera grand alors, et tu en seras la seule cause, puisqu'en refusant de m'instruire tu ne m'auras pas permis de prévenir ce malheur.

— Ah! mon cher Jules, ne m'accable pas; puis-je te dire un secret qui ne m'appartient pas, qui est à une femme que je dois chérir? Oui, mon ami, malgré l'amour que j'ai pour toi, je ne puis t'instruire; plus tard j'en obtiendrai sans doute la permission, alors je n'aurai plus rien de caché pour mon ami.

— Une femme! d'où vient donc l'empire qu'elle possède sur toi! ce n'est pas ta mère, le sort te l'a ravie bien jeune.

— Jules, je puis te dire un mot; mais il sera le seul que ma bouche te prononcera sur ce sujet: cette femme, dont je dépends, que j'aime, c'est ma grand'mère.

— Ta grand'mère! dis-moi, de grâce, habite-t-elle ce pays? où est-elle? instruis-moi, Lesby, laisse-moi aller me jeter à ses pieds, lui demander le droit d'être ton époux.

— Bientôt elle viendra dans ce canton, je lui ouvrirai mon cœur, je parlerai de ta bonté, des qualités qui m'ont séduite en toi, elle apprendra de ma bouche que Lesby ne peut plus vivre sans Delmar; elle est bonne, elle est sensible, elle comblera mes vœux et renoncera au projet de m'unir à celui qu'elle me destine.

— Combien tes dernières paroles réveillent en moi d'inquiétudes, et combien les vertus accordent de bienveillance aux autres! Mais si ta mère refuse ta prière, si elle te forçait à m'oublier, et si, t'entraînant loin de ces lieux, elle allait, par ces tristes rigueurs, devenir la cause de ma mort! Oh! Lesby, si tu m'aimes, si je te suis cher, que mon bonheur soit ton ouvrage; viens, suis ton amant, confie-toi à mon cœur, à ma probité; fuyons de ces lieux, courons nous unir dans un autre pays; plus tard nous reviendrons implorer notre pardon aux pieds de ton aïeule.

— Jules, Jules, si mon amour pour toi n'était pas fort que ma raison, je te fuirais pour la vie en écoutant de pareilles propositions; laisse-moi, ne me retiens pas, je veux retourner près de mon vieux père, puiser des forces nouvelles pour résister à ces coupables demandes.

— Ah! Lesby, je le vois, tu ne m'aimes pas; ton amour pour moi est calme, paisible, tu ne redoutes pas les atteintes cruelles dont il est menacé, lorsque l'idée de te perdre un seul jour me ferait braver tout au monde. Lesby, regarde-moi, de grâce. Lesby, tu veux donc me fuir? reviens alors demain sur ce rocher, tu m'y trouveras encore, mais j'aurai cessé de vivre.

— Soyez sage au moins, et ne me faites plus de peine en ne me conseillant de devenir coupable, et de payer les bienfaits de ma mère de la plus noire ingratitude.

— Ces bienfaits exigent donc le sacrifice de tout ce que tu aimes! Cruelle, ce que j'implore à tes pieds, cette preuve de ton amitié que tu me refuses avec tant de rigueur, je te l'ai donnée; moi ainsi je suis orphelin, mon bienfaiteur, mon oncle, m'offre une union honorable, il m'attendait pour la conclure. Du moment que je te vis, tu changeas tout mon être; j'ai oublié pour toi parents, mariage, fortune, tout enfin pour ne plus vivre que pour Lesby.

— Ingrat, tu m'accuses de ne point t'aimer! quelle preuve en veux-tu donc? Demande tout, hors l'honneur.

— Lesby, il est ton plus bel ornement; loin de moi la pensée de le flétrir. Ce n'est point un crime que j'implore, c'est ta main, la possession de tout ce que j'adore en ce monde.

— Jules, attends, attends encore, et si un jour l'orage nous menaçait, crois bien que la Lesby se montrera sage pour Lesby.

Il faisait nuit lorsque nos deux amants quittèrent le rocher et retournèrent lentement au chalet.

Un homme se promenait lentement devant un autre chalet; depuis une heure entière il parcourait le même espace, donnant d'instant en instant quelques signes d'impatience en levant les yeux sur les fenêtres.

Lassé de ne rien voir paraître et de n'entendre aucun bruit, il recommençait sa promenade en manifestant son mécontentement.

— Ah! Betty, Betty, disait-il, vous m'aviez pourtant promis d'être exacte, et vous oubliez votre parole. Si vous m'avez trompé, foi de Léon, je me vengerai de vous: il serait plaisant qu'une petite villageoise se jouât ainsi de moi!

Léon recommence le tour du chalet. En passant près de la charmille qui entoure le jardin, son oreille est frappée d'un bruit semblable à celui d'une personne se glissant dans le feuillage; il s'arrête, il écoute attentivement, il ouvre les yeux afin de percer l'obscurité et d'apercevoir la cause du bruit qu'il vient d'entendre.

— Est-ce vous? dit une voix doucette que Léon croit reconnaître.

— Oui, répond-il: où êtes-vous? venez à moi, chère amie, ne craignez rien.

— Non, je m'en garderais bien; rendez-vous près de la porte de la bergerie, elle est à claire-voie, et là il nous sera facile de nous parler.

— Pourquoi près de cette porte, chère Betty! ici, sur ce gazon, nous serions si bien pour causer ensemble?

Pas de réponse. Léon se décide à se rendre à l'endroit indiqué, il tourne le chalet et se trouve bientôt à la bergerie.

— Arrivez donc, monsieur; que vous vous faites attendre!

— Betty, c'est vous qui méritez ce reproche: voilà plus d'une grande heure que je suis au rendez-vous. Mais, ma chère amie, pourquoi rester derrière cette porte? pourquoi mettre entre nous cette barrière? Venez, Betty, venez près de moi; j'ai tant de choses à vous dire!

— Non, monsieur, non, je ne sortirai point d'ici.

— Alors laissez-moi entrer avec vous.

— Encore bien moins; voyons, que me voulez-vous?

— Ce que je veux, Betty, c'est qu'un peu d'amour paye de retour celui que je ressens pour vous.

— A d'autres, monsieur Saint-Elde! quoique villageoise, je ne suis pas si simple d'ajouter foi à de pareils discours. Vous, amoureux d'une petite campagnarde! oh! non, je ne vous crois pas.

— Voulez-vous donc me désespérer en n'ayant confiance ni dans mes paroles ni dans mes actions? Oui, je vous aime! n'êtes-vous pas assez jolie pour tourner la tête à un pauvre mortel? Si vous voulez une preuve de ce que j'avance, passez votre charmant minois à travers ces odieux barreaux, et je vais, par un million de baisers, vous en donner l'assurance.

— Cela, monsieur, ne me persuaderait pas: des baisers se donnent aussi bien par caprice que par amour.

— Betty, je vous en supplie, sortez, venez près de moi, venez entendre les serments d'un homme qui vous chérira éternellement! Ah! si vous connaissiez le bonheur, le charme de l'amour, si votre cœur avait senti battre celui d'un amant, vous seriez moins sévère, et ne vous priveriez point de vous livrer au sentiment le plus tendre. Betty, Betty, venez près de moi; si vous persistez à me refuser, vous me mettrez au désespoir. Vous soupirez, je l'entends, et pourtant vous êtes inflexible.

— Oui, je soupire à l'idée du bonheur que doit éprouver la femme qui entend de si gentilles paroles sortir d'une bouche sincère; et puis, au malheur qui menace celle qui s'y laisse prendre lorsqu'elles sont trompeuses comme les vôtres.

— Betty, vous êtes une indigne! Moi je plains encore plus celui qui s'est laissé prendre à vos charmes, et qui, comme moi, vous aime, et n'obtient que méfiance et cruauté.

— De quoi vous plaignez-vous, monsieur Léon, pour me traiter de cruelle, vous voyez le contraire, puisque je vous accorde l'entretien que vous avez désiré de moi?

— Belle faveur, ma foi! voir une jolie fille à travers une claie; vaudrait autant la voir en peinture. Tenez, Betty, si vous ne m'ouvrez pas, je vais briser cette barrière.

— Oh! n'allez pas commettre d'imprudence! près d'ici repose quelqu'un que le bruit réveillerait: que dirait-on de moi?

— Alors donnez-moi au moins votre main, que je puisse y déposer un baiser?

— Non, monsieur... Ah! finissez, lâchez ma main.

— Non, cruelle; puisque j'ai été assez adroit pour m'en emparer, je veux la garder prisonnière jusqu'à ce que votre bouche rachète sa liberté par un baiser.

— De grâce, monsieur Léon, lâchez-moi, sans cela je jure de vous haïr de toutes mes forces.

— N'importe la peine dont je dois encourir! je garde ce que je tiens, ou l'échange contre ce que je viens de vous demander.

Léon couvrait la main de la jeune fille de caresses; Betty faisait tous ses efforts pour la dégager, et ne pouvait y réussir; ses forces l'abandonnaient. Léon s'en aperçoit, l'attire entièrement sur la porte, s'empare de sa tête, et ses lèvres amoureuses parcourent avec ivresse le charmant visage de la jolie imprudente.

Betty parvient enfin à se dégager des bras de Léon; il veut la retenir, s'appuie sur la porte, la brise et la renverse. Betty effrayée s'enfuit, et disparaît dans l'obscurité. Le jeune homme veut la poursuivre; il marche à tâtons parmi les moutons. Ceux-ci effrayés, et trouvant la porte ouverte, s'échappent avec vitesse et se répandent en foule dans les champs.

Léon cherche toujours. Un soupir se fait entendre; il écoute, il tâte: c'est une femme, sans doute Betty. Oui, c'est elle; il sent et reconnaît sa mise au toucher. — Betty, c'est vous; vous feignez de dormir; mais je n'en suis pas la dupe; je vous tiens enfin, traîtresse adorable!

Léon s'assoit près d'elle, la prend dans ses bras; sa bouche cherche la sienne, la rencontre, y dépose un baiser. Grand Dieu! en place de ces jolies perles, il ne sent que de puantes gencives.

Il repousse cette tête qu'il comblait de caresses un instant avant. La belle inconnue se réveille, jette un cri d'effroi, puis deux et trois, enfin des hurlements affreux. Léon, craignant d'être surpris, s'échappe, franchit la haie du jardin, et galope de toutes ses forces à travers le village.

XVIII. — Incidents divers.

LE COMTE DERMONVILLE A JULES DELMAR SON NEVEU.

« Voici quatre mois passés que tu as quitté Paris pour te rendre auprès de madame la comtesse Delmontès; en voici deux d'écoulés depuis la guérison de ton ami, M. Léon de Saint-Elde, et lorsque rien ne doit plus s'opposer à la continuation de ton voyage, oubliant tes promesses, ce que tu me dois, aurais-tu changé d'idée? Je ne le crois pas. Je ne sais à quoi attribuer le retard que tu mets à te rendre dans les lieux où t'attendent le bonheur et l'amour. J'espère, mon ami, qu'aussitôt que tu auras reçu cette lettre, tu t'empresseras de te remettre en route. Jusqu'ici j'ai bien voulu recevoir les mille et une excuses que tu m'adressais; mais cette fois ma volonté est immuable. Pars, ou moi-même je me rends auprès de toi pour connaître la véritable cause qui te retient en Suisse. Voici trois mois que la comtesse t'attend pour te conduire près de Marietta, et de là revenir ensemble à Paris. Tu es vraiment, mon ami, un jeune homme inconcevable, de mettre tant de lenteur dans l'accomplissement de nos desseins. Devenir l'époux d'une fille charmante, jeune, noble et très-riche, n'est cependant pas à dédaigner. Beaucoup d'autres à ta place s'empresseraient de saisir une aussi brillante perspective, et toi tu préfères courir les champs! Je compte sérieusement sur ta très-prochaine réponse, qui me sera plus datée de Lucerne, mais de Rome, et qu'elle m'annoncera ta réception, ainsi que tes remerciments du bonheur que je te ménage depuis longtemps par une alliance aussi honorable que celle que tu vas t'empresser de contracter. Ainsi donc plus de retard, plus d'excuse, ou je me fâche sérieusement.

» DERMONVILLE. »

— Que dis-tu de cette lettre, Léon? Que faut-il faire?

— Ce que tu jugeras le plus convenable à tes intérêts; moi, je vois que tu n'as que deux choses à choisir: obéir ou enlever Lesby, et l'épouser en secret. Ton oncle est pressant, il faut te décider. Il n'y a plus possibilité de gagner du temps. Nous sommes à bout de tous nos expédients. Je me suis fait malade une seconde fois: cela nous a fait gagner un bon mois. Toi-même tu t'es pris aussi à ta santé. Ces moyens sont usés; il faut maintenant ou partir ou te révolter contre l'autorité du comte.

— Je ne balancerai pas plus longtemps, mon ami. Décidément je prends mon parti; je ne serai jamais l'époux d'une autre que Lesby. Mais comment la décider à me suivre? Depuis un mois j'implore son consentement; elle refuse, s'irrite même de mes propositions.

— Alors, les grands moyens: enlève-la malgré elle.

— Tu ne saurais croire combien cet acte de violence me répugne, et malheureusement il le faut. Ma foi! la faute en est au sort qui s'attache à me persécuter dans mes plus chères affections. Cependant, Léon, si mes larmes, ses prières, ses reproches me déchiraient le cœur, si j'allais m'attendrir, renoncer à cet enlèvement!

— Ce qui arriverait indubitablement, si je ne me proposais d'être là pour y mettre bon ordre. Je ne veux pas qu'il soit dit que nous aurons tous deux échoué auprès des femmes de ce pays; c'est bien assez de moi. Quand je pense que cette petite Betty, à laquelle je fais ma cour depuis deux mois, me tient rigueur, une paysanne se jouer ainsi d'un homme comme moi, habitué à de brillantes conquêtes! Je suis piqué au vif.

— Oh! il n'y a pas grand mal; tant mieux pour le repos de la pauvre petite. Ensuite à quoi t'avancerait de la séduire? A la rendre malheureuse.

Le soir de cet entretien, Jules se mit en route vers la demeure de Lesby. Depuis deux mois il faisait plusieurs fois par jour le même trajet, et chaque fois Lesby, impatiente de le revoir, venait au-devant de lui. Souvent leurs pas se dirigeaient vers les lieux les plus solitaires. Alors là le ciel seul était témoin de leurs tendres serments.

Cette fois, Jules approchait de la maison; depuis longtemps il avait dépassé l'endroit où il avait l'habitude de rencontrer Lesby. Une tendre inquiétude s'empara de lui et le décida, après quelques moments d'attente, à se rendre à la demeure de la jeune fille, lorsqu'il l'aperçut accourant vers lui.

— Ah! Lesby, pourquoi ce retard? Que tu m'as inquiété! Mais qu'as-tu? tes beaux yeux semblent tristes et abattus.

— Beaucoup de chagrin, mon ami, répond-elle, je vais être privée pendant quelques jours du bonheur de te voir. Mon aïeule arrive; il me sera impossible de sortir tout le temps qu'elle résidera ici. Juge combien la Lesby va souffrir.

Cette nouvelle fâcheuse porte le trouble dans l'âme de Jules; il reste sans parler. Lesby prend sa main, la presse sur son cœur, attire la tête de son amant, et par un baiser rappelle son courage et sa raison.

— Quoi! Lesby! faut-il rester seul un jour sans te voir? Que va donc devenir ton ami? loin de toi peut-il exister? Hélas! l'arrivée de ton aïeule me remplit d'effroi; vient-elle pour t'arracher de mes bras, pour te donner à un autre? Lesby! Lesby! que n'ai-je pas à redouter!

— Pourquoi t'alarmer? Si tu connaissais cette tendre et respectable mère, tu calmerais tes craintes; au contraire, mon ami, réjouissons-nous de sa présence. Je vais lui ouvrir mon cœur, lui parler de toi, lui dire combien tu m'aimes. Elle sera sensible à notre amour; elle voudra te connaître; tu lui plairas, et je suis certaine que notre bonheur deviendra son ouvrage.

— Tu t'abuses, Lesby. Ne te souvient-il pas qu'elle t'a promise à un autre? Crois-moi, cache-lui notre amour, elle t'arracherait de ces lieux; peut-être vient-elle pour cet odieux hymen.

— Je ne vois, mon ami, dans l'arrivée de ma grand'mère rien de plus que la visite qu'elle me rend habituellement une ou deux fois par an. Calme-toi, ta Lesby ne te sera point ravie; son cœur t'appartient; rien au monde ne pourra t'en priver. Ne cherche donc pas à me re... e coupable. Renonce à ce projet de fuite, auquel jamais, je le sens, je ne pourrai consentir.

C'est en vain que, par ses pleurs, ses supplications, Jules cherche à changer la résolution de Lesby; elle résiste. Ils se séparent en larmes, laissant échapper de leurs bouches quelques reproches. L'amant sur l'inflexibilité de son amie, elle sur les demandes coupables qu'il osait lui adresser.

Jules, au désespoir, regagnait le village. Léon venant à sa rencontre, et voyant la plus profonde douleur empreinte sur son visage, lui en demanda la cause. Jules lui fit part de l'arrivée de l'aïeule de Lesby, et de la conversation qu'il venait d'avoir avec elle.

— Crois-moi, Jules, il est temps d'agir: si tu laisses arriver la douairière, tes amours seront traversées. Surtout que Lesby se garde bien de lui parler de ta liaison avec elle. Les vieilles femmes sont entêtées. Je te réponds que celle-ci, loin de renoncer au mariage qu'elle projette depuis longtemps, en apprenant que sa petite-fille a disposé de son cœur sans l'autorité maternelle, s'empressera de l'éloigner de ces lieux, et de la soustraire à tes recherches. Tu vois que l'enlèvement devient inévitable, ne tarde pas davantage. Les moments que tu passes en indécision sont autant d'instants que tu perds pour ta félicité.

Il fut convenu entre les deux amis que, dans trois jours, l'enlèvement aurait lieu; qu'ils annonceraient d'ici-là leur départ, et prendraient congé de leurs amis et connaissances, se promettant, après le mariage conclu, de revenir dans ce canton.

Le lendemain, les jeunes hôtes de la ferme de Richard furent réveillés par le son des musettes et des cornemuses, ainsi que par le bruit des gens occupés à orner de fleurs l'extérieur du chalet, et à dresser des tables sous les berceaux qui environnaient cette habitation. Les vallées retentissaient des sons des autbois de tous les pâtres qui descendaient des montagnes, et qui venaient augmenter le nombre des travailleurs, auxquels Léon et Jules se mêlèrent bientôt.

Richard paré d'un costume neuf à la mode du pays se promenait, depuis l'aube du jour, sur la route qui conduisait à Zug, ses yeux cherchaient à découvrir l'objet de son attente; enfin un nuage de poussière, qui s'éleva dans le lointain, fit battre son cœur d'espérance et de plaisir. Bientôt sa vue put distinguer la forme d'une carriole et reconnaître la famille Bernard. Il prit sa course, et en peu de temps le voilà près de Kesy; la modeste voiture fut entourée par les jeunes filles du village, qui toutes présentèrent un bouquet à la future épouse du fermier Richard. A peine Kesy, M. et madame Bernard furent-ils descendus de la carriole, que les montagnards, à la tête desquels se trouvaient Jules et Léon, vinrent complimenter la mariée, et déposer à ses pieds les petits présents d'usage. Les deux amis offrirent une corbeille d'un goût exquis, dans laquelle se trouvaient renfermés divers bijoux et dentelles; les villageois, moins magnifiques, mais non moins sincères, offrirent l'un un panier de joncs, l'autre un agneau, l'autre un chevreau blanc, les autres des tourterelles. Kesy accueillait ces présents avec grâce et timidité; ses yeux avaient rencontré ceux de Léon; elle pâlit; un trouble inimaginable s'empara de ses sens, elle tremblait. Jules avait remarqué ce changement subit; il s'approcha d'elle et lui saisit le bras, qu'il pressa tout doucement.

— Kesy, lui dit-il à voix basse, Kesy, notre amie, notre sœur, calmez-vous; point de faiblesse. C'est aujourd'hui que commence pour vous une longue suite de jours heureux.

La pauvre fille tourne ses yeux son consolateur, le remercie d'un regard, Léon s'approche d'elle, les doutes qu'il avait conçus sont depuis longtemps sortis de sa tête frivole; mais son cœur n'a point oublié les soins, les bienfaits de Kesy; sa main serre affectueusement celle de la jeune fille; sa voix lui adresse de tendres paroles; ses yeux lui peignent l'amitié et la reconnaissance.

Richard reçoit de la main de Léon celle de Kesy.

— La voilà, dit-il au fermier; c'est l'amie de notre cœur que nous vous confions aujourd'hui. Richard, ayez-en bien soin, elle le mérite tant! Allons! chère Kesy, pourquoi verser des larmes un jour de bonheur? Venez à l'autel unir votre destinée à l'homme vertueux que vous méritez si bien!

Le tambourin se fait entendre, il précède le cortège nuptial; l'église est trop petite pour contenir la foule des assistants.

Richard et Kesy s'avancent vers l'autel; Jules aurait voulu éviter que Léon y présentât Kesy; mais la foule l'avait empêché d'arriver assez à temps pour prendre la main de la mariée avant que son ami s'en fût emparé.

Pauvre Kesy! comme elle était tremblante, comme son cœur battait lorsqu'il fallut prononcer le oui solennel; surtout en sentant près d'elle le seul être pour lequel elle eût voulu le prononcer!

La cérémonie terminée, on se remet en marche dans le même ordre qu'à l'arrivée. Tous les visages sont rayonnants de joie; Kesy seule est pâle et silencieuse, sa tête se penche sur son sein agité.

Richard, cette fois, soutient sa marche tremblante; il lui parle, s'inquiète de son silence, de sa santé, et déjà, par sa douce sollicitude, prouve à son épouse et sa tendresse et sa bonté.

Betty se serait bien gardée de refuser l'invitation d'assister à la noce; aussi, parée d'un joli costume, marchait-elle entre les deux amis. Sa gentille figure respire la gaieté, ses yeux malins se tournent vers Léon, et sa bouche vermeille lui adresse ces mots en souriant:

— Savez-vous, monsieur, que je viens de jouir, il n'y a qu'un instant, d'un singulier spectacle!

— Et lequel, mademoiselle? demande Léon.

— Celui, reprit Betty, d'un diable faisant le bon apôtre, se donnant les airs de faire le moraliste, d'encourager la vertu à recevoir sa récompense, jouant enfin l'homme sensible et bon, lorsque son âme n'est qu'un composé de perfidie et d'inconstance.

— Ah! c'est fort plaisant! répond Jules, qui devinait à qui ces mots s'adressaient. Et où donc, ma chère Betty, avez-vous été témoin de ce singulier spectacle?

— Où? monsieur, au chalet de Richard, un moment avant le départ pour l'église. J'ai vu, oh! j'ai vu de tout mon cœur.

— C'est apparemment, mademoiselle, dit Léon, que ce diable n'est pas si noir qu'il le paraît, et qu'il a parfois de bons moments. Voilà en quoi il diffère de vous, car depuis que je vous connais je n'ai jamais surpris en vous un instant de sensibilité.

— Dites plutôt de faiblesse ou de crédulité; j'avoue que j'ai bien mal reconnu votre tendresse pour moi; mais aussi je l'ai toujours jugée trop passagère; et, si vous voulez que je sois franche, je vous dirai que je ne suis pas toujours aussi sévère. Que je paye de retour celui dont je connais la franchise, et de plus, pour vous en donner une preuve, c'est que, si vous habitez encore un mois parmi nous, vous daignerez, je l'espère, honorer de votre présence les noces de votre servante Betty avec son gentil Michel.

Après ces paroles, Betty quitta les amis, et fut se mêler au groupe des jeunes filles, laissant Léon surpris et piqué de ce qu'elle venait de lui apprendre.

Jules et son ami s'approchèrent des deux époux, les prévinrent que l'on n'attendait plus qu'eux pour se mettre à table. Jules s'empresse d'offrir sa main à la mariée et de la conduire au banquet; le repas fut gai, surtout excellent. Lorsqu'il fut terminé, on commença les danses et les jeux dans l'intention de les terminer que le lendemain. Jules prohita du moment où, Richard au plaisir, le monde ne faisait nulle attention à lui, pour s'échapper et voler près de sa Lesby.

— Consciencieusement, Kesy, pour le jour de ta noce tu as une figure bien triste, et qui ne doit pas réjouir ton mari. Allons donc, ma chère sœur, soyons gais, viens danser avec moi. M. Bernard, malgré le refus de Kesy, l'entraîne au milieu du cercle, et commence à figurer le premier; lorsqu'il revient pour reprendre sa danseuse, elle avait disparu. C'est en vain qu'il la chercha, il fut forcé d'en prendre une autre, et Betty remplaça la mariée.

Kesy, dévorée de douleur, fuyait loin de ces scènes de plaisir dont elle ne pouvait supporter la vue; loin du bruit, maîtresse de donner un libre cours à ses larmes, elle errait au hasard et se trouva sur les bords du lac; il faisait nuit, un morne silence régnait sur la nature; ses yeux fixés sur les eaux, immobiles, les paupières inondées de pleurs, la jeune épouse se livrait sans contrainte à ses tristes pensées.

C'en est donc fait! disait-elle; il ne m'est plus permis de penser à toi; je suis l'épouse d'un autre! j'ai donc cédé à leurs importunes sollicitations! Hélas! ils ont cru faire mon bonheur! Léon! Léon! pourquoi t'ai-je connu, puisque jamais je ne devais te faire partager l'amour dont je brûle pour toi! O mon Dieu! pardonnez à l'épouse coupable, qui ose encore porter dans son cœur l'image d'un amant adoré! Que je souffre! que je me fais horreur!... Pourquoi ai-je consenti à cette union! que je suis coupable! Léon, pourrai-je jamais t'oublier? Non, non, cela est au-dessus de mes forces. Dieu même ne peut t'arracher de mon cœur. Je n'ai donc plus d'espérance, je suis donc condamnée à toujours souffrir, à payer d'un froid dédain l'amour du spoux

que j'outrage! Non, c'en est trop, la mort, mille fois la mort! elle est là, sous mes pieds! elle s'offre à moi dans ces profondes eaux! Ah! mon Dieu! pardonnez-moi, c'est vous qui m'y forcez...

Le silence cesse d'être troublé par les plaintes de Kesy; elle se prosterne sur le roc, ses lèvres murmurent une prière, ses regards s'élèvent vers le ciel et retombent sur l'abîme au-dessus duquel son corps est penché... Sa prière est terminée, puis, se relevant avec peine, elle fait un pas pour se lancer dans le lac; mais ce Dieu qu'elle accuse de son malheur, qu'ensuite elle vient de prier, ne permet pas que sa vie s'éteigne sans que l'heure qu'il a marquée pour son trépas ait sonné.

Kesy va quitter le rocher; son corps lancé vers les eaux est retenu dans sa chute; une main ferme l'entraîne loin des bords de l'abîme, des bras enlacent son corps, l'emportent dans la vallée, la déposent évanouie sur un épais gazon. Qui donc est venu si à propos s'opposer à son crime, à la sauver de son désespoir? C'est Léon, l'auteur involontaire de son malheur. Il avait remarqué la tristesse de Kesy, ses yeux inquiets ne l'avaient pas quittée, il avait vu sa fuite, et l'avait suivie jusqu'au rocher, où il venait d'entendre et de connaître le fatal secret de la pauvre fille. Jamais son cœur n'a ressenti une peine plus amère que celle que lui cause de sa vil vient d'apprendre. A genoux près de l'infortunée, il cherche tous les moyens de la rappeler à la vie. Enfin Kesy ouvre les yeux, elle aperçoit Léon. Quel réveil! elle se croit dans une autre vie. Illusion trompeuse! ses souvenirs reviennent, ses idées renaissent. Non, elle n'a pas cessé de vivre; elle est toujours Kesy, épouse de Richard. C'est bien Léon qui est près d'elle, mais ce Léon qu'il lui est défendu d'aimer et qu'elle ne peut oublier.

— Kesy, lui dit Léon, est-ce vous, vous si vertueuse, qui vous abandonnez à un semblable désespoir? vous qui voulez cesser de vivre, vous qui venez de jurer à l'autel obéissance et fidélité? Pour une passion insensée, vous oubliez vos devoirs, votre époux, vos amis. Pourquoi, après tant d'années d'une si belle vie, attirer sur vous la colère d'un Dieu de qui vos vertus vous font aimer? Faut-il donc que vous me fassiez maudire le jour où je vous vis pour la première fois? Ah! je suis bien malheureux, puisque ma présence n'a servi qu'à empoisonner votre existence. Vous m'aimez, hélas! combien votre cœur a fait un choix indigne! Non, Kesy, je ne mérite pas cet honneur, je n'ai aucune de ces vertus qu'exige votre amant; ce sentiment divin, je ne l'ai jamais connu. Ce cœur qui bat dans mon sein ne fut jamais sensible qu'à l'inconstance. Depuis longtemps je me suis fait un jeu des peines de l'amour; vous m'aimez et vous aimez un monstre. Sachez, Kesy, que les infortunées assez faibles pour avoir cédé à mes trompeuses tendresses ont toutes été inhumainement abandonnées. Vertus, jeunesse, beauté, famille, rien jusqu'ici ne fut sacré pour moi, j'ai tout sacrifié à mes coupables désirs. Voilà l'homme pour lequel vous voulez abandonner votre époux et la vie; Kesy, revenez à la raison, à vos devoirs, jurez-moi devant Dieu que vous oublierez cette funeste passion, que vous renoncez à votre coupable dessein. Vous gardez le silence... vos larmes coulent. Ah! Kesy, le repentir entre dans votre âme, oui, je suis persuadé que désormais vous serez plus raisonnable. Pauvre Richard! lui si bon, si aimant! que serait-il devenu en vous perdant, en perdant son épouse chérie, l'espoir de son avenir! Kesy, dites-moi que vous vivrez pour lui; jurez-le-moi!

Kesy, suffoquée par ses sanglots, garde le silence, mais son regard repentant, sa main pressant celle de Léon annoncent au jeune homme son adhésion à ses demandes, à ses conseils.

— Kesy, reprend-il d'une voix douce et touchante; j'exige de vous un serment devant Dieu.

— Oui, répond Kesy d'une voix faible, je le jure: qu'il reçoive le serment que je fais en cet instant de vivre pour mon époux, de réparer ma coupable conduite à son égard, de mériter son pardon, de chercher à vous oublier, et de rendre mon cœur à celui qui devait l'obtenir avec ma main.

— Je suis content, ma chère Kesy, et je m'éloignerai de ces lieux avec l'assurance que vous serez fidèle à vos promesses. Retournons calmer l'inquiétude que doit occasionner votre longue absence. Venez, ma bonne Kesy, appuyez-vous sur moi.

Ils traversaient la vallée, lorsque Jules, qui venait de quitter Lesby et regagnait la ferme, les aperçut et s'avança vers eux. Son étonnement fut grand de les rencontrer ensemble à cette heure, surtout loin de la fête. La faiblesse et la pâleur de Kesy lui donnèrent une vive inquiétude, et firent naître en lui des soupçons désavantageux à l'égard de Léon; il lança un regard sévère à son ami, mais ne fit aucune question sur le hasard ou le sujet qui les avait réunis; il s'informa seulement de la santé de la jeune mariée; Léon répondit pour elle qu'une indisposition avait exigé qu'elle prît un peu d'exercice, qu'actuellement se trouvant mieux, ils allaient rejoindre la compagnie.

Léon fit son possible pour introduire Kesy dans la fête sans que son entrée fût remarquée, la déposa dans les bras de madame Bernard, qui heureusement se rencontra sur leur passage, et aussitôt les deux amis s'éloignèrent. Lorsqu'ils furent à l'écart, Jules demanda à Léon d'un ton bref l'explication de sa conduite.

— Ne t'emporte pas avant de m'entendre; quoique blessé de tes soupçons injurieux, je consens à t'instruire de ce qui vient de se passer.

— Hâte-toi, Léon, mon cœur a besoin que tu le justifies. Explique moi comment il se fait qu'à cette heure je te rencontre avec elle, d'où vient la cause de cet air abattu, de cette pâleur qui couvrait son visage?

— Tu m'accuses, Jules; que tu es injuste! Apprends donc que, sans moi, Kesy aurait cessé de vivre, qu'un amour malheureux, qu'un désespoir horrible la plongeaient dans les eaux du lac. Le ciel a voulu que j'empêchasse un malheur dont j'étais la cause involontaire. Crois-tu, ami, que ma peine n'est point assez grande pour m'accabler davantage?

Léon raconta tout ce qui venait de se passer entre lui et Kesy, le serment qu'il avait exigé et reçu d'elle; en parlant, ses yeux étaient humides de larmes.

Le vieillard Binon dormait à la porte du chalet; Lesby, veillant à ses côtés, fit signe à Jules de respecter son sommeil.

— Ah! ajoute-t-il, actuellement je connais ce que l'amour peut causer de douleur; ce sentiment divin se dévoile à mes yeux, désormais je respecterai ses lois. Pauvre Kesy! combien elle m'aime! et combien j'ai dû faire souffrir d'infortunées dont mes serments, mes promesses, séduisaient l'innocence, et que j'ai sacrifiées à mes goûts inconstants! Jules, il faut quitter ces lieux, je veux retourner à Paris, là je pourrai peut-être réparer bien des torts. Pauvre Agathe! si mon abandon lui avait donné la mort!

— Tu ne m'avais jamais confié cet amour, Léon, mais je l'avais deviné; voilà sans doute le sujet de ta brouille avec Zéphirin. Que tu es coupable, puisque tu ne respectais ni l'innocence ni l'amitié! Oui, dans peu nous reprendrons ensemble la route de la France. J'ai la douce certitude que mon ami réparera ses erreurs. Chassons ces tristes souvenirs et retournons donner encore quelques instants à l'amitié.

A leur retour, les deux amis trouvèrent du changement à la ferme. Cette foule, si gaie avant leur absence, était presque entièrement dissipée, et l'heure marquée pour la retraite n'était pas encore sonnée. Les personnes qu'ils y trouvèrent réunies causaient à voix basse. Jules et Léon, frappés de ce changement subit, s'empressèrent d'en demander la cause; ils apprirent que la mariée venait d'éprouver une grave indisposition, qu'elle se trouvait en ce moment privée de toute connaissance, et que Richard, désespéré de cet accident, avait congédié ses amis et ses voisins.

Les deux jeunes gens, fort inquiets, se hâtèrent de se rendre au chalet. M. Bernard leur confirma la fâcheuse nouvelle qu'ils avaient apprise, mais il ajouta qu'en ce moment Kesy était mieux et qu'elle reposait.

Dans la matinée, Jules et Léon, trop affligés par les événements qui venaient de se passer depuis la veille, pour se livrer au sommeil, sortirent ensemble, espérant que l'air du matin dissiperait leurs noires idées.

Après avoir longtemps erré au hasard, ils se dirigèrent vers les bords du lac; ils étaient alors près du rocher de la chapelle, d'où ils aperçurent sur l'autre rive la demeure de Lesby.

— Veux-tu, mon cher Léon, venir te reposer chez Binon? Nous pouvons compter sur une bonne réception. Viens, mon cœur a besoin de se rapprocher de Lesby: je dois la voir ce soir, mais ce serait trop attendre; une journée loin d'elle est pour moi un siècle de douleur, de tourments et d'ennuis.

— J'y consens. Si tu peux pendant notre visite me ménager quelques' instants de tête-à-tête avec Binon, je tâcherai de le sonder sur ce qu'il y aurait à redouter en demandant Lesby à sa grand'mère. Cet homme, m'as-tu dit, fut l'ancien intendant de la famille, il doit être initié dans les secrets, connaître le caractère et les projets de l'aïeule : laisse-moi faire, et je te dirai de suite à quoi nous devrons nous en tenir.

Une nacelle fut détachée du rivage et les porta sur l'autre rive. Lesby, qui s'en aperçut la première, ne put contenir sa joie; elle quitta sa place et s'élança gracieusement au-devant des deux amis.

— Quelle surprise agréable! leur dit-elle. Si matin nous rendre visite, c'est nous préparer bonheur et plaisir pour toute la journée.

La réponse à ces gracieuses paroles fut un tendre regard de l'amant. Puis on passa au jardin. Binon, toujours souffrant, fut conduit à pas lents sous un frais ombrage. Léon était près de lui, d'un coup d'œil il fit signe à son ami de s'éloigner avec Lesby. Jules proposa à Lesby un défi à celui qui des deux atteindrait le premier un rosier qu'il indiqua à une longue distance, Lesby accepta, et tous deux s'élancèrent vers le but.

— Que cette jeune fille est charmante! dit Léon en s'adressant à Binon. Voyez, que de grâce dans sa course, quelle légèreté! A peine si ses jolis pieds effleurent le gazon, elle vole et ne touche pas.

Binon, enchanté chaque fois qu'il entendait vanter sa Lesby, sourit avec bonheur sans détourner ses yeux de la jolie coureuse.

— Cette belle enfant, reprend Léon, ne manquera pas d'adorateurs qui vous feront la demande de sa main; il vous sera difficile de la conserver longtemps près de vous.

— Hélas! répond Binon en poussant un gros soupir, je crains et redoute ce moment; mon plus cher désir serait de la conserver encore le peu de jours qu'il me reste à vivre : la perte de cet ange me donnerait le coup de la mort.

Jules.

— Heureusement vous n'avez pas ce malheur à redouter; vous êtes maître de conserver votre fille adoptive en la refusant à quiconque vous en ferait la demande; cependant vous pourriez quelquefois empêcher son bonheur; un jour Lesby aura besoin d'un protecteur, puisque, d'après les lois de la nature, elle doit vous survivre.

— Lesby, répondit le vieillard, a d'autres protecteurs que moi, plus puissants et moins chargés d'années; bientôt ils me raviront ce précieux dépôt, qu'ils m'ont confié. Voici l'instant arrivé où un hymen projeté pour elle depuis longtemps doit se conclure.

— Ce mariage est donc certain! Cependant si Lesby avait disposé de son cœur en faveur d'un autre que celui que sa famille lui destine?

— Ce serait un grand malheur pour la pauvre petite, répondit Binon, mais rien ne pourrait changer la volonté et le choix de sa famille; heureusement qu'en la faisant élever dans ces montagnes ses parents ont su la mettre à couvert des séductions et des dangers de l'amour.

Léon ne put s'empêcher de sourire aux dernières paroles du vieillard; il allait chercher à obtenir quelques renseignements nouveaux, lorsque Lesby parut tout à coup, et vint déposer sur les genoux du vieillard la rose prix de son triomphe.

XIX. — L'Aïeule. — Le Départ.

Les amis passèrent une grande partie de la journée chez Binon. Léon ne pouvait arracher Jules d'auprès de Lesby; cependant les convenances et l'amitié exigeaient qu'ils se rendissent chez Richard afin de connaître l'état de la santé de Kesy.

— Adieu, chère Lesby! dit enfin Jules à sa jolie maîtresse: souviens-toi que ce soir tu m'as promis de te rendre près de moi. L'amitié m'arrache en cet instant à ta divine personne; mais ce soir l'amour nous réunira.

Lesby en renouvela l'assurance; ils se séparèrent dans le doux espoir de se rejoindre bientôt.

— Oui, mon cher Jules, ce soir aie soin de faire connaître à Lesby que demain il te sera impossible de la revoir avant la nuit; indique-lui une heure avancée, qu'elle sorte sans que personne s'en aperçoive. Décidément il faut partir. Binon m'en a dit assez pour me faire craindre. J'ai remarqué les serviteurs de la maison préparant un appartement qui doit être habité incessamment. Cela ne peut être que pour la grand'mère ou pour le futur. Fuyons, mon cher, fuyons, il en est temps!

— Ah! Léon, s'il pouvait être vrai que cet odieux rival vint, il ne périrait que de ma main.

— Après cela, je lui déferais de nous enlever notre conquête; mais, mon ami, la chance heureuse pourrait aussi bien être de son côté que du tien, et, s'il te tuait, ce serait encore lui qui épouserait : or donc, le plus prudent est de ne pas te battre, mais de lui enlever sa future.

— Tu as raison, oui, demain nous partirons. Je pense, mon cher, que, pour éloigner les questions sur ce départ précipité, il serait prudent de n'en rien dire à personne.

— Je t'approuve : nous reviendrons plus tard faire nos excuses et nos adieux; cependant quitter si brusquement de tels amis, que penseront-ils de nous? Si nous mettions quelqu'un dans notre confidence?

— Impossible, Léon : y penses-tu? Quelle imprudence! Je conçois un moyen plus sage : rentrons et annonçons que nous nous mettons en route demain pour une promenade de quelques jours; ce moyen nous dispense d'adieux sérieux.

Léon approuva l'expédient; le départ fut convenu. Les amis arrivèrent à la ferme; ils se rendirent auprès de Kesy; elle avait quitté le lit, ses sens paraissaient plus calmes, un reste de pâleur et de mélancolie l'accompagnait encore. Richard était près d'elle : il se leva et vint à la rencontre des deux jeunes gens.

— Arrivez donc, messieurs! Mon beau-frère, M. Bernard, vous attend avec la plus vive impatience; nous craignions de ne pas jouir de votre présence pendant cette journée. Voyez, ma Kesy est mieux, et nous allions reprendre les plaisirs que son indisposition nous avait fait suspendre. Vous allez venir prendre part à la fête que mon frère nous prépare dans sa métairie, à une demi-lieue d'ici.

— Nous demandons la permission de n'y point participer, dit Jules; nous quittons demain pour un voyage de quelques jours que nous désirons faire dans le canton de Schwitz.

— De grâce, messieurs! reprend le fermier, ne nous faites pas le chagrin de nous refuser; vous serez libres d'ailleurs de revenir de bonne heure. Ma chère Kesy, joignez-vous à moi pour engager ces messieurs.

— Encore une preuve de votre amitié pour nous, messieurs; Kesy connaît ce que votre bonté a fait pour elle; vous m'avez enrichie sans m'avoir consulté; si vous voulez que j'accepte vos dons, prouvez-moi à votre tour que vous ne voulez me rien refuser.

— Oui, messieurs, reprend Richard, Kesy sait maintenant que votre amitié a doublé sa dot, sans que cela influe en rien sur mon amour pour elle. Elle vous engage à venir visiter le bien que votre générosité nous a mis à même d'acheter. Mon frère quitte ce canton; il nous a vendu sa ferme; c'est pour y fêter notre entrée que nos amis nous y attendent.

Les deux jeunes gens se rendirent à l'invitation, à condition qu'ils seraient libres de se retirer à l'heure qui leur conviendrait. Jules monta dans la carriole avec Kesy, Léon et Richard les précédèrent à cheval.

— Je suis content, ma bonne Kesy, de vous trouver mieux portante, mais je voudrais voir disparaître cet air de mélancolie répandu sur votre visage.

— Je sais, monsieur, combien votre amitié pour moi est tendre; vous ne me souhaitez que bonheur et plaisir.

— Eh bien! Kesy, êtes-vous contente de votre époux? pensez-vous qu'un tel homme vous méritait?

— Mieux, monsieur, mille fois mieux.

Kesy poussa un soupir en prononçant ces mots, et retomba dans la rêverie dont les paroles de Jules l'avaient tirée.

— Kesy, pourquoi cette tristesse? Payerez-vous sans cesse les soins, la tendresse de Richard par l'aspect d'un visage toujours chagrin? Votre époux ne jouira-t-il jamais de votre sourire? Allons, Kesy, soyez donc courageuse, oubliez ce qui a pu causer vos peines, et jouissez du bonheur que vous avez acquis.

Kesy ne pouvait, malgré ses efforts, surmonter ses douleurs et son amour. L'annonce de l'éloignement de Léon venait d'être encore pour elle un nouveau chagrin. La jeune épouse sentait combien de telles pensées la rendaient coupable.

La carriole entrait dans le village où était située la métairie, lorsque le modeste équipage fut un instant forcé de se ranger sur le bas côté de la route pour faire place à une chaise de poste qui s'avançait avec rapidité. Quand elle fut passée, sans qu'il eût été possible, à cause de la vitesse, d'apercevoir les personnes qu'elle renfermait, la carriole reprit le milieu du pavé, et arriva bientôt à la fin de sa course.

Léon, après avoir attiré son ami à l'écart, lui demanda s'il avait remarqué la chaise de poste qui venait de passer devant la métairie un moment avant leur arrivée.

— Oui, lui répondit Jules, et mon modeste cabriolet s'est rendu à son devoir en s'écartant pour laisser le haut du pavé à ce superbe char.

— Mon cher, répond Léon, il m'est venu dans la pensée que cette voiture renfermait l'ennemi dont nous redoutons la présence.

— Grand Dieu! serais-je assez malheureux pour que les pressentiments fussent vrais! Mon ami, je ne puis vivre dans cette cruelle incertitude; l'heure s'approche, je cours au rendez-vous, il faut que j'éclaircisse ces doutes affreux.

— Je ne te retiens pas, mon cheval est sellé, pars, je me rendrai à Saint-Carli avant la fin du jour; tu m'y rejoindras, et nous disposerons tout pour notre fuite; surtout obtiens de Lesby le rendez-vous nocturne.

Jules est bientôt en selle; il s'élance d'un pas rapide et disparaît aux regards de Léon.

Ce dernier rentra et rejoignit la fête, à laquelle il ne prit aucune part;

La petite Suissesse Betty.

depuis l'événement de la veille, il se sentait gêné en présence de Kesy, ses yeux n'osaient la fixer, dans la crainte de rencontrer les siens. Léon attendait donc avec impatience le moment de s'éloigner. Il partit sans être aperçu et retourna au grand galop à Saint-Carli; il était nuit lorsqu'il arriva; croyant trouver Jules rentré, sa surprise fut grande de ne pas le rencontrer; il demanda aux gens de la ferme s'ils l'avaient aperçu; d'après leur réponse, il s'empressa de se rendre du côté où il espérait le rejoindre.

Léon cheminait à pied, l'impatience plus que l'inquiétude commençait à s'emparer de lui, Sans doute l'heureux imprudent s'oublie dans les bras charmants de sa belle maîtresse; ah! il est bien excusable: à sa place, je ne voudrais jamais les quitter; il est si agréable d'être entouré d'aussi douces chaînes!

Tout en disant, Léon s'était avancé jusqu'au rocher des rendez-vous ordinaires; la nuit l'empêchait de distinguer les objets; il se décida à appeler Jules, l'écho seul répondit à sa voix; décidément son ami aura passé sans pas jusqu'à la demeure de la belle maîtresse. Léon hésite s'il ira jusque-là, il se sent fatigué par la marche du jour et le manque de sommeil de la nuit dernière. L'inquiétude s'empare de lui le pousse à continuer sa recherche; déjà il aperçoit d'une hauteur la maison de Lesby; en marchant, ses pieds se heurtent et s'embarrassent dans quelque chose qui se trouve sur le passage; il se baisse, regarde, c'est Jules, le jeune homme est couché sur l'herbe, tellement absorbé dans sa douleur, qu'il n'entend ni ne reconnaît son ami.

— Jules! Jules! s'écrie Léon en lui prenant la main, que fais-tu là? Qu'as-tu? tes yeux sont mouillés de larmes; qui donc cause ta douleur? quel malheur t'est-il arrivé?

Ces paroles arrachent le jeune homme à sa triste rêverie; il fixe Léon.

— C'est toi! lui dit-il. Ah! mon ami, tes soupçons n'étaient que trop véritables, l'aïeule de Lesby est ici, et déjà mon malheur commence, puisque sa privée de la privé de la voir ce soir. L'instant même que je l'attendais, l'heure de sa présence s'était écoulée sans qu'elle eût paru, lorsqu'au comble de l'inquiétude je me décidai à me rendre chez elle; j'approche de la maison: qu'aperçois-je? des valets entouraient cet asile. Je m'informe à un des serviteurs que le hasard amenait de mon côté de ce qui se passe chez Lesby, sa réponse fut ce que je viens de t'apprendre. Juge de ma surprise, de ma douleur, les forces m'ont manqué, je suis tombé à cette place sans avoir le courage d'en quitter; vois, regarde cette maison d'habitude si paisible, vois ces lumières à travers les croisées, quelle agitation! quel changement!

— Calme-toi, je ne vois pas encore qu'il nous faille perdre toute espérance. N'importe que l'arrivée de la grand'mère, si nous pouvons parvenir à entretenir Lesby un seul instant; elle t'aime, cette arrivée inattendue l'aura empêchée de se rendre en ces lieux; elle n'aura pu s'échapper, mais demain l'amour la ramènera vers toi, demain tu l'attendras, je me tiendrai avec ta chaise dans un endroit écarté; tu y attireras Lesby; nos chevaux en quelques heures nous assureront la possession de la bien-aimée; retournons à la ferme, viens tout préparer pour demain.

À leur retour à la ferme, Jules donna ordre à Germain de disposer la chaise de poste et d'atteler le cheval de bonne heure. Malgré la fatigue, il ne put dormir.

L'aurore commençait à paraître quand Jules quitta son lit et se rendit à la chambre de Léon; celui-ci dormait encore profondément. Jules se fit un scrupule de troubler sitôt son repos et se retira doucement; il descendit dans la cour, où il trouva Germain exécutant les ordres qu'il avait reçus la veille. Les chevaux étaient attelés et prêts à partir au premier signal.

Jules ordonna à Germain d'aller l'attendre avec la voiture dans un petit bois de mélèzes qu'il lui enseigna, et de s'y tenir caché jusqu'à ce que Léon et lui s'y rendissent.

Ensuite il retourna près de Léon, qu'il trouva levé et habillé; ils descendirent ensemble chez Richard, qui reçut les adieux des deux amis et l'assurance d'un prompt retour. Après ils quittèrent la ferme, non sans éprouver un vif regret de s'éloigner si brusquement d'un séjour dans lequel ils avaient été comblés d'amitié, de soins et d'égards.

Jules conduisit Léon dans le bois où était caché leur voiture. Mais il était encore trop matin pour se rendre au poste que Jules devait occuper pour attendre l'arrivée de Lesby. Germain fut envoyé à la provision pendant que les amis veillèrent sur les chevaux. Il revint au bout d'une bonne heure, apportant une volaille froide et quelques bouteilles de vin. Lorsque l'instant fut arrivé, Jules quitta Léon et se rendit au rocher. Lesby n'avait point paru. Jules se désespérait du peu d'empressement que manifestait la jeune fille à se rendre près de lui.

Un long espace de temps venait encore de s'écouler sans que Jules fût plus heureux. Léon, impatienté de sa longue attente, vient en connaître la cause.

— Décidément, dit-il, Lesby ne viendra pas ce soir: calme-toi, rien n'est désespéré, il ne faut pas perdre espérance; d'ailleurs, il vaut beaucoup mieux que notre fuite s'exécute de nuit, nous aurons plus de certitude de n'être pas aperçus; attendons avec patience, je suis près de toi, le temps te paraîtra moins long, j'aurai soin de m'éloigner à l'approche de Lesby.

La nuit descend des cieux et les amis sont encore seuls. Jules est anéanti; Léon, peiné de le voir en cet état, le console, ranime dans son cœur l'espérance qui s'éteint.

— Allons donc, du courage! mon cher Jules; sois certain que ta jolie maîtresse saura bien trouver le moyen de nous rejoindre; quand une femme aime, l'amour la rend ingénieuse. Les premiers moments de l'arrivée de son aïeule auront exigé sa présence; mais demain cet enthousiasme filial sera refroidi, et nous pouvons compter avoir notre tour.

Léon prit le bras de son ami, l'entraîna malgré lui jusqu'à la voiture, dans laquelle ils s'enfermèrent pour attendre le jour.

À peine l'aurore avait effacé les astres de la nuit, que Jules voulait courir chez Lesby parler à son aïeule, connaître enfin ce qu'il pouvait espérer. Léon eut toutes les peines à le détourner de ce projet imprudent, dont l'exécution pouvait à jamais lui ravir sa Lesby. Il se rendit avec difficulté, et consentit d'attendre encore; mais il jura à son ami que si d'ici là il ne l'avait point revue, rien ne pourrait l'arrêter.

Après quelques instants de silence, le regard de Léon se tourne vers son ami; Jules, assis sur le roc, la tête dans les mains, est tout à sa douleur!

— Jules, veux-tu me faire mourir de chagrin?

— Ah! mon cher Léon, c'en est fait, j'ai perdu Lesby. Hélas! je ne la reverrai plus!

— Promets-moi, Jules, de ne pas t'éloigner. Je me rends chez Binon, je veux lui parler, connaître le sort de Lesby; dans peu je te rejoins; reste sur ce rocher, c'est l'espérance de t'y amener l'objet de tes désirs.

Léon se dirige vers la demeure de la jeune fille; les portes sont encore fermées, cependant la journée est plus qu'à moitié passée. Il frappe; personne ne répond; il recommence; son cœur est oppressé; un homme est occupé dans le jardin, il l'aborde.

— Dites-moi, brave homme, n'y a-t-il personne chez Binon? savez-vous où est Lesby?

— Binon, Lesby, répond le paysan en fixant Léon, ils sont partis de cette nuit, et pour longtemps, je pensons! Avez-vous besoin dans cette maison? Parlez, c'est moi qui en suis le gardien, si je pouvons vous obliger, j'y consentons...

Léon se mit en route pour rejoindre Jules. Mais comment lui annoncer cette funeste nouvelle et comment la lui cacher? Pauvre Jules! c'est lui donner le coup de la mort.

— Quelle nouvelle, Léon? parle, Lesby viendra-t-elle? lui as-tu parlé? dis-moi-le vite, je t'en conjure.

Léon, pressé de répondre, hésite; Jules frémit et devine son sort.

— Léon! s'écrie-t-il avec l'accent du désespoir, parle; au nom de l'amitié, dis-moi s'il faut que je meure; prononce mon arrêt. Ah! je le lis dans tes yeux, Lesby m'oublie! ah! c'en est fait de ma vie!

Il ne peut se prononcer davantage, et tombe sans connaissance dans les bras de son ami.

La soirée et la nuit s'écoulèrent tristement et sans sommeil; le lendemain Léon sortit d'un fatigant assoupissement, s'approcha du lit de son ami. Jules versait des larmes; ses mains pressèrent affectueusement celles de son consolateur, ses yeux se tenaient sur les siens.

— Ah! Léon, lui dit-il, que je suis malheureux! Hélas! je suis donc privé, peut-être pour toujours, de regarder ses yeux dans lesquels je lisais tant d'amour, qui me faisaient connaître l'ivresse d'un bonheur suprême. Ah! mon ami, il ne me reste plus qu'à pleurer une perte si funeste. Oh, Lesby! Lesby! où es-tu maintenant?

— Mon pauvre ami, répond Léon, que je te plains! Rappelle-toi combien j'ai toujours appréhendé pour ton cœur les tourments de l'amour; ton âme trop sensible ne peut en supporter les cruelles secousses; je te l'ai prédit, Jules, que si jamais ce sentiment s'emparait de ton être, il ferait le tourment de ta vie; par grâce, surmonte tes douleurs, reviens à la raison, reviens à l'amitié; Jules, reprends courage, tu reverras ta Lesby, livre ton cœur à l'espérance; l'amour a fait ton malheur; plus tard, sans doute, il fera le charme de ta vie.

Une fièvre ardente dévorait l'amant de Lesby, il ne peut quitter le lit de plusieurs jours; Léon, nuit et jour, rendait à l'amitié les soins qu'il en avait reçus. Dans ce pénible moment que Kesy aurait encore montré de vertu! Cette fois, quoique près d'elle, un d'eux souffrait sans qu'elle le sût, sans oser le lui faire connaître.

La jeunesse, un corps sain et robuste surmontèrent le mal et le chagrin; un mois s'était écoulé depuis la disparition de Lesby, et Jules souffrait sur un lit de douleur, il put enfin le quitter; alors ses pas encore faibles se portèrent dans les lieux que fréquentait jadis sa Lesby.

— Adieu, paisibles et bons habitants, amis vertueux; un jour nous reviendrons vous voir. Chez vous, l'amour seul nous a causé de peines.

Telles étaient, après un séjour de deux mois et demi sur les bords du lac, les dernières paroles des deux amis, lorsque leurs vigoureux coursiers les entraînaient vers les frontières de la France.

XX. — Les deux n'en font qu'une.

À peine Jules et son ami avaient-ils quitté Lesby, le dernier jour qu'ils la virent, et s'étaient-ils éloignés d'elle dans l'espérance de la revoir dans la soirée, qu'un courrier, dont le cheval franchissait d'une course rapide le village de Saint-Carli, vint s'arrêter à la porte de la maison de Binon, descendit, entra dans le logis et remit au vieillard plusieurs lettres dont il était chargé.

— Ah! ah! s'écrie ce dernier après en avoir pris lecture, dans une heure ou deux madame la comtesse sera parmi nous.

Cependant Lesby s'était retirée dans sa chambre, et là elle formait mille projets; elle voulait tout avouer à son aïeule, obtenir son pardon et son consentement. Il fallait voir Jules pour se concerter ensemble. Au moment où elle allait sortir du chalet, le roulement d'une chaise de poste se fit entendre, et quelques secondes après Lesby était dans les bras de madame la comtesse Delmontès.

Binon et sa femme accourent au-devant de la comtesse et l'introduisent dans le salon.

La comtesse se pose sur un canapé, fait placer Lesby près d'elle, entoure la jeune fille de ses bras, couvre sa tête de baisers.

— D'année en année tu embellis, ma chère enfant, lui dit-elle en la pressant sur son sein; tu es mon enfant, tout le portrait de Marietta, de ta mère infortunée. En admirant ta tête charmante, je retrouve cette fille chérie. Qu'as-tu donc, ma Lesby? tu sembles triste, rêveuse, la présence de ta mère te causerait-elle du chagrin?

— Oh! non, répond la jeune fille en s'efforçant de sourire; au contraire, je suis heureuse de vous voir; ce bonheur est si rare pour moi!

Lesby versait des pleurs en écoutant les paroles de sa grand'mère.

— Lesby, reprit-elle, à quoi dois-je attribuer votre douleur? Dans tout ce que je fais pour vous, et dans tout ce que je vous annonce, je ne vois rien qui puisse vous faire autant de peine et provoquer de si abondantes larmes. Parlez, ma fille, ouvrez-moi votre cœur.

— Pardonnez à ma douleur, répond Lesby avec timidité, je n'ai pu la contenir en pensant qu'il me fallait quitter ces lieux, m'éloigner de ceux qui prirent soin de mon enfance, et que je regarde comme mes parents.

— Lesby, tu déchires mon cœur par tes regrets; les lieux que tu dois préférer ne doivent-ils pas être ceux que tu habiteras près de moi, près de l'époux que je te donne? Tu aimes et regrettes Binon et son épouse; je le conçois, ma fille, ils ont eu pour toi les plus tendres égards; mais calme ta douleur, ils nous suivront, ils ont acquis des droits à ma reconnaissance en élevant ma Lesby, et je ne voudrais pas les priver de l'unique objet qui les attache encore à la vie.

Malgré la fatigue dont la comtesse était accablée, le bonheur de revoir sa Lesby fut cause qu'elle ne se retira dans son appartement que fort avant dans la soirée; sa présence ôta à la jeune fille la possibilité de se rendre auprès de Jules. Il n'était plus temps d'aller au rocher; l'horloge avait sonné la onzième heure du soir.

Aussitôt que la comtesse fut éveillée, elle se rendit près d'elle et reçut le plus tendre accueil. La journée se passa assez tristement. Dans la soirée, la comtesse donna ordre de tout préparer pour le départ, fixé à la nuit prochaine. Lesby frémit en entendant ces mots.

Arrivées à Lucerne, au milieu de la nuit, ils descendirent dans une des meilleures auberges de la ville, celle qu'avaient habitée Jules et Léon. La comtesse s'informa si les deux jeunes gens y résidaient encore; on lui répondit qu'ils l'avaient quittée depuis longtemps, et qu'ils demeuraient chez une parente de la ville. Le lendemain la comtesse se fit conduire chez M. Bernard, et apprit qu'il était, lui, son épouse, Jules et Léon à Saint-Carli, occupés des noces de sa belle-sœur. La comtesse, contrariée d'être venue à Lucerne chercher son gendre, lorsqu'il était dans le village qu'elle venait de quitter, retourna à l'auberge, et expédia de suite un courrier à Saint-Carli, muni d'une lettre pour M. Jules Delmar, dans laquelle, lui annonçant son arrivée, elle le priait de se rendre près d'elle aussitôt son message reçu.

Le courrier fit diligence, et revint avant la nuit apprendre à la comtesse que, s'étant rendu à la ferme de Richard, il y avait trouvé M. Bernard, mais qu'on lui avait appris que M Delmar et son ami étaient partis la veille au matin pour un voyage de quelques jours dans les divers cantons de la Suisse.

Lesby n'était pas présente lorsque le courrier rendit compte de son message; la comtesse monta près d'elle, et lui raconta l'inutilité des démarches qu'elle venait de faire pour rejoindre le jeune homme. Lesby, en l'écoutant, pâlissait et rougissait tour à tour; les rapports qu'elle trouvait entre son futur et son amant la jetaient dans un trouble inconcevable; un doute s'élevait dans son cœur, elle n'osait l'éclaircir; enfin il devint une certitude lorsque la comtesse eut parlé. Jules était le nom de son amant, il avait habité, lui et Léon, chez M. Bernard; ensuite chez Richard; comme elle, il était par sa famille engagé à un autre; Lesby sentit son cœur battre de joie; dans son transport elle saisit avec ivresse la main de sa mère.

— C'est lui! s'écrie-t-elle en souriant avec bonheur, c'est lui! Jules: ah! ma mère je n'en puis plus douter.

La comtesse, devinant à peine, s'empresse de faire parler Lesby; en effet, plus de doute, plus de larmes, mais du bonheur, beaucoup de bonheur. Vite il faut retourner à Saint-Carli, peut-être pourra-t-on obtenir quelques indices sur l'endroit où ils se rendent; mais il est tard, la nuit s'est passée sans sommeil pour Lesby; il faut qu'elle repose, la jeune fille, dans son empressement, voudrait partir de suite. La comtesse, craignant pour la santé de cette chère enfant, remet le voyage au lendemain.

Au petit jour Lesby était prête, et se rendit chez la comtesse, afin de lui faire hâter son lever; la grand'mère sourit à cet empressement, gronda sa petite-fille d'être si matinale, et, malgré cela, se leva pour satisfaire son impatience.

Elles allaient monter en voiture, lorsqu'un gros papa s'approcha d'elles en les saluant; la comtesse, ayant répondu à sa politesse, s'informa de ce qu'il souhaitait.

— Je suis, madame, M. Bernard; c'est moi, hier, qui ai reçu votre courrier, et qui lui ai appris l'absence de M. Jules Delmar.

La comtesse l'invita à monter dans son appartement, où ils causèrent longtemps ensemble. M. Bernard détourna la comtesse du projet de se rendre à Saint-Carli, l'assurant qu'elle n'obtiendrait aucune autre information, et l'engagea à les attendre à Lucerne, assurant que les jeunes gens devaient s'y rendre à leur retour.

XXI. — La Grossesse. — Les deux rivales.

— Madame Sennecour y est-elle?

— Non, monsieur.

— Mais comment se fait-il que voilà huit jours de suite que je viens sans la rencontrer?

— Ah! monsieur, vous reviendrez encore dix fois autant sans être plus heureux, madame est à la campagne, où elle doit passer une grande partie de la belle saison.

— Eh! que ne le disiez-vous de suite, depuis un siècle que vous me faites courir inutilement?

— Monsieur, c'est qu'elle nous a défendu de le dire; et si je viens de vous lâcher le mot, c'est par distraction.

— Savez-vous où est située sa campagne?

— Oh! par exemple, monsieur, vous me traiteriez de bavarde si je le disais.

— Non, brave femme, mais de personne obligeante, car, ayant une affaire très-importante à conclure avec madame Sennecour, vous lui rendriez un grand service.

— C'est égal, monsieur; madame, en me défendant de nommer sa campagne, a sans doute eu des raisons pour cela; et au risque de faire manquer votre affaire, je ne vous le dirai pas.

— Allons, ma bonne dame, je vous en prie, seulement encore une petite distraction.

Zéphirin resta longtemps à supplier la portière sans pouvoir la fléchir; elle résista même (chose assez rare) à l'offre d'une récompense pécuniaire; il sortait de la maison fort mécontent de ce que la seule portière à moitié discrète qui existât au monde fût justement celle dont il avait besoin.

Comme il franchissait le seuil de la porte, entrait dans la maison un facteur de la poste; deux lettres étaient dans ses mains. Zéphirin, ayant jeté par hasard un coup d'œil sur une d'elles, aperçut le nom de madame Sennecour; aussitôt il suivit l'employé jusqu'à la loge, ayant soin de se tenir caché le long du mur, pour ne point être vu de la cerbère.

— Madame Sennecour, vingt-deux sous! dit le facteur en présentant ses lettres.

— Vous savez bien, monsieur Trottin, qu'il faut renvoyer les lettres de madame à sa campagne; voilà plusieurs fois que je vous le répète, elle me l'a recommandé à son départ, et certainement je n'y manquerai pas, car s'il fallait accumuler les ports tout un été, cela serait bien amusant pour moi.

— Ne vous fâchez pas, mère Planchon; dorénavant je m'en ressouviendrai. C'est à Suresnes, n'est-ce pas?

— Oui.

Et Zéphirin, n'en demandant pas davantage, quitta la maison.

Lorsque Léon fit ses adieux à madame Sennecour en promettant de revenir avant un mois, il reçut encore de la jolie femme le serment qu'elle ne recevrait aucune visite et qu'elle partirait le lendemain pour sa maison de campagne. Léon partit dans l'espoir de revenir le plus tôt possible.

Madame Sennecour tint sa promesse, mais reléguée seule à la campagne, cette femme qui jusqu'alors était restée fidèle au souvenir d'un amour de jeunesse, avait porté toutes ses facultés sur son nouvel amant. Elle le suivait pour ainsi dire par la pensée, et toutes ses heures étaient consacrées au souvenir de Léon. Elle lui écrivait ses impressions, ses pensées et tout ce que l'amour pouvait engendrer dans sa belle âme. Elle n'attendait qu'un mot qui pût lui indiquer le lieu où elle pourrait lui faire venir sa correspondance, lorsque la maladie de Léon à Lucerne et le retour de Zéphirin vinrent donner un autre cours à sa pensée. Cette visite, aura-t-elle l'impolitesse de la refuser? Elle hésita, puis donna ordre qu'on fît entrer.

— Enfin, madame, vous voilà donc! M'avez-vous donné assez de mal pour vous chercher! Quelle idée de se dérober ainsi à ses amis, cacher sa demeure!

— Mon bon Zéphirin, ne m'en voulez pas; des raisons sérieuses m'ont forcée de quitter Paris, de m'enfermer ici pour quelque temps, de renoncer à voir pendant tout un été les personnes qui me portent quelque intérêt. C'est mal, oui, très-mal; mais que voulez-vous! c'est plus fort que moi, cela était nécessaire.

— Ne cherchez pas à vous excuser, madame, vous n'en avez aucun besoin; je connais parfaitement les motifs de votre retraite et la personne qui vous dicta cet ordre; en vérité, il est digne de lui, l'homme qui se fait un jeu de la constance devait aussi se méfier de celle de l'objet de son nouveau caprice.

Madame Sennecour rougit en entendant ces derniers mots, et resta quelques instants si troublée, qu'elle ne put répondre; enfin, fixant Zéphirin, elle lui dit :

— Monsieur, venez-vous ici pour surprendre mes secrets? sachez que j'habite ici par ma seule volonté, non par l'ordre de qui que ce soit.

— Pardonnez, madame, je suis loin de vouloir vous surprendre. Hélas! excusez que ma douleur me fait commettre d'inconvenant, mais je suis si malheureux!

— Vous malheureux, mon cher ami! ah! confiez-moi vos chagrins; si je pouvais les adoucir!

— Les adoucir! oui, oui, madame, cela vous serait facile, beaucoup plus qu'à tout autre. Vous désirez connaître mes peines, écoutez-moi et vous jugerez si je suis à plaindre. Je croyais avoir un ami sincère, je lui ouvrais mon cœur, je lui confiais mes secrets, mes plus chers intérêts; je le présentai à ma famille, il en fut reçu comme un ami, comme un parent; savez-vous comment il paya ma confiance? eh bien! il abusa d'un honnête vieillard et de son épouse pour séduire leur fille innocente; et lorsqu'il commettait ce crime infâme, il écoutait le récit de l'amour que m'inspirait une personne vertueuse; il m'encourageait dans ces sentiments, s'offrait d'aider ma timidité près d'elle, de l'instruire de ma passion, enfin de plaider ma cause; j'acceptai. Il est censé travailler pour moi, et m'enlève cette femme charmante, se fait aimer d'elle, passe ses jours à ses côtés, la quitte pour courir aussitôt près d'une autre qui m'est chère à titre de parente, la séduit, l'abandonne, et revient encore le même jour près de vous parler de ses sentiments, des vertus de son cœur et de sa constance.

— Ah! que m'apprenez-vous! que je suis malheureuse! Zéphirin, vous venez de déchirer mon cœur.

— Pardonnez, madame, à ma juste colère; j'ai eu tort de vous affliger; je sens qu'en voulant me venger, c'est vous que je punis. Hélas! pouvais-je contenir mon indignation? il est si cruel de perdre l'espoir d'être aimé de vous, et surtout de se voir ravir une si douce espérance par celui qui s'en rendait si peu digne!

— Quel âge a votre parente, monsieur?

— Seize ans, la pauvre petite!

— Le monstre! faire tant de serments, jurer qu'il m'aime et n'aimera que moi, et me quitter pour séduire une enfant! Ah! tout est fini entre nous!

On apporta en cet instant les lettres arrivant de Paris; Zéphirin courut à la porte du salon les prendre des mains du domestique, et les remit à madame Sennecour; une d'elles portait le timbre de la Suisse, madame Sennecour la saisit.

— C'est de lui! s'écria-t-elle, l'indigne! il ose continuer à se jouer de moi (La lettre fut aussitôt mise en mille morceaux et jetée dans un coin du salon.)

— Je vous remercie, monsieur, de m'avoir instruite, vous m'évitez une grande imprudence. Revenez, Zéphirin, revenez souvent me voir, oui, je vous recevrai avec plaisir.

En prononçant ces paroles, madame Sennecour se leva et passa dans une autre pièce, laissant Zéphirin maître de se retirer : ce qu'il fit en emportant quelque espoir dans son cœur.

Cependant madame Sennecour n'était pas seule à souffrir, Agathe aussi pleurait l'infidèle. Zéphirin, en voulant la consoler, ravivait toutes ses douleurs, il lui contait nouvellement les amours de Léon et de madame Sennecour, il n'oubliait rien, jusqu'à cette fatale promesse de mariage. En entendant ce récit, elle ne put supporter sa douleur, et tomba dans les bras de Zéphirin.

— Zéphirin! s'écria-t-elle avec l'accent du plus violent désespoir, aie pitié de moi, sauve-moi du déshonneur! Ah! tu ne connais pas tout l'excès de mon malheur, apprends que je fus séduite par lui, il abusa de mon sommeil, je porte dans mon sein le fruit de sa coupable conduite; oui, je suis enceinte, et tu veux que je renonce à lui; dis-moi donc alors ce qu'il faut que je fasse : la mort! n'est-ce pas? oui, la mort! voilà mon unique ressource. Zéphirin, oh! je t'en supplie, lorsque j'aurai donné le jour à mon enfant, je veux mourir, je le dois; jure à la malheureuse Agathe que tu garderas mon enfant, que tu seras l'ami, le protecteur de l'innocent que je lègue à tes soins.

— Agathe! tu me déchires le cœur! ma bonne Agathe, calme ton désespoir! ô ciel! faut-il que je t'aie fait connaître ce serpent! C'est moi, ma chère petite, qui suis la cause de tes malheurs. Console-toi, il faut qu'il t'épouse! non, il ne sera pas dit que j'aurai fait une sottise sans la réparer. L'indignation de mon courage, je pars pour la Suisse, je vais le trouver, me battre avec lui, le tuer ou le forcer à t'épouser.

— Non, non, Zéphirin, ne t'expose pas pour moi, je ne le mérite pas, tout ce que tu veux faire est inutile; puisqu'une autre sera son épouse, je dois renoncer à la vie...

Zéphirin quitta sa cousine : la jeune fille, restée seule, se livrait à ses douloureuses réflexions, ses pensées erraient de Léon à madame Sennecour. Agathe, depuis longtemps était fixée à la même place, ab-

sorbée dans ses pénibles rêveries; mais elle conçoit un projet dont la réussite va décider de ce qu'elle doit espérer désormais : Agathe monte dans sa chambre, prend un chapeau de paille, se cache sous un voile, s'enveloppe d'un châle, et, sans être aperçue de ses parents, gagne la porte de la rue et s'éloigne à grands pas, gagne le bois de Boulogne, Longchamp, puis Suresnes, où elle s'informe de la demeure de madame Sennecour. Peu d'instants après elle est auprès de cette dame...

Madame Sennecour s'avança d'un air gracieux près de la jeune fille.

— Mademoiselle, lui dit-elle en lui indiquant un siège de la main, vous désirez me parler?

Agathe a vu la beauté de madame Sennecour, sa taille, sa tournure divine : c'en est fait de son espoir, jamais Léon n'oubliera une si belle personne.

— Nous sommes seules, mademoiselle, parlez.

Agathe tomba alors aux genoux de madame Sennecour, qui, surprise de ce mouvement, se hâta de la relever.

— Non, non, s'écrie Agathe, ah! laissez-moi mourir à vos pieds; votre bonté me désespère, j'en suis indigne, puisque je viens ici détruire votre bonheur, vous réclamer plus que la vie.

— Calmez-vous, mon enfant, parlez, parlez vite, de grâce, vous me faites mourir d'inquiétude! Mais relevez-vous, retenez vos larmes, elles me fendent le cœur : dites, que souhaitez-vous de moi?

— Un père pour mon enfant, s'écria Agathe en élevant des bras suppliants vers sa rivale : que votre cœur renonce à l'amour que lui a inspiré mon séducteur, mon époux devant Dieu, Léon qui m'abandonne après m'avoir déshonorée.

— Ah! malheureuse enfant! que venez-vous de m'apprendre? Relevez-vous, c'est moi qui dois implorer le pardon du mal que je vous ai causé.

Madame Sennecour en pleurs tenait Agathe dans ses bras, elle baisait le front de la jeune fille, leurs larmes se confondaient; plus de paroles, mais des caresses sans nombre, des soupirs, des pensées tendres et douloureuses.

Longtemps elles restèrent ensemble, se livrant aux plus tendres épanchements; l'heure et la nuit s'avançaient, Agathe s'était absentée à l'insu de ses parents; malgré tout le bonheur qu'elle goûtait près de sa généreuse amie, il fallait la quitter et retourner à Passy; elle en fit part à madame Sennecour et lui demanda la permission de la quitter, craignant qu'une absence plus prolongée ne portât l'inquiétude dans sa famille.

— Je suis chagrine, ma bonne Agathe, que vos parents ignorent que vous êtes chez moi; il m'aurait été si agréable de vous garder plus longtemps! Permettez à votre amie de vous faire accompagner; demain matin je ne rendrai près de vos parents; j'espère obtenir d'eux qu'ils m'accordent la permission de vous ramener ici et de vous conserver près de moi; nous avons besoin d'être ensemble, de parler de notre projet, d'en préparer l'heureuse réussite. Agathe, pardonnez si moi-même je ne vous conduis pas chez vous; la position et la bienséance exigent que je reste en ce moment ici; des amis réclament ma présence, il nous seront utiles pour hâter notre bonheur; demain, ma chère Agathe, je vous présenterai à eux.

XXII. — Le Mariage conclu.

Quelques jours avant, M. Dermonville avait fait une visite à madame Sennecour. Elle craignait que madame Delmontès et sa fille ne trouvassent le séjour de l'hôtel d'un veuf triste et ennuyeux, ou que tous ces petits riens, ces attentions, ces égards que réclament les femmes ne leur fissent défaut. Il engagea donc madame Sennecour à venir l'aider dans les préparatifs de réception qu'il faisait pour ces dames. Elle accepta de bonne grâce ordinaire, et le lendemain elle était de retour à son appartement de Paris, lorsque le valet de chambre de M. Dermonville vint la prévenir que son maître l'attendait.

— Venez, madame, venez admirer ma petite-fille, s'écria le comte en entraînant madame Sennecour dans une des chambres de son appartement; tenez, voyez, dites-moi, je vous prie, si mon coquin de neveu n'est pas plus heureux qu'il ne le mérite cent fois, et que véritablement il n'est pas étonnant qu'un aussi joli minois lui ait fait tourner la tête et se révolter contre mes volontés.

— Oui, je n'ai jamais rien vu d'aussi ravissant que cette charmante demoiselle; tant de grâces sont bien faites pour séduire; j'approuve, monsieur le comte, la conduite de votre neveu; pouvait-il aller plus loin chercher une autre femme, lorsqu'il rencontra la plus belle de toutes; il faut oublier sa désobéissance, puisqu'elle lui a été si heureuse, si utile !

— Comment! voulez-vous donc, madame, que j'accomplisse votre demande, puisque j'ignore où est ce fou, ainsi que son compagnon? Sans doute qu'en ce moment ces chevaliers errants cherchent en tous pays la dame de leurs pensées. Je doute fortement qu'ils réussissent.

— Savez-vous, monsieur le comte, que cette aventure est fort extraordinaire? Pauvre Jules, apprenez qu'il était le rival de lui-même, se donner tant de peines pour fuir un mariage qu'il désire!

— Mon enfant, ne vous affligez pas; au contraire dans tout ceci vous y gagnerez des preuves d'amour.

Lesby s'efforça de sourire aux dernières paroles du comte.

La comtesse Delmontès s'attachait chaque jour de plus en plus à madame Sennecour; la jolie femme, par ses manières distinguées, sa douceur, sa grâce, avait captivé l'amitié de la grand'mère, ainsi que celle de la jeune fille. Le comte et les deux dames s'étaient installés à Suresne, partageant leurs instants entre les arts et la promenade. Lesby soupirait de temps en temps, aucune nouvelle de Jules n'arrivait, chaque soir elle s'informait exactement si l'on en avait reçu dans la journée.

Ce fut quelques jours après l'installation à Suresne que se présenta Agathe chez madame Sennecour, et le lendemain de leur première entrevue cette dame se rendit de grand matin à la maison de Passy. M. et madame Tricot, surpris que leur fille leur procurât l'honneur d'une telle visite, se confondirent en salutations.

L'ancien bonnetier connaissait madame Sennecour de réputation par les éloges sans nombre que Zéphirin lui avait faits d'elle; aussi accorda-t-il la demande que madame Sennecour lui fit d'emmener Agathe pour plusieurs jours, et il promit de plus de se rendre à l'invitation que lui et son épouse reçurent de venir le surlendemain dîner à Surènes.

Madame Sennecour ainsi qu'Agathe quittèrent donc Passy et retournèrent à Surènes, où elles trouvèrent à leur arrivée la comtesse et sa fille réunies au salon:

— Voici, dit madame Sennecour en présentant Agathe, voici, ma Lesby, une amie que je vous amène, et que je vous engage à aimer comme je l'aime moi-même.

Il arriva ce jour la madame Sennecour un surcroît de société; ce fut Zéphirin, qui, sur un mot d'invitation de la maîtresse de la maison, se rendait près d'elle rempli d'ivresse et d'amour, et curieux de connaître le motif qui lui procurait un si précieux appel. Il entre au salon, personne. Il descend sans doute au jardin; il y court, lorsqu'au détour d'une allée il rencontre Agathe et Lesby, marchant près l'une de l'autre. La surprise de Zéphirin ne peut se décrire; sa cousine en ces lieux! Chez madame Sennecour! chez sa rivale! Sa surprise est telle qu'il ne peut plus ni avancer ni parler.

Les jeunes filles laissent échapper un sourire, Agathe quitte un instant le bras de Lesby et vient au-devant de son cousin en lui tendant la main.

Madame Sennecour fit part à Zéphirin de tout ce qui s'était passé.

— Vous êtes donc un ange, madame, pour faire succéder si peu de temps l'amitié à la rivalité? Ah! madame, tant de générosité, de vertus sont pour moi bien plus que je ne mérite au regret de votre perte.

— Non, mon ami, il faut vivre, il faut être indulgent envers moi, chasser de votre cœur le souvenir des peines que je vous ai causées, et recevoir en dédommagement ma main et ma fortune.

A ces mots, Zéphirin ne put plus se tenir, il perdit la tête, il était fou de joie et de bonheur.

Le lendemain, M. Tricot, ainsi que sa moitié, se rendirent chez madame Sennecour, comme ils en avaient été priés par elle. La toilette du bonnetier et celle de son épouse étaient des mieux soignées; M. Tricot, à son entrée dans le salon, se confondit en salutations; Agathe, à la vue de ses parents, se leva vivement de son siége et courut à eux pour les embrasser et débarrasser son père de l'antique parapluie qu'il tenait sous le bras, et dont, en saluant, il envoyait le bout dans le nez de plusieurs personnes de la société.

Les politesses que les braves gens recevaient les étourdissaient à un tel point qu'ils ne se reconnaissaient plus; il leur fallut même quelque temps pour démêler la confusion des choses qui les environnaient.

Zéphirin n'arriva qu'à l'heure du dîner, ses affaires ayant nécessité sa présence à Paris. Il entra dans le salon d'un pas assuré, la tête haute et le sourire de la bienveillance sur les lèvres; même à madame Sennecour, il ne parut plus cet amant timide, à l'œil triste, à l'air suppliant, mais bien l'amant heureux, fier de son triomphe et défiant le malheur de l'atteindre si haut. On se mit à table, Zéphirin se trouva placé presque en face de madame Sennecour. Le pauvre garçon, quoiqu'il n'eût rien pris depuis la veille, se sentait tellement bourré de son bonheur qu'il lui fut impossible, surtout en face de sa belle future, de remplir le vide de son estomac.

M. Tricot, intimidé par la société dans laquelle il se trouvait, ayant entendu dire qu'il était d'un très-mauvais ton de beaucoup manger, avait eu soin de former autour de son assiette une muraille de bouteilles et de carafes, afin de pouvoir, sans manquer aux convenances, satisfaire son appétit. Madame Tricot, flattée de ce que sa fille la lançait en si brillante compagnie, ne faisait pas plus d'honneur au repas que son neveu. Mais, lorsqu'au café madame Sennecour, se levant et prenant Zéphirin par la main, le présenta comme son époux, dans sa surprise, M. Tricot pensa s'étrangler en prenant son café; il en rendit la moitié par le nez, et tacha son gilet de piqué blanc; sa moitié lâcha un : ah! quel bonheur! qui retentit par-dessus les voix des complimenteurs qui entouraient Zéphirin et madame Sennecour.

On se retira bientôt, et l'on usa de la liberté accordée à la campagne, c'est-à-dire que chacun se dispersa de droite et de gauche. Madame Sennecour s'avança vers madame Tricot. Après quelques mots aimables, elle la pria de vouloir bien, ainsi que Zéphirin, lui accorder un moment d'entretien. L'ancienne bonnetière ouvrait les yeux d'un air étonné de s'entendre faire cette demande avec tant de respect

et de politesse; mais que pouvait avoir à lui dire une dame comme sa future nièce? sans doute lui demander, selon la bienséance, la permission d'épouser son neveu. Oh! certainement qu'elle la lui accordera, et l'en priera même.

Tout en faisant ces conjectures, ils arrivèrent tous trois au boudoir. Madame Sennecour fit placer madame Tricot près d'elle sur un divan, Zéphirin prit un siége et s'assit près de sa tante.

Madame Sennecour, s'adressant à madame Tricot, lui dit:

— Madame, vous êtes loin de vous attendre à ce que je vais vous apprendre; mais, si mes paroles blessent votre cœur, je m'estime heureuse d'avoir en baume consolateur à répandre dessus : c'est une faute, un malheur réparable que l'amitié m'engage à vous avouer.

— Votre Agathe, madame, a vu près d'elle un séducteur; elle écouta les serments qu'il faisait à ses pieds, son innocence les crut sincères, son âme se livra tout entière aux séductions de l'amour; elle succomba sans le vouloir, aujourd'hui le désespoir, les regrets déchirent son cœur; elle aima, elle fut faible, et porte maintenant dans son sein le fruit de son erreur.

— Ah! madame, que m'apprenez-vous là! ma fille déshonorée! mon Agathe!

— Calmez-vous, madame, l'honneur d'Agathe sera réparé, j'en ai l'espérance.

— Allons! ma tante, ne pleurez pas!

— Non, je ne veux plus la revoir, faites ce que vous voudrez, mais j'abandonne cette fille indigne.

A peine madame Tricot avait-elle prononcé ces dernières paroles que la porte du boudoir s'ouvrit, et Agathe en larmes vint tomber aux genoux de sa mère.

— Eloigne-toi de ma présence! s'écrie la mère en la repoussant et cherchant à se dégager des bras de sa fille.

— Grâce! grâce! ma mère! ou je meurs à tes pieds; pardonne à ta fille; ma mère! ma mère! au nom du ciel! ne me maudis pas!

Zéphirin et madame Sennecour joignirent leurs larmes et leurs prières à celles de la jeune fille; elle ne put résister à leurs supplications, releva sa fille, la pressa sur son cœur et mêla ses larmes aux siennes.

— Malheureuse enfant, lui dit-elle, que va dire ton père? comment as-tu pu dérober ta faute? mais quel est donc ton séducteur? où est ce monstre qui a perdu mon enfant et qui l'abandonne sans pitié?

— Madame, dit madame Sennecour, vous le connaîtrez bientôt, nous ne voulons le nommer qu'en vous le présentant comme gendre; quant à votre époux, ménageons son cœur, évitons de lui faire connaître ce malheur : permettez qu'Agathe reste près de moi, dans cette maison, jusqu'à ce que le titre d'épouse légitime sa position.

— Vous êtes, madame, une bien bonne amie; oui, et quelque chose me console dans mon malheur, c'est qu'il m'ait fait connaître un ange tel que vous; je vous confie ma fille, et je me repose sur votre précieuse amitié.

Pendant cette scène, M. Tricot se faisait résolument battre au billard par M. Dermonville; il aurait cru manquer d'usage en gagnant un comte, et voulait bien lui faire l'honneur de jouer avec lui. Madame Tricot vint le prévenir qu'il était temps de se retirer s'il voulait être couché à neuf heures, selon son habitude de trente années.

Cependant Zéphirin soupirait après son bonheur, qui lui semblait bien long à venir. Quinze grands jours à passer! Enfin ce jour fortuné jaillit du sein de l'éternité. Dès le matin, Zéphirin quitta son logement de garçon pour n'y plus revenir. Il monta non plus en coucou, mais dans un superbe équipage, et se rendit à Surènes, où le mariage devait se faire.

— Cocher! cocher! fouettez donc, je serai en retard.

L'ordre est exécuté, les chevaux brûlent le pavé, ils franchissent le pont de Neuilly, ils fendent l'air, ils arrivent.

Dix heures sonnent, les parents, les intimes encombrent les salons; les louanges, les félicitations s'entendent de tout côté; onze heures, puis midi; M. et madame Zéphirin sont de retour chez eux.

— Reviens, reviens, Léon! s'écrie en lui-même Zéphirin; reviens maintenant, mon bonheur n'a plus à redouter ta dangereuse présence !!!

XXIII. — Conclusion.

LE COMTE DERMONVILLE A JULES DELMAR SON NEVEU.

« Est-ce pour éprouver jusqu'où va ma bonté et ma patience que vous m'écrivez comme vous venez de le faire? Est-il possible que vous pensiez tout ce que vous me mandez? Quoi! vous renoncez à la main de Marietta? vous jurez de n'être jamais l'époux d'une autre que de la fille inconnue que le hasard a jetée sur vos pas. C'est indigne! vous rompez votre serment, vos promesses. Pourquoi m'avoir bercé d'une vaine espérance? pourquoi avoir laissé venir les choses au point où elles en sont? La comtesse Delmontès, comptant ainsi que moi sur votre parole, a quitté l'Italie; elle est ici pour conclure votre union avec sa fille, et vous refusez! Que voulez-vous donc que je lui dise? comment lui faire savoir que vous vous êtes joué d'elle, que vous renoncez à son alliance, parce qu'il vous a plu de vous amouracher d'une villageoise?

Votre conduite est affreuse! ne paraissez devant moi que décidé à m'obéir; je vous laisse quinze jours pour faire vos réflexions. Vous habitez, depuis huit jours que vous êtes de retour, chez M. Saint-Elde, votre ami : restez-y, car mon hôtel vous est interdit jusqu'au moment où vous viendrez m'assurer de votre soumission.

                           » DERMONVILLE. »

— Que dis-tu, Léon, de cette réponse?

— Que c'est celle à laquelle tu devais t'attendre. Te figurais-tu que le comte aurait renoncé à ses projets pendant ton absence?

— Puisqu'il m'interdit sa présence, qu'il ne croie pas que j'irai la chercher; non, je pars demain, je retourne à Saint-Carli, je me fixe dans la maison de Binon, jusqu'à ce que le hasard me fasse connaître les lieux qu'habite ma Lesby.

— Tu me fais peine, mon cher Jules, et je ne puis approuver ta résolution. Pourquoi dans l'état où tu te trouves, t'éloigner de tes amis? Tes recherches seront vaines, ta santé souffrira des fatigues que tu te prépares. Jules, tu n'as pas suivi mes conseils, tu t'es laissé ravir ta maîtresse, actuellement tes regrets sont inutiles; reviens à la raison, oublie un amour désormais sans espoir.

— Moi, l'oublier! qu'oses-tu dire?

— Tu veux donc doubler mes peines par ton éloignement : me laisser seul, abandonner ton ami? Ah! Jules, que ne puis-je te suivre! mais, non, je dois rester ici, comme toi je cherche une amie; je veux la trouver, réparer une conduite coupable, obtenir d'Agathe un pardon généreux, en lui rendant mon cœur et lui donnant ma main.

— Je t'approuve et j'envie ton sort : ta femme que tu aimes habite un lieu que tu connais, rien ne s'opposera à ton bonheur; mais, moi!

Léon conta à Jules comment il n'avait pu revoir la famille Tricot, qui voyageait en ce moment sans avoir dit où elle allait, et que Zéphirin, ayant changé de logement, n'avait pas laissé sa nouvelle adresse. Il était presque aussi désespéré que son ami. Mais la résolution de celui-ci paraissait inébranlable, il voulait quitter la France. Après avoir donné des conseils à Léon, Jules, guidé par sa générosité, voulut faire un cadeau de noces à Agathe, en lui laissant un contrat de huit mille francs de rente à son ami.

— Jules! Jules! tu me désespères, garde tes dons; s'il faut que j'en jouisse loin de toi, je ne puis les accepter.

— Léon, je t'en supplie, reçois cette marque de mon amitié; si un jour tu veux me remercier de ce léger service, eh bien! lorsque Agathe sera ta femme, viens avec elle à Saint-Carli consoler et plaindre ton ami.

Léon passa la nuit près de Jules, le suppliant de renoncer à son projet; ses prières, ses larmes mêmes ne purent ébranler sa volonté. Le jour avait paru depuis longtemps, les chevaux de poste entraient dans la cour, la voiture n'attendait plus que le voyageur. L'heure sonna, les deux amis s'embrassèrent les larmes aux yeux; Jules allait s'élancer dans la chaise de poste, lorsqu'un homme inconnu s'approchant, lui remit une petite boîte et s'éloigna aussitôt avec vitesse. Jules, surpris, la tourne et retourne dans ses doigts sans l'ouvrir; Léon l'engage à connaître ce qu'elle renferme; Jules brise le lien, regarde, et pousse aussitôt un cri de surprise et de joie, puis regagne en courant son appartement. Léon, ne comprenant rien à ce subit changement, se hâte de lui en demander l'explication. Jules ne l'entend pas; il se promène dans la chambre les yeux fixés sur la boîte, en la portant sans cesse à ses lèvres. Léon croit que son ami a perdu la tête, il s'approche de lui; puis saisissant la boîte, son regard est frappé d'étonnement en voyant qu'elle renferme le portrait de Lesby. Un papier frappe aussitôt leur vue. Jules le prend, l'ouvre; trois mots de la main de Lesby y sont tracés, ce sont : Lesby, amour, Paris. Plus de doute, Lesby est près d'eux : mais pourquoi ce billet si laconique? pourquoi ce mystère? comment a-t-elle appris leur retour, leur demeure? pourquoi le porteur de ce message n'a-t-il disparu? Il faut le chercher, visiter tout Paris, se rendre dans les lieux publics, les promenades, les spectacles, les jardins; jours de repos, vite une voiture, il faut partir de suite.

Voilà les amis en course, se rendant dans les promenades, lorgnant toutes les jeunes filles de la taille de Lesby; la journée se passe, rien; le soir, l'Opéra, encore rien; à demain donc; et le lendemain mêmes démarches sans réussir davantage. Le surlendemain Jules recommence ses courses, Léon ne l'accompagne pas, le jeune homme a visité le Musée, s'est promené cinq heures aux Tuileries; en rentrant, il cheminait tristement dans la rue Saint-Florentin, un équipage s'avance derrière lui; il se range près de la muraille, afin de le laisser passer; ses yeux se lèvent machinalement sur la voiture; un monsieur et plusieurs dames la remplissent. Jules a fixé l'une d'elles : ô surprise! il reconnaît Lesby, pousse un cri, s'élance vers elle; mais le cocher vient de fouetter ses chevaux, ils redoublent leur course; Jules court de toutes ses forces en criant d'arrêter; la voiture est déjà loin de lui, elle détourne la rue, il la perd de vue; afin de la rattraper, il court plus vite, arrive au tournant, il aperçoit entrer rue Duphot, il traverse le boulevard; les chevaux ont ralenti leur pas et entrent rue du Helder. Jules fait encore un effort, double le pas, prend la même rue; il respire, la calèche s'est arrêtée devant une porte cochère, mais elle est vide.

— Cocher! dites-moi où sont les personnes que vous conduisiez il n'y a qu'un instant?

— Monsieur, dans cette maison, chez M. de Brainville.

— Vont-elles descendre bientôt?

— Je ne crois pas, car elles viennent pour dîner; si vous voulez leur parler, vous pouvez monter, monsieur.

— Dites-moi, il y avait avec eux une jeune personne?

— Oui, une de leurs jeunes parentes qui arrive de la province.

— Mon ami, quel est ce M. de Brainville?

— Parbleu, monsieur, rien moins que le père du futur.

— Son futur! Jules, furieux, s'élance dans la maison, monte quatre à quatre les marches de l'escalier, un domestique se présente à lui sur le carré.

— M. de Brainville?

— Monsieur est à table, vous ne pouvez entrer. Votre nom? monsieur, je vais le prévenir.

— C'est inutile, il ne me connaît pas, je désire seulement parler aux dames dont la voiture est à la porte.

— Oui, monsieur, je cours les prévenir.

— Qui est-ce qui demande ma femme, qui est-ce qui vient nous déranger de notre dîner? dit un petit homme jouffu, à l'air insolent et hautain. Quoi! c'est un jeune homme? ah! que voulez-vous, mon ami?

— Mille pardons, monsieur, de mon importunité, mais j'ai eu l'honneur de vous voir passer dans votre calèche rue Saint-Florentin; mes yeux ont fixé et reconnu dans votre voiture une jeune personne nommée Lesby; on la dit votre parente. Ah! monsieur, je l'adore, voilà un mois passé qu'elle a quitté Saint-Carli, que je la cherche, que je meurs des tourments de l'absence; elle est, m'a-t-on dit, chez vous prétendu; monsieur, de grâce, ne l'unissez pas à un autre que moi, je vous implore et réclame de vous l'unique objet de mon amour.

— Mon cher, répond le petit homme en laissant échapper un sourire moqueur, mon cher, vous vous trompez et premièrement je n'ai point passé, ni ma voiture non plus, dans la rue Saint-Florentin, mais bien dans celle de la Michodière; ensuite ma cousine se nomme Marianne et non Lesby, jamais elle n'est allée à Saint-Carli. Si je n'avais pitié de vos folies, je vous ferais jeter par mes gens en bas de l'escalier.

— Monsieur, vous êtes un insolent, un faquin, un imposteur. J'ai vu et reconnu Lesby dans votre voiture, elle est ici; il faut que je la voie, ou moi-même, sans le secours d'aucun valet, je vous fais sauter par la fenêtre.

A cette menace, le petit monsieur pâlit, recule épouvanté en criant au secours de toutes ses forces. Ses cris donnent l'alarme dans la maison; les convives abandonnent la table et accourent dans l'antichambre.

— Monsieur Brainville, faites, je vous prie, arrêter ce furieux, ce fou qui vient me demander sa maîtresse, qui me soutient l'avoir vue dans ma voiture, qui m'insulte et me menace de me faire sauter par la fenêtre...

M. Brainville interrompt le plaignant, puis, s'adressant à Jules, demande au jeune homme l'explication de sa démarche; la manière polie avec laquelle le maître de la maison fait cette demande à Jules dispose le jeune homme en sa faveur; il commence à s'expliquer, mais le petit monsieur, l'interrompant à chaque parole, force Jules de demander à M. de Brainville à lui parler en particulier; sa demande est accordée; avant de passer dans une autre pièce, Jules salue avec grâce les dames de la société, son regard les fixe et ne reconnaît pas Lesby.

Après avoir raconté ses amours, ses recherches, et Jules n'étant satisfait que lorsqu'il eut entendu M. de Brainville lui donner l'assurance que Lesby lui est inconnue, qu'elle n'est pas chez lui, Jules reconnaît alors son erreur, voit qu'il s'est trompé de voiture, adresse ses excuses, et s'éloigne de la maison confus et désespéré.

Jules, en réfléchissant, atteint la demeure de Léon; son ami l'attendait, le voit rentrer avec un air soucieux, l'interroge, s'il n'est pas arrivé de nouvelles catastrophes?

Jules raconte son aventure, sa rencontre de Lesby, invite Léon à l'aider dans ses recherches de la soirée.

— Je ne puis, mon ami, c'est avec regret que je te refuse; pendant ton absence il m'est arrivé du nouveau, oui, une invitation qui me flatte et me contrarie; tu vois cette lettre, elle est de madame Sennecour, elle m'apprend qu'étant à Paris elle désire me parler, qu'elle m'attend ce soir chez elle; vraiment je suis fort embarrassé de la conduite que je dois tenir en cette circonstance; j'ai cru t'aimer, je le lui ai dit; si elle allait m'aimer encore, me sommer de tenir mes serments! dis-moi, Jules, qu'en penses-tu?

— Son silence envers nous, lorsque nous étions loin d'elle, me fait croire le contraire, mais sa démarche du moment me ferait espérer que son amour pour toi se réveille avec ta présence; s'il en était ainsi, adieu ton retour vers Agathe, adieu tes nouveaux projets de sagesse.

— Oh! non, tu me juges mal, oublier Agathe, cela me serait impossible, crois-tu donc que, si j'aimais encore madame Sennecour, depuis que nous sommes à Paris je serais resté sans la voir? Agathe possédait mon cœur avant elle.

— Oui, dans ce temps la jeune fille était pour ton cœur et la dame pour ta vanité; mais franchement, ton retour vers Agathe ne serait-il pas causé par le dépit d'avoir été oublié de madame Sennecour?

— Ah! Jules, tu ne rappelles pas combien Kesy m'a fait connaître les maux que l'amour fait souffrir?

L'instant de se rendre à son invitation étant arrivé, Léon quitta Jules en lui promettant de la rejoindre dans la soirée ; il s'achemina vers la demeure de madame Sennecour ; son cœur battait en approchant de la maison.

— Asseyez-vous près de moi, monsieur le coureur ; il faut, à ce qu'il paraît, que ce soient les dames qui fassent près de vous les premières avances lorsqu'elles souhaitent votre visite : c'est mal, très-mal : fi ! monsieur, depuis quinze jours être à Paris et ne pas venir voir ses amis, ne pas seulement leur donner de leurs nouvelles !

— Je pense, madame, que ce reproche vous est mérité autant qu'à moi, j'oserai même l'assurer.

— Vous croyez, monsieur ? pourriez-vous m'en expliquer la raison ?

— Comment, madame, vous me le demandez, avez-vous oublié votre silence de quatre mois ?

— Mon silence, monsieur ? répond madame Sennecour en prenant un ton sévère, vous osez vous en plaindre ? et moi, je rends grâce d'avoir eu la force de le garder ; si je l'avais rompu, ce n'eût été que pour vous accabler de reproches.

— Moi, madame ?

— Oui, monsieur, pour vous faire sentir combien il était peu généreux à un homme d'être venu, par de trompeuses tendresses, troubler le repos d'une femme, faire naître en son cœur une passion qu'il était incapable de partager. Ah ! monsieur, c'est une indignité !

— Mais, madame, qui vous a dit que mes sentiments n'étaient pas réels ?

— Votre victime, monsieur, l'infortunée que vous trompiez, lorsqu'à mes pieds vous osiez m'adressiez vos serments mensongers.

— Que dites-vous, madame ? Agathe....

— Vous venez de la nommer, oui, Agathe, déshonorée par vous, portant dans son sein le fruit de votre perfide amour, abandonnée sans pitié par son séducteur à la malédiction de son père...

— Ah ! madame, ne m'accablez point, je fus bien coupable, mais je reviens réparer mes torts.

— Et savez-vous, monsieur, s'il en est encore temps, si la pauvre enfant a pu surmonter son malheur, si sa famille ne lui a pas fait payer de la vie une faute qui n'était que la vôtre ?

— Voyez mes pleurs, madame, jugez de ma douleur, de mes regrets ; apprenez-moi où est Agathe, que je coure près d'elle implorer mon pardon, lui demander sa main !

Madame Sennecour, émue par le repentir de Léon, par ses larmes, relève le jeune homme, et dit avec douceur en lui serrant la main :

— Léon, êtes-vous sincère ? Agathe trouvera-t-elle en vous un époux et un père pour son enfant ?

— Ah ! madame, pouvez-vous en douter ? j'en fais ici le serment sacré.

— Viens, mon Agathe, embrasser ton époux, s'écrie madame Sennecour. A ces mots, une porte s'ouvre et Léon reçoit Agathe dans ses bras.

— Léon ! Léon ! s'écrie la jeune fille en sanglotant, il est donc vrai que tu m'aimes, que je te revois ? oh ! mon ami, que tu m'as fait de mal !

— Chère Agathe, que j'étais coupable ! oui, désormais je ne veux vivre que pour te rendre heureuse, pour te faire oublier les chagrins que je t'ai causés.

Madame Sennecour, heureuse de son ouvrage, les contemplait avec délices. Depuis longtemps durait cette scène touchante ; déjà tous les plans étaient arrêtés pour préparer l'union de Léon et de son amie, lorsqu'un coup de sonnette se fit entendre.

— Je viens, monsieur Saint-Elde, vous présenter votre épouse ; maintenant je vais vous faire une autre surprise, celle de vous présenter mon époux.

— A vous, madame ! et depuis quand êtes-vous mariée ? quel est l'heureux mortel ?...

— Le voici, répond la dame en désignant Zéphirin qui entrait au même moment. La surprise de Léon est à son comble, il reste muet, immobile d'étonnement.

— Venez, venez, mon ami, embrasser M. Léon, il est encore digne d'être aimé de vous.

— Léon, dit Zéphirin, seras-tu l'époux d'Agathe ?

— C'est mon plus grand désir ; dès demain, si c'est possible.

— Bravo ! j'ai retrouvé mon ami. Embrassons-nous, cher Léon, il y a si longtemps que nous ne nous sommes vus ! Ah ! mauvais sujet, tu m'as bien fait enrager, mais tout est oublié.

— Mon ami, répondit Léon, tu devais m'excuser ; ce qui est aimable et beau plaît, et fait naître dans tous les cœurs le désir de le posséder.

— Flatteur ! dit madame Sennecour, désormais soyez sage, surtout ne désirez que votre bien, et respectez celui des autres.

Les moments heureux s'écoulent avec rapidité ; aussi la soirée se termina-t-elle trop vite au gré de Léon. L'heure avancée le força de quitter Agathe. Zéphirin, en le conduisant, le prévint que, désirant revoir Jules, il se rendrait chez lui le lendemain au matin.

Jules avait dans la soirée parcouru les divers théâtres sans avoir été plus heureux dans ses recherches ; désolé, perdant courage, voyant fuir ses espérances, il était rentré le cœur rempli de douleur. Léon le trouva les coudes appuyés sur une table, la tête dans les deux mains et absorbé dans ses pénibles réflexions. Hélas ! ce pauvre Jules, Léon doit-il lui parler de son bonheur ? ne serait-ce point augmenter sa peine en lui apprenant qu'il n'y a plus que lui de malheureux ? Léon debout,

immobile au milieu de la chambre, contemplait Jules, qui ne l'avait point aperçu, tant il était absorbé dans ses sombres pensées.

— Jules, dit Léon, toujours triste, mon ami ?

— Hélas ! toujours malheureux, cher Léon ; mais toi, as-tu quelques nouvelles ?

— Oui, et je voudrais que ton bonheur fût aussi certain que le mien ; j'ai retrouvé mon Agathe.

— Tant mieux, mon bon ami ; sans doute elle t'aime, je t'en félicite ; et Zéphirin ?

— Zéphirin est l'époux de madame Sennecour.

— Allons, il n'y aura que moi d'infortuné et, cependant, Léon, ne crois pas que je sois jaloux de votre bonheur ; au contraire, s'il n'était pas certain, je donnerais tout pour qu'il s'accomplît ; mais moi, moi, je suis seul maintenant, seul, et l'amour ne couronnera pas les vœux... Léon, sonne Germain, je veux prendre du repos, je me sens mal, très-mal, le désespoir s'empare de moi, mon ami ; je crois que je n'aurai pas la force de supporter tant de maux...

Léon exécuta la demande de son ami ; puis ils se séparèrent pour prendre du repos. Léon fut éveillé par Zéphirin.

— Comment, paresseux ! encore au lit ! je viens vous chercher, Jules et toi, vous emmène tous deux déjeuner chez moi.

— Merci, mon bon ami, mais je ne crois pas que Jules profite de ton invitation, il est chagrin, souffrant, il y a si longtemps que nous ne nous sommes vus ! depuis il nous est arrivé bien des aventures, nous avons besoin d'épancher notre cœur dans le sein de l'amitié, ainsi je vais donc t'instruire de tout ce qui cause nos tourments.

Léon raconta les incidents de leur voyage, les amours de Jules, la disparition de Lesby, enfin tout ce qui leur était arrivé. Léon était loin de se douter que Zéphirin fût au fait de leurs aventures, et que d'un mot il lui était facile de terminer leurs peines.

Lorsque Léon eut parlé, Zéphirin lui demanda quelles étaient les intentions de Jules, s'il ne retrouvait pas Lesby, s'il se rendrait aux volontés du comte Dermonville.

— Je ne le crois pas, répondit Léon ; les suites de tout ceci m'inquiètent ; je crains fort, s'il ne la retrouve et ne l'obtient, que la douleur ne détruise sa santé : il souffre horriblement et change à vue d'œil.

— Tu m'effraies, est-il possible que Jules soit aussi amoureux ! Mais que diable ! qui donc s'en serait douté ?

— Depuis que nous sommes à Paris, mon cher, nous cherchons Lesby en tous lieux, nous sommes certains qu'elle habite cette ville, et nous ne pouvons la découvrir...

— C'est qu'apparemment vous ne cherchez pas où elle est.

— Je crois, en vérité, que tu plaisantes, y penses-tu ? Zéphirin ! lorsque notre ami se meurt de douleur.

— Non, je m'en garderais bien, la position de Jules m'affecte trop, et je vais t'en donner une preuve certaine en trahissant un secret. Écoute : si depuis que vous êtes à Paris, au lieu de vivre comme des loups, de fuir vos amis, vous étiez venus nous trouver, vos chagrins seraient terminés : vous cherchez Lesby en tous lieux, veux-tu savoir où elle est ?

— Zéphirin ! de grâce ! ne fais pas le plaisant, tu abuses de ma patience, c'est mal à toi.

— Ingrat ! tu te fâches, lorsque pour le bonheur de Jules je trahis mon serment : apprends donc que Lesby et Marietta sont la même, que depuis six semaines elle attend Jules chez M. Dermonville, et lorsque vous la cherchez par la ville, elle soupire, gémit dans l'hôtel du comte.

Léon, à ces mots, bondit de joie ; il danse, il chante, il étouffe Zéphirin dans ses bras.

— Assez, assez ! tu m'ôtes la respiration, calme-toi, je t'en prie.

— Dieu ! quel bonheur, Zéphirin ! ce que tu m'apprends est-il possible ? quel heureux hasard ! quelle surprise pour Jules ! courons la lui apprendre, séchez ses larmes.

— Un moment, je t'en prie : ne précipite rien, tu dois garder le secret encore un jour.

— C'est impossible, mon cher, il m'étouffe, et d'ici à ce temps, si je me tais, Jules et moi sommes morts.

— Mon ami Léon, je t'en supplie, si tu parles, tu vas gâter la fête, ôter tout le piquant de la surprise.

— Comment ! la fête, la surprise ?

— Oui, la fête, une petite scène pastorale de la Suisse, représentant les amours de Jules, dans laquelle Lesby remplira son propre rôle. Juge de l'effet lorsque la toile lèvera, et que notre ami reconnaîtra sa maîtresse !

— Je conçois que cela serait fort curieux, mais s'il meurt de douleur avant le lever de la toile, adieu la surprise.

— Bah ! laisse donc, on ne meurt pas d'amour.

— Comme toi, je le croyais, mais en Suisse j'ai vu le contraire, ou peu s'en faut.

— Vraiment, sais-tu que c'est fort utile de voyager en Suisse ? on apprend des choses dont on ne se douterait pas.

— Dis-moi, Zéphirin, ne pourrait-on de suite commencer la pastorale ? Un peu plus tôt, un peu plus tard, qu'importe ?

— Impossible, mon ami, les rôles ne sont pas tout à fait sus ; moi-même, j'en remplis un des principaux, et je dois chanter un air que ma femme a toute la peine du monde à m'apprendre ; voilà huit jours qu'elle me l'exécute sur son piano, et je n'en retiens encore tout au plus que la moitié.

— Jamais, alors, tu ne seras prêt demain, et s'il faut attendre que tu saches l'autre moitié, Jules aura tout le temps de mourir. Mais où se donne cette fête?

— A la maison de Surènes, le théâtre est dressé sur la terrasse du jardin, ma femme doit vous inviter aujourd'hui à vous y rendre, et en cas de résistance de la part de Jules, le comte Dermonville a fait écrire par Lesby certain billet qui nous assurerait notre réussite pour l'attirer où nous souhaitons.

Madame Delmontès aïeule de Lesby.

— Zéphirin, Lesby est-elle à Paris en ce moment ou à la campagne?

— A Paris, mais elle part avec ma femme cette après-midi pour Surènes, afin de tout préparer pour demain..Tu viendras chez moi ce matin, je te prie en grâce de feindre de tout ignorer, sans cela ma femme me gronderait de mon indiscrétion; dispose Jules à se rendre à Surènes; s'il résiste, tu nous le feras savoir, alors nous lancerons le billet en question.

Ils passèrent tous deux dans la chambre de Jules; le jeune homme se trouvait mieux que la veille; un peu de sommeil avait rafraîchi ses sens; il reçut Zéphirin avec joie, mais refusa l'invitation de déjeuner chez lui.

Aussitôt après le départ de Zéphirin, Jules retomba dans sa mélancolie habituelle.

— Habille-toi promptement, lui dit Léon en souriant, et suis-moi où je vais te conduire.

— Non, mon cher, je reste ici la matinée. D'ailleurs, où voudrais-tu aller?

— Où? eh parbleu! près de Lesby.

— Près de Lesby! Léon, mon cher Léon, saurais-tu où elle est? l'aurais-tu découverte?

— Oui, mon ami, tes peines sont finies, et ton bonheur va commencer.

Léon rend compte de tout ce que lui a appris Zéphirin. Jules, en l'écoutant, se livre aux plus doux transports. Jules, en l'écoutant, se livre aux plus doux transports; ses soucis disparaissent de son visage, ses yeux s'animent et le sourire renaît sur ses lèvres.

— Oh! mon cher Léon, que viens-tu de m'apprendre? quel singulier hasard! que de peines inutiles ce singulier quiproquo m'a causées, ainsi qu'à toi, mon ami, qui partageais mes chagrins!

— Crois-tu donc, Jules, que, si ton oncle s'est vengé si cruellement de toi, nous n'allons pas avoir notre revanche? Suis-moi, et tu en jugeras.

— Que prétends-tu faire?

— Nous rendre à Surènes, enlever Lesby, l'amener ici, et forcer ton oncle, ainsi que la comtesse Delmontès, à venir nous demander grâce.

— Y penses-tu? faire encore des folies, compromettre Lesby! non, soyons prudents, mon oncle me destine sans doute récompense du tourment qu'il m'a fait endurer; partons pour Surènes, que je sois aujourd'hui assez heureux pour entrevoir un moment ma belle maîtresse, et j'attendrai après le précieux instant qui doit nous réunir.

Les deux amis convinrent de partir au milieu du jour; en attendant ils furent rendre visite à Zéphirin, ainsi qu'à son épouse. Agathe était dans sa chambre, sa position ne lui permettait plus de se présenter en société, sa grossesse était trop avancée pour ne point être remarquée au premier abord. Léon laissa Jules au salon et monta près d'elle. Madame Sennecour vint les rejoindre, ils parlèrent tous trois de leur mariage, et l'arrêtèrent au jour le plus proche qu'il fut possible; ils convinrent de tout, et se séparèrent lorsque vint avertir Léon que Jules le demandait. Avant de partir, les deux amis promirent de se rendre à l'invitation que leur fit madame Sennecour pour le lendemain à sa campagne. Jules avait eu soin, tout le temps qu'avait duré sa visite, de paraître triste et rêveur; Zéphirin, ainsi que son épouse, avaient de même réglé leur air sur celui du jeune homme.

— Vite en voiture! s'écrie Léon en sortant, et en moins de deux heures les amis sont à Surènes, rôdant autour des murs du jardin de la maison de campagne. Une brèche se présente, et aussitôt tous deux ont sauté dans le jardin. Ils s'enfoncent dans une sombre allée, choisissent une charmille qui puisse les dérober à la vue des gens occupés aux préparatifs; ils attendaient depuis longtemps, Léon, plusieurs fois, s'était risqué jusqu'à se rendre sous les fenêtres; aucun bruit, aucun mouvement n'annonçaient que les dames fussent arrivées. Ils attendirent jusqu'au soir; enfin le bruit d'une voiture, puis la voix de madame Sennecour parlant à un jardinier, firent connaître aux jeunes gens qu'ils n'avaient plus qu'à prendre patience quelques instants; ils se glissaient tous deux en silence derrière les arbres et les charmilles, regardant de tous leurs yeux s'ils n'apercevaient pas Lesby, lorsqu'on ouvrit une persienne donnant sur le jardin.

— C'est elle! s'écrie Jules en serrant la main de Léon, regarde, elle s'avance dans cette avenue, ô bonheur!

Jules allait s'élancer au-devant d'elle, Léon l'invite à attendre que la jeune fille soit près d'eux ou du moins plus éloignée de la maison. Lesby prend une autre allée, qui conduit à l'extrémité du jardin; les amis s'y rendent par un détour. Lesby marche lentement, ses yeux sont fixés sur la terre; elle pousse un cri de frayeur en voyant subitement un homme sortir d'un taillis et tomber à ses pieds.

Visite de monsieur et madame Tricot chez madame Sennecour.

Dans la soirée du lendemain, une foule d'équipages remplissaient la rue et la cour, le monde encombrait les salons. Deux jeunes gens venaient d'entrer, c'étaient Jules et son ami; madame Sennecour s'empara du premier, le conduisit dans une pièce éloignée, et là le présenta à M. Dermonville, ainsi qu'à madame la comtesse Delmontès.

— Pardon! mon cher oncle, si j'ose me présenter devant vous après la défense que vous m'en avez faite; j'ignorais, en me rendant ici, avoir le bonheur de vous y rencontrer.

En disant ces mots d'un ton soumis et respectueux, Jules avait pris la main du comte et la portait à ses lèvres sans que son oncle s'y opposât.

— Monsieur, répondit le comte, je souhaite que votre soumission à mes volontés me mette à même de révoquer cet ordre sévère ; voici madame la comtesse Delmontès que votre conduite a blessée, adressez-lui vos excuses, rentrez dans le devoir , et nous vous pardonnons.

— Monsieur le comte, et vous, madame, je sais que votre seule envie est de me rendre heureux , je sens combien votre bonté et le choix que vous daignez faire de moi m'honore, il me serait doux de pouvoir accepter la main de ma cousine, de satisfaire votre volonté, mais j'ai juré et je jure encore que jamais je ne prendrai pour épouse une autre que la jeune fille de Saint-Carli, elle a reçu mes serments, elle m'aime, je l'adore et lui serai fidèle...

En traversant une des pièces, Jules rencontra Zéphirin en costume de paysan suisse, occupé à repasser son rôle, à fredonner son grand air.

— Cours donc prendre ta place, tu arriveras trop tard; on s'entasse devant le théâtre, on va commencer.

— Viens, Agathe , viens embrasser ton époux, dit madame Sennecour. Une porte s'ouvre, et la jeune fille est dans les bras de Léon.

Jules rejoint Léon , ils se glissent ensemble derrière une des coulisses. L'orchestre exécute l'ouverture; Lesby, au lever du rideau, est couchée sur un banc. Les spectateurs applaudissent à la grâce de la jolie paysanne suisse, et les bravos redoublent avec fureur, lorsque Jules, sortant de sa cachette, tombe aux pieds de Lesby, et que Léon, paraissant à son tour, vient entourer les deux amants de guirlandes de fleurs.

Le comte devine, à ce coup de théâtre inattendu, qu'il a été trahi, ce qui ne l'empêche pas de joindre ses applaudissements à ceux des autres personnes. La scène est aussitôt escaladée, on entoure les amants, on les entraîne dans le salon; là Jules et Lesby trouvent le comte et la comtesse, qui les reçoivent dans leurs bras. Plus de peines , plus de séparation : et la danse, les plaisirs terminent gaiement cette heureuse soirée.

Quinze jours après, les fêtes se renouvelaient dans la même maison. Cette fois c'était pour célébrer l'union de Jules et de Lesby. Deux jours avant, une réunion d'amis avait, en silence, dans une petite maison de Passy, fêté celle de Léon et de sa chère Agathe.

L'hiver se passa; au retour du beau temps, les trois amis, ainsi que leurs jolies femmes , entreprirent un voyage à Saint-Carli. Jules désirait parcourir encore les montagnes et les vallées témoins de ses amour. Ils partirent. Arrivés à Lucerne, après un heureux et gai voyage, ils descendirent à l'auberge qu'ils avaient habitée jadis. Pendant que les dames se délassaient de leur fatigue, Léon et Jules se rendirent à la maison de M. Bernard; étonnés de la trouver entièrement fermée, ils frappent , personne ne répond, alors ils s'informent.

— Monsieur Bernard et son épouse ont quitté le pays, répondirent les voisins.

— Depuis quand, s'il vous plaît ?

— Depuis la mort de leur belle-sœur Kesy.

— Hélas! Kesy est morte! y a-t-il longtemps?

— Six semaines environ après votre départ, reprit une jeune fille

— Qui est-ce qui demande ma femme, qui est-ce qui vient nous déranger de notre dîner? dit M. de Brainville.

que Léon reconnut pour Betty ; oui, six semaines après, en prononçant votre nom , monsieur Saint-Élde.

Un homme sort d'un taillis et se jette à ses pieds. O transports! Lesby vient de reconnaître Jules.

A cette triste nouvelle, des larmes coulèrent des yeux des deux amis, un soupir s'échappa de leur sein, et le regret se plaça dans leurs cœurs.

FIN DE LA FAMILLE TRICOT.

LE JALOUX,

PAR LE MÊME.

Dercy avait trente ans, il n'était ni beau ni laid, mais la bonté naturellement empreinte sur son visage faisait qu'il plaisait au premier abord. Il était de petite taille, mais il avait quinze mille livres de rente et un délicieux appartement au boulevard du Temple. Il aimait les femmes, mais il ne les estimait pas. C'est que deux fois déjà il a aimé sincèrement, et deux fois il s'est vu indignement trahi. Au milieu de ses bonnes qualités, la jalousie s'est venue nicher au fond de son cœur. Il est soupçonneux, jaloux, égoïste en amour; il se fait comme à plaisir le geôlier, le tyran de ses maîtresses; il croit toujours qu'elles sont prêtes à le trahir. Aussi déblatère-t-il sans cesse contre les femmes, et leur a-t-il juré une haine éternelle.

— Soyons ferme! disait-il, non, plus d'amours, et par conséquent plus de chagrins. Elles sont belles, et en l'arrêtant sur chaque jolie femme. Elles sont belles, mais combien cette beauté n'entraîne-t-elle pas d'ennuis à sa suite! Ne faiblissons pas devant ces coquettes, qui nous ôtent le repos, qui n'aiment que les compliments de ceux qui ne les connaissent pas. Ah! les femmes, les femmes!

Ainsi pensait Dercy au balcon de l'Opéra, en promenant son binocle autour de la salle, et en l'arrêtant sur chaque jolie femme.

— Hélas! hélas! comme en voici de jolies! Combien de candeur ou plutôt d'hypocrisie sur leurs traits! Heureux celui qui saura les séduire, s'en faire aimer, oui, mais s'il est assez adroit pour ne point les aimer.

Dercy, se sentant toucher légèrement à l'épaule, se retourne et répond par un sourire au sourire que lui adresse l'ami qui vient de prendre place près de lui.

— Bonsoir, Francis. — Bonsoir, cher Dercy, voilà un siècle que je ne t'ai vu. — La faute à toi, qui négliges tes amis et ne daignes seulement pas leur faire une visite, répond Dercy. — J'arrive de Lyon, où pendant quatre mois de nombreuses affaires de famille m'ont retenu; mais libre désormais je suis tout à toi, c'est-à-dire à l'amitié. — Très-bien, car j'ai besoin de ta présence. — Te serait-il arrivé quelque malheur pendant mon absence? — Beaucoup, mon cher Francis. Oh! les femmes sont des infâmes! — Encore les femmes! Franchement, mon pauvre garçon, tu joues de malheur; allons, raconte-moi tes chagrins, dépose tes douleurs dans le sein d'un ami fidèle. — Tu plaisantes, Francis, et pourtant je suis fort à plaindre... — C'est ce dont j'ai hâte de juger, car, mon pauvre Dercy, d'après le caractère que je te connais, il m'est permis de douter de la réalité de ta douleur. Avant de la partager et de te plaindre, je veux savoir si tu n'en serais pas l'auteur volontaire. — Peut-être, hélas! et cependant est-ce de ma faute s'il n'y eut chez les femmes de véritable amour, si elles sont toutes coquettes et trompeuses? — Très-bien, nous reprenons l'entretien ordinaire sur ces pauvres femmes dont tu as si mauvaise opinion et dont je pense tant de bien, répond Francis en souriant. — C'est qu'alors tu as pour dupe comme je suis leur martyr.

La toile venant à se lever interrompit l'entretien et, le ballet terminé, les deux amis quittèrent le théâtre; ils se dirigèrent bras dessus, bras dessous vers le café Anglais, où, en soupant ensemble, ils reprirent la conversation.

— Tu me disais donc, Dercy, que le sort t'était cruel... — L'amour, du moins, répond ce dernier. — Bon! je devine : ta dernière maîtresse, cette jolie veuve que tu disais aimer d'un amour extrême, a trahi ses serments, elle a été infidèle. — Oui, comme bien d'autres! — Cela ne me m'étonne pas; toujours jaloux, exigeant et querelleur, tu possèdes au suprême degré l'art d'aliéner le cœur le plus fidèle; il en sera toujours ainsi, car toute femme repoussera un amour sans confiance. — Sans confiance! sans confiance! et comment en avoir avec ces étourdies qui, par leur désir imprudent de plaire à tous les hommes, ne cessent de déployer en tous lieux le manège de la coquetterie la plus raffinée? répond Dercy avec humeur. — Qu'importe! que ta femme ou ta maîtresse souhaite de paraître aimable et plaire aux hommes, si son cœur te reste, si elle n'aime que toi; tant mieux alors, car les louanges que lui attirent sa grâce et ses charmes rejaillissent sur toi, et ne la rendent que plus aimable et plus précieuse à tes yeux. — Beau raisonnement, ma foi! Ah! bien oui, laissez donc une femme libre de suivre son instinct, laissez-la écouter les propos mielleux de tout galant qu'elle enhardira par ses œillades et sa coquetterie, et bientôt vous compterez un gendre de plus. — Une femme ne peut-elle écouter les compliments que lui attirent ses charmes sans pour cela faillir à la foi jurée?... dit Francis.

— Une fois, deux fois, non! mais la troisième ne peut-il arriver que le courtisan, plus beau, plus jeune ou plus riche que l'époux ou l'amant en titre, n'emporte d'assaut le cœur de la coquette? Francis, mon cher, et ne t'est-il pas arrivé dix fois, par les douceureux discours, d'enlever une belle à son amant? — J'en conviens; mais quelles femmes! et combien j'avais peu à me glorifier de semblables conquêtes! Or donc, faisons un bon choix, plaçons bien nos affections et dormons sans crainte; car la vertu de notre amie est la sauve garde de notre

honneur. — Oui, je dormais ainsi sur la vertu de ma belle veuve, qu'en est-il résulté? Que la jolie traîtresse, au carnaval dernier, profitant de mon sommeil, s'est échappée de mon lit pour courir me chercher un successeur au bal de l'Opéra. — Au bal de l'Opéra où elle brûlait d'aller avec toi une nuit seulement, que tu lui refusais obstinément, en lui dépeignant ce lieu comme un centre de perdition pour les femmes. — N'avais-je pas raison d'agir ainsi pour la dégoûter de ce caprice? — Non, non, tu ne fis qu'exciter son envie, et fille d'Ève, jalouse de goûter de ce fruit défendu, elle s'y rendit seule... — En ce lieu maudit aussi dangereux pour les maris que pour les amants, où le premier homme qui lui conta fleurette me raya de son cœur comme de sa mémoire; juge d'après cela de la confiance que doivent m'inspirer les femmes. — C'est mal, fort mal à elle, j'en conviens, et cependant il est rare qu'une maîtresse nous oublie aussi brusquement si elle n'a point à se plaindre de nous.

— Prouve-le-moi, fait Dercy vivement. — Premièrement tu l'assommais de ta présence et tu la privais de toute liberté. — J'en conviens, mais c'était une preuve de mon amour, car je ne pouvais vivre un instant loin d'elle. — Tu la querellais lorsqu'elle faisait de la toilette. — Parce que je la préférais en simple négligé. — Tu la pinçais cruellement lorsqu'à la promenade ses yeux s'arrêtaient par hasard sur un homme... — Voilà qui est de toute faussetté, s'écrie Dercy. — Tu la pinçais, te dis-je, mais je t'approuve de nier une action aussi blâmable. — Sont-ce là les méfaits dont tu me crois coupable envers cette perfide? — Pas tout à fait, car tu me dispensais, mon cher, de te rappeler le soin extrême que tu mettais à compter les feuilles de papier à lettre que renfermait son pupitre, ton exigence à vouloir connaître l'emploi de celles que tu trouvais en moins, tes fureurs lorsque, humilié d'une telle défiance, ta gentille amie refusait de te répondre. — Hum! fit Dercy en baissant le nez et en cachant son menton dans sa cravate. — Tu souviens-tu du soin que tu mettais, lors de ton retour au logis, à visiter la chaussure de madame, afin de t'assurer si l'humidité de ses semelles ne trahirait pas une furtive sortie?...

— Hum! fit de nouveau le jaloux en renfonçant encore plus son visage dans ladite cravate. — Avoue donc, Dercy, qu'il n'y a pas de Lucrèce dont la vertu résiste à semblable tyrannie, et que après une telle conduite tu dois justement t'attendre à être trompé par toutes les femmes. — Oui, j'en conviens que j'ai poussé les choses à l'extrême; aussi, me rendant justice, me sentant incapable de faire le bonheur d'une femme, ai-je pris le parti de m'en éloigner. Or, plus d'amour, d'amoureuses caresses, plus rien qu'un triste et froid célibat! dit Dercy en poussant un profond soupir.

— Allons donc! ce parti est aussi extrême que ta jalousie; ne peux-tu devenir plus sage, plus confiant, et cesser de transformer l'amour en un douloureux martyre? Imite-moi, Dercy, aie des amourettes et jamais d'amour, ou du moins que ce sentiment ne surpasse jamais chez toi celui que tu auras pu inspirer; que ton amour expire avant que tu auras inspiré à ta maîtresse; enfin, fais-en un jeu et non une affaire sérieuse. — Et tu te trouves bien d'en agir ainsi? — Très-bien! — Et tes maîtresses te sont fidèles!... — Beaucoup plus souvent que je ne le voudrais. — Ah! tu es un mortel heureux! j'aspire Dercy en vidant aussitôt un verre de champagne; mais cela ne m'étonne pas, tu es jeune et tu es garçon, les femmes t'aiment sincèrement, passionnément, tandis que moi, avec mes trente années et mon physique grêle, je ne puis espérer d'être aimé que pour ma fortune et non pour moi-même. — Encore une de tes erreurs, mon pauvre Dercy; tu crois les femmes beaucoup plus intéressées qu'elles ne le sont véritablement; tu es tellement imbu de cette fausse idée, que chaque fois que tu courtises une femme, tu ne manques jamais de débuter par l'annonce de tes quinze mille francs de rente. — Franchement oui, et plus d'une fois j'en ai ressenti les heureux effets; c'est un si puissant auxiliaire que l'argent auprès des femmes! — D'accord! auprès des coquettes, des âmes intéressées; et cependant moi qui suis loin de posséder ta fortune, moi qui ai cinq mille francs de revenu tout au plus, je suis aimé de femmes charmantes, aimé pour moi et sans nul intérêt. — Cela ne m'étonne pas, te dis-je, tu as le physique. — Le physique n'y fait rien; c'est le cœur, l'esprit enfin qui séduisent les femmes, et non le physique et la fortune de l'amant. — Ah! que ne dis-tu vrai, il me serait si doux d'être aimé pour moi-même. — Cela arrive souvent, très-souvent. — J'en doute fort, fait Dercy avec tristesse. — Essaie, mon cher, et cela, en courtisant quelque joli minois; mais surtout prends garde, après avoir apprivoisé la colombe avec ta feinte médiocrité, de l'effaroucher ensuite avec ton humeur jalouse; contiens-toi, s'il le peut. — Je promets de faire tous mes efforts, et dès demain je me mets à la recherche de cette femme accomplie.

— Tu n'iras pas loin, car j'ai ton affaire : une jeune fille charmante, vingt ans, les yeux noirs, vive, spirituelle... — Superbe! mais cette jeune beauté ne serait-elle pas un rebut de ton cœur, une victime de ton inconstance? dit Dercy. — Quoi, déjà tes maudits soupçons... — Dame! mon cher, c'est qu'il me semble surprenant que tu disposes ainsi d'un semblable trésor. — Mais calme tes craintes et sache que cette jeune fille, ayant nom Thérèse, n'est autre que l'amie de ma maîtresse, deux gentilles lingères que nous irons attendre demain soir rue Saint-Martin, à la sortie de leur magasin. — Des grisettes! fait Dercy en laissant percer une nuance de dédain. — Oui, des grisettes, mais des grisettes adorables. — Allons, va pour les grisettes, il faut à tout un commencement. — Surtout souviens-toi que pour ces jeunes filles nous ne sommes que deux commis en nouveautés.

— Une maîtresse! une maîtresse charmante et fidèle! qui m'aimera pour moi, rien que pour moi; ô bonheur! plus de jalousie, plus d'inquiétude; car en possédant son cœur, je n'aurai point à redouter son inconstance. Ah! Francis! Francis! quel service tu vas me rendre en me faisant connaître une telle merveille!

Ainsi disait Dercy en descendant, le lendemain sur le soir, la rue Saint-Martin, où Francis lui avait donné rendez-vous.

— Exact à l'heure, très bien; maintenant promenons-nous non loin de ce magasin, nos belles ne peuvent tarder à sortir, dit Francis en passant son bras sous celui de son ami.

— Dis-moi, Francis, me serait-il possible de jeter tout de suite un coup d'œil sur cette jolie Thérèse? — Rien de plus facile... Tiens, regarde à travers ce carreau cette jeune fille assise dans le comptoir à droite, celle qui en ce moment tient une collerette...

Dercy, après avoir vu, fut un bond de joie, et pressa Francis dans ses bras en s'écriant : — Divine! adorable! ah! mon cher Francis, que de reconnaissance ne te devrai-je pas!

A huit heures, les ouvrières prennent leur volée, les travaux cessent, elles sont libres enfin. Nos amis, qui n'avaient cessé d'observer la porte du magasin, virent tout à coup deux charmantes jeunes filles, coiffées de frais bonnets, qui prenaient gaiement la rue Saint-Martin en jetant des regards curieux à droite et à gauche.

— Bonsoir, bonne Louise, bonsoir, jolie Thérèse, dit Francis en abordant les deux lingères. — Bonsoir, Francis, quel est ce monsieur? répond Louise en prenant familièrement le bras du jeune homme. C'est Dercy, mon cousin, commis depuis peu dans le même magasin que moi. — Ah!... qu'il soit le bienvenu, répond Louise en toisant Dercy de la tête aux pieds; puis se penchant à l'oreille de Francis:—Il n'est pas beau, ton cousin, dit-elle tout bas. — Non, mais en revanche il est aussi bon, aussi spirituel qu'il est laid. — Mademoiselle, voulez-vous bien me permettre de vous offrir mon bras? — Merci, monsieur, répond Thérèse à Dercy, qui se fait le plus beau qu'il le moins laid possible. — Pourquoi donc refuses-tu monsieur, Thérèse? Allons, donne-lui ton bras, il est honnête, et puis il est le cousin de Francis.

Thérèse se rend à l'invitation, passe son bras mignon sous celui de Dercy, qui aussitôt sent son cœur battre et bondir de joie.

— Mademoiselle est donc lingère? — Oui, monsieur. — Ah! moi, je suis commis en nouveautés. — C'est une belle partie. — Qui s'accorde parfaitement avec la vôtre, n'est-ce pas? — Mais oui, monsieur. — Vous habitez ce quartier, mademoiselle? — Rue de Bondy, monsieur. — Et chaque jour vous vous rendez à votre magasin? — Oui, monsieur. — Ah! c'est grand dommage qu'une aussi jolie personne que vous soit contrainte de se fatiguer par le travail. — Dame! que voulez-vous, monsieur; lorsqu'on n'a pas de fortune, il faut bien travailler. — Hélas! oui, mais la beauté devrait en être exempte; heureusement qu'une charmante personne telle que vous ne peut manquer de trouver un jour un bon parti; enfin, un homme riche qui s'estimera trop heureux si elle daigne en échange de sa main accepter son cœur et sa fortune. — Les hommes riches n'épousent pas les ouvrières, monsieur. — Pourquoi pas? — Parce qu'ils choisissent, avec raison, des femmes dont la fortune réponde à la leur. — Très-bien parlé, mademoiselle; cependant, si un de ces hommes vous demandait en mariage? — Si je l'aimais, je l'accepterais; sans cela, non, je préférerais pour mari un ouvrier comme moi. — Vous êtes la raison même, mademoiselle Thérèse.

Tout en causant ainsi on avait atteint le boulevard, et Francis, avec qui Louise ouvrait la marche, se retourna pour proposer d'aller prendre des glaces au café Turc.

— Soit, répondit Dercy. — Non, cela coûte trop cher, prenons seulement de la bière, fait entendre Louise. — De la bière, fi donc! reprend Francis. — Francis, tu es trop dépensier, dit Louise. — Bah! j'économiserai demain; quant à ce soir, vive les glaces!

Quelques instants après nos deux couples s'installaient sous un berceau bien sombre autour d'une petite table verte.

— Garçon, des glaces! crie Francis. — Et des biscuits, des macarons! ajoute Dercy.

Le régal terminé, chacun chuchote tout bas avec sa chacune. Dercy, aimable et entreprenant, presse amoureusement la main, puis la taille de Thérèse, à qui il débite mille jolies choses. La jeune fille écoute, sourit, répond qu'elle ne croit pas un mot de tout cela. Dercy jure qu'il parle sincèrement, l'incrédule lui rit au nez, lui ferme la bouche de sa main potelée pour faire cesser ce qu'elle appelle des propos menteurs. Dercy s'empare et baise cent fois les doigts effilés qu'il tient captifs sur ses lèvres.

Après deux heures de causerie, de doux badinage, il fallut se séparer, car Thérèse doit rentrer chez sa mère. Quant à Louise, libre et indépendante dans sa chambrette, elle y donne rendez-vous pour le lendemain dimanche à son amant, à Dercy, à Thérèse, et les convie tous trois à son frugal dîner.

— Accepté! mais à une condition, c'est que les deux jeunes gens apporteront chacun leur plat. Louise y consent, mais avec répugnance.

Et ces demoiselles arrivées chacune à leur porte, les mots à demi-mot se font entendre, deux baisers résonnent tout bas, et les amis s'éloignent ensemble.

— Voyons, qu'allons-nous porter à nos belles? car tu te souviens sans doute qu'il a été convenu hier soir que chacun de nous aujourd'hui fournirait son mets dans cette partie carrée, disait Dercy à Francis en cheminant le lendemain vers la demeure de Louise. — C'est juste, faisons emplette de quelque chose... — Entrons dans un magasin de comestibles, achetons un homard, une dinde truffée, une truite saumonée, enfin de ces choses auxquelles une grisette ne goûte pas tous les jours, dit Dercy. — Y penses-tu? des truffes, des truites, mais, imprudent, tu veux donc trahir l'incognito! Pense donc, mon cher, qu'il s'agit de conquérir un cœur de jeune fille et non de corrompre l'opinion d'un homme politique; laisse les truffes aux ministres et aux députés, et courons déposer aux pieds de nos belles un pâté et un cantaloup.

Dercy se rend, non sans quelques difficultés, et un instant après les deux amis, l'un portant un pâté, l'autre un énorme melon, se présentaient chez Louise.

Une petite chambre mansardée, située au sixième étage et tapissée d'un petit papier persé fond blanc; une couchette, une table et des chaises en noyer, le tout propre, poli et brillant; des rideaux de calicot d'une blancheur éblouissante, une glace sur la cheminée, composaient la fortune de Louise; elle accueille les deux amis le sourire aux lèvres, leur offre ses sièges et réclame la permission de dresser son couvert.

— Et Thérèse? dit Francis n'apercevant pas la jeune fille et voyant Dercy la chercher des yeux dans tous les coins de la chambre. — Elle est allée à la provision et ne peut tarder de revenir, répond Louise. — Ah, tant mieux! soupire Dercy, qui s'alarmait déjà.

En effet, deux minutes après Thérèse coiffée d'un charmant bonnet de tulle orné de rubans roses, et encore plus jolie que la veille, entre dans la chambre en fredonnant, et rougit en apercevant les jeunes gens.

— Bonjour, messieurs. Voilà, Louise! dit-elle en déposant sur la table un melon et un pâté dont elle venait de faire l'acquisition. — Bien! s'écrie Francis en riant aux éclats et en s'empressant de déposer aussi sur le couvert son pâté son cantaloup. — Tiens! la même chose que nous, heureuse rencontre! s'écrie Louise en riant aux éclats. — Diable! c'est contrariant, heureusement qu'il est aisé de réparer ce malentendu, dit Dercy, et je vais... ajoute-t-il en se levant. — Non pas, rentrez, monsieur, car les vivres sont suffisants, grâce à mes pigeons aux petits pois et au poulet rôti que doit nous monter notre voisin le rôtisseur. — Oh! c'est égal, c'est égal! Et du vin, Francis, du bon vin, nous avons oublié en apporter, il faut en aller chercher, du bordeaux, n'est-ce pas, du champagne? — Non, non, nous avons ce qu'il nous faut : deux bouteilles de vin d'étrennes de mon épicier que je conserve depuis six mois pour une bonne occasion, répond Louise en s'opposant à la sortie de Dercy. — A table! à table!

Et tous quatre prennent place à la petite table carrée où franchement deux personnes pouvaient tout juste tenir à l'aise. Tant mieux! les genoux de la voisine touchent les vôtres, son bras vous frôle sans cesse, sa main rencontre la vôtre, son charmant visage est si près de vous qu'en se penchant le moins du monde on peut dérober un baiser.

Le dîner est excellent, mais le vin, oh! le vin, n'importe, l'appétit est excellent, la joie vive et bruyante, la gentille Thérèse plus causeuse, plus communicative. Dercy la dévore des yeux, il donnerait beaucoup pour être libre en cet instant de couvrir de cent baisers cette joue si fraîche et si rose, cette petite oreille, ce cou si blanc, si beau, si fin.

— Où allons-nous après dîner? C'est toujours Dercy. — Au spectacle? — Non, il fait trop chaud! répond Francis à Dercy. — A la campagne? propose Thérèse. — Soit! mais à laquelle? — Vincennes, demande Louise. — Accepté, dépêchons le dessert, en chemin nous prendrons le café.

Le dîner se termine à six heures, en juillet il fait jour jusqu'à neuf, trois heures donc de promenade à faire dans le bois, où en ce moment un fiacre conduit nos deux couples. C'est dans une avenue solitaire qu'ils se promènent deux à deux, c'est ensuite assis seul avec elle que Dercy tient à Thérèse le discours suivant :

— Oui, je vous aime, je vous adore, mademoiselle. Pardon, si je n'ai pu vous cacher l'amour vif et brûlant que m'inspirent vos charmes infinis; mais être aimé de vous serait pour moi le bonheur suprême! Oh! Thérèse, ne repoussez pas l'hommage d'un cœur qui jure de vous être fidèle jusqu'à son dernier battement. Thérèse! veuillez m'aimer aussi; payez mon amour d'un peu de votre amour, et qu'un refus de cette bouche gracieuse ne me condamne pas à supplice de toute la vie. — Mon Dieu, monsieur, que vous répondre, car je vous connais à peine? dit la jeune fille émue en baissant les yeux vers la terre. — Thérèse! Thérèse! faut-il donc beaucoup de temps pour s'apprécier?

Thérèse, j'ai trente ans, je ne suis pas beau, il est vrai, mais j'aime ; je suis d'une constance éternelle, et chacun se plaît à dire que je suis doux, bon complaisant. Quant à vous, Thérèse, je sais, et j'en suis certain, que vous êtes aussi chaste, aussi sage que belle. Thérèse, maintenant vous voyez, nous nous connaissons autant qu'après six mois d'étude ; dites, oh ! dites si je dois espérer ou mourir ? Dercy, un genou en terre, les yeux fixés sur ceux de la jolie fille, pressait encore dans les siennes deux petites mains qu'on ne pensait ou qu'on n'osait retirer.

— Mais au moins, monsieur, quelles sont vos intentions ? s'informe Thérèse. — De chérir toute ma vie en vous la plus gracieuse des femmes, la plus aimable des maîtresses... — Des maîtresses ! Quoi ! monsieur, ne devrais-je espérer un autre titre de vous ? — Oh ! si, celui de ma bien-aimée, de mon unique amante, répond Dercy. — Pas davantage, rien de plus honorable, de plus légitime, celui de votre épouse, par exemple ? — Quoi ! Thérèse, vous penseriez au mariage ? — Certainement, monsieur. — Et une douce liaison de cœur, ainsi qu'il en existe une entre Francis et Louise, votre amie, ne satisferait pas votre ambition ? — Non, monsieur, je suis plus ambitieuse ; je veux un époux et non un amant. — Enfant ! et de la fortune pour se mettre en ménage ?... — Il n'en est pas besoin lorsque l'on est laborieux, économe. — Et moi, jolie Thérèse, je soutiens qu'en cette circonstance d'argent est le plus nécessaire. — On en gagne, monsieur. — Fort bien ; mais comment lorsque l'on n'en possède pas pour s'établir ? fait Dercy. — On travaille alors chez les autres.

— C'est cela, monsieur de son côté et madame du sien. — Oui, et le soir alors la journée on se réunit dans son petit ménage, répond Thérèse en souriant à cette douce idée. — Oui, toute une journée loin de sa femme, comme c'est amusant ! Pendant ce temps les galants la convoitent, vous ravissent son cœur. — Eh ! non, monsieur, lorsqu'une femme travaille, elle ne s'amuse pas à écouter les sornettes des galants, surtout lorsqu'elle est sage et qu'elle aime son mari. — Et moi, je soutiens qu'il est très-dangereux d'abandonner ainsi son épouse, de l'exposer à être suivie dans les rues par une foule de damoiseaux qui ne font autre métier que de courir les jolies femmes, de leur débiter à l'oreille mille insolents propos ; car parmi les Céladons il peut s'en trouver de très-redoutables pour une femme et pour l'honneur de son mari. Voilà donc pourquoi, gentille Thérèse, je soutiens qu'en mariage la fortune est indispensable afin que les époux n'aient point à vivre sans cesse éloignés loin l'un de l'autre.

— Seriez-vous jaloux, monsieur ? — Moi ? pas le moins du monde, répond Dercy avec aplomb. — Alors, pourquoi ces craintes ? — La prudence me les inspire. — Dites plutôt votre peu de confiance dans la vertu des femmes. — Erreur ! belle Thérèse, car je les estime autant que je vous adore. — Cependant la crainte d'être trompé par elles vous fait renoncer à leur possession, au mariage enfin. — Si j'étais riche, dès demain je voudrais être votre époux. — Et ne l'étant pas ?... interroge Thérèse en fixant Dercy. — Dame ! il me faut renoncer à ce doux avantage... — Alors, il ne peut rien exister de commun entre nous, monsieur. — O ciel ! vous me désespérez ! — J'en suis désolée, monsieur ; mais Thérèse veut un mari, un protecteur et non un amant. — En vérité, j'admire votre vertu. Quoi, Thérèse, vous consentiriez à prendre pour époux un simple commis de magasin, qui n'aime que son travail ? — Oui, monsieur, et je le préférerais à l'homme opulent qui croirait m'honorer en partageant sa fortune avec moi, un homme enfin dont je serais l'esclave. — Oh ! les beaux sentiments, les beaux sentiments ! s'écrie Dercy. Thérèse, ajoute-t-il après avoir réfléchi qu'une promesse de mariage faite à une pauvre fille n'engageât à rien, Thérèse, vous me voyez dans l'admiration, je vous avouerai maintenant que de votre consentement dépendra désormais notre union. — Parlez-vous sérieusement, monsieur ? — Ah ! gardez-vous d'en douter, répond Dercy en plaçant sa main sur son cœur. — Avant d'en promettre davantage, sachez d'abord ce que je suis, monsieur. — Ne sais-je pas que vous êtes le modèle des grâces et de la vertu ? — Phrases de roman ! Voyons, Thérèse, dites, apprenez-moi ce que j'ignore. — Sachez donc, monsieur, que je suis la fille naturelle d'une pauvre femme trompée dans sa jeunesse par un séducteur qui, pour obtenir son amour, lui promit d'être son époux, et l'abandonna après avoir abusé de sa confiance et l'avoir rendue mère. Ne soyez donc pas surpris de ma prudence, monsieur ; car ma bonne mère, en m'instruisant de sa faute, a voulu que la leçon me profitât et me servît à me garantir des pièges des trompeurs. Sachez encore, monsieur, que celle à qui je dois le jour n'existe que d'une faible rente ; qu'en me mariant, il faudrait d'abord que mon époux consentît à ne laisser aider ma mère de mon travail. — Rien de plus beau ni de plus juste ! fit Dercy dans un redoublement d'admiration. — Ainsi donc, si vos vœux sont vraiment sincères, si vous me jugez digne d'être votre épouse, venez voir ma bonne mère et dites-lui vos intentions.

Quoique ces idées de mariage contrariassent les projets de conquête de Dercy, il promit une visite prochaine. Quelques instants après, Louise et Francis, revenant de leur promenade solitaire dans les allées les plus ombreuses, interrompaient une conversation dont les baisers indiquaient la ponctuation. Nos quatre amoureux reprirent à pas lents la route de Vincennes, et les sons d'un orchestre champêtre vinrent les tirer de leurs extases amoureuses : c'était un bal champêtre.

— Dansons, Francis ! dit Louise en entraînant le jeune homme. — Soit ! qu'en dis-tu, Dercy ? — Dansons, répond ce dernier. — Dansons ! Oh ! quel plaisir ! exclame aussi Thérèse.

Et ils dansent. Thérèse est si gracieuse ! on s'assemble, on s'entasse pour l'admirer, et Dercy, son danseur, est heureux et fier d'entendre de chaque bouche s'échapper la louange, les mots Jolie, adorable et divine.

— Mademoiselle, veut-elle me faire l'honneur de danser la prochaine avec moi ? dit un jeune dandy à barbe de bouc, chapeau romantique, s'adressant à Thérèse tandis qu'elle danse avec Dercy. — Merci, monsieur, je suis priée. — La seconde, alors, mademoiselle ? reprend le dandy. — Ah ! ça, monsieur, aurez-vous bientôt fini ? Il me semble que la politesse voudrait que vous invitassiez mademoiselle à sa place, et non sous le bras de celui qui la fait danser en ce moment. — Ah ! ah ! monsieur est moraliste, répond le dandy en souriant avec ironie. — Oui, monsieur, et de plus fort peu patient avec les impertinents, reprend Dercy d'un ton ferme.

Et le dandy barbu de tourner le dos pour se perdre dans la foule.

La contredanse terminée, nos deux couples retournent se placer sur des chaises et, groupés ensemble, Dercy raconte à Francis, ainsi qu'à Louise, ce qui vient de se passer pendant le quadrille.

— Mademoiselle ne m'a pas fait l'honneur de me répondre si je peux compter sur elle pour la seconde contredanse ?

C'est encore le barbu romantique qui s'adresse à Thérèse, et qui interrompt l'entretien des quatre amis.

— Quoi ! encore vous, mon cher ? Mais vous êtes tenace en diable. Sachez donc, une fois pour toutes, que mademoiselle ne danse qu'avec les personnes de sa société, et non avec des étrangers ! répond Dercy impatienté et le visage plus rouge qu'un coq de bruyère. — Heureux vous êtes cent fois, monsieur, car vous jouissez d'un aimable privilège. — Que je suis peu soucieux de céder à un autre, répond de nouveau Dercy à l'observation que vient de faire le dandy d'un ton sardonique.

— Voilà un gaillard pour qui vos beaux yeux sont une amorce irrésistible, dit Francis en s'adressant à Thérèse. — Cet homme est cruellement importun ! répond la jeune fille, qui, tremblante de voir s'élever une querelle, regardait avec plaisir s'éloigner le dandy. — Et cependant votre regard le poursuit. Auriez-vous regret de ne point l'avoir pour cavalier ? dit Dercy en fixant Thérèse avec inquiétude. — Le moins du monde, car cet homme me fait peur. — Voilà pourtant à quoi s'expose en amenant une jolie femme au bal, à des querelles, ou à se la voir enlever sous son bras : fi ! de ces sortes de plaisirs, et vive la solitude ! répond Dercy.

— Cependant, monsieur, il faut danser, surtout lorsqu'on est jeune. Quant à moi, je serais fort mécontente si Francis ne menait pas au bal ? dit Louise. — Francis a tort, très-tort. Si j'occupais sa place dans votre cœur, j'exigerais de votre amitié le sacrifice de ce plaisir. — Vous me faites l'effet d'être très-jaloux, monsieur Dercy, répond Louise.

— J'ai déjà eu occasion de m'en apercevoir, fit Thérèse. — Eh bien ! oui, je le suis et beaucoup, mais seulement de la femme que j'aime. — Triste défaut ! n'est-ce pas, Francis ? dit Louise. — Hélas ! oui, mais croyez bien, mesdemoiselles, que l'ami Dercy se calomnie en ce moment.

— Ah ! une goutte d'eau, fait Thérèse. — En effet ! il pleut, sauvons-nous. — Vite ! en voiture.

Puis, entassés dans un fiacre qu'ils ont trouvé à la porte du bois, ils roulent gaiement vers Paris.

— En vérité ! mais je n'en reviens pas ; comment, toi qui te disais si ennemi du mariage, tu consentirais à prendre Thérèse pour femme ? disait, quinze jours après, Francis à son ami Dercy.

— Oui, mon cher, je ferais cette folie si je ne me retenais à quatre, car je ne connais rien de plus charmant, de plus vertueux que cette douce fille qui, depuis l'instant que tu me l'as fait connaître, m'a dévoilé chaque jour de nouvelles qualités. Croirais-tu, Francis, que Thérèse renonce au bal, à sortir même sans moi, excepté pour se rendre le matin à son magasin où le soir je vais l'attendre.

— Ma foi, je te conseille, mon cher, de suivre le mouvement de ton cœur ; Thérèse est la femme qui te convient, douce, innocente, il te sera facile de la dresser à tes caprices, à toute l'exigence de ton humeur jalouse.

— De la jalousie ! fi donc ! est-ce qu'un ange pareil peut jamais inspirer cet horrible sentiment ? Une femme qui m'aime en me sachant pauvre, et ne vit que pour moi, n'est-ce pas là l'amour le plus désintéressé, le plus digne de confiance et d'admiration ? répond Dercy, chez qui se tenait cet entretien.

Les deux amis, assis près d'une fenêtre ayant vue sur le boulevard, sablaient le champagne à plein verre tout en causant ainsi.

— Tiens, buvons encore, et cette fois à la santé de Thérèse, disait Francis en versant la liqueur mousseuse. — Soit ! à la santé de ma belle amie, répond Dercy.

— Puisses-tu, Dercy, ne point lui faire payer par les tortures de la jalousie la fortune dont tu veux la faire jouir ! — Quoi ! encore des soupçons ? — Hélas ! oui, toujours, car je te reconnais une adresse admirable pour te faire haïr à la longue des femmes qui t'ont le plus aimé. — Tu veux parler de mes anciennes maîtresses, de ces coquettes qui n'aimaient que mon argent ? — Non pas, mais des femmes charmantes tyrannisées par toi, et que tout l'appât de ta fortune n'a pu fixer longtemps sous tes lois.

— Comment ne pas craindre la trahison, lorsqu'on ne fut pas la première inclination d'une femme? Le moyen de s'assurer si dans le fond de son cœur elle ne conserve pas un souvenir, un regret pour son premier amant? Qui peut nous répondre que le hasard en les plaçant en présence l'un de l'autre, ne réveillera pas un amour mal éteint, que, désireuse de satisfaire ensemble l'amour et l'ambition, la perfide n'en continuera pas moins de feindre auprès de vous la passion, lorsque celle qu'elle ressentait jadis pour un autre aura reconquis son cœur et l'occupera seule?

— Bah! eh! ne sais-tu que le dernier amant d'une femme est celui qu'elle aime le mieux? En vérité, j'admire autant combien tu es ingénieux à te tourmenter, que je plains le beau sire du peu de confiance qu'il inspire. Ainsi, continue Francis, je devine le sort que réserve ta méfiance à la pauvre Thérèse : pour elle, l'isolement, la captivité, le reproche chaque fois que, par mégarde, ses yeux se seront fixés sur un autre que toi, puis une privation continuelle de tous les plaisirs mondains, de toutes les réunions où la femme pourrait rencontrer des admirateurs?

— Allons donc! allons donc! s'écrie Dercy avec indignation. — Ce pronostic t'offense, mon cher, j'en suis désolé, mais les choses seront ainsi. — Non, te dis-je, Thérèse m'inspire une confiance sans borne, et tu dois en juger, puisque moi, ennemi du mariage, riche et de bonne famille, je consens à prendre pour femme une bâtarde, une grisette sans fortune. — Oui, afin d'être plus libre de la tyranniser. — Ciel! quelle affreuse pensée! Francis, tu me juges mal. — Ah çà! as-tu déjà fait ta visite à la mère de cette jeune fille? — Oui, je la vois tous les soirs en lui ramenant sa fille. — Connaît-elle tes intentions? — Depuis deux jours seulement que j'ai perdu l'espoir de rien obtenir de cette belle avant le conjungo. — Comment cette bonne femme a-t-elle reçu ta demande? — Avec la joie la plus vive et des larmes dans les yeux, en me baisant les mains, en me remerciant de ce que je voulais bien servir de protecteur à son enfant; vraiment j'étais attendri à en pleurer, car cette candeur, cette reconnaissance me rendaient heureux et fier de ma résolution.

— Dercy, garde-toi de tromper leur doux espoir; oui, ami, fais le bonheur de ces femmes, que le don de ta main, de ta fortune devienne la récompense de la vertu, et surtout garde-toi d'empoisonner tes bienfaits par la méfiance et l'injustice. — Oh! je m'en garderai bien! s'écrie Dercy. — J'espère que cette fois tu goûtes le bonheur d'être aimé pour toi-même? — Enfin! exclame Dercy. — N'ai-je pas eu raison en te conseillant de cacher ta fortune? — Parfaitement! — Dis heureusement! car si Thérèse t'avait su riche, tu aurais encore douté de la sincérité de ses sentiments. — Oui, peut-être; mais maintenant qui peut prouver que si un homme riche s'était présenté en même temps que moi, il n'eût pas obtenu la préférence? — Dercy, tu es un infâme! indigne de l'amour d'une femme honnête, car avec tes doutes odieux tu dégrades la vertu même. — Allons, ne t'emporte donc pas ainsi pour un mot, pour une plaisanterie, car, à parler franchement, je suis persuadé que Thérèse m'aurait choisi en pareille circonstance; aussi pour l'en récompenser, je veux qu'elle soit la plus heureuse femme du monde.

Cet entretien dura encore un quart d'heure à peu près, et Francis, profitant d'une visite que Dercy venait de recevoir, sortit pour courir en toute hâte à une affaire importante qui réclamait tous ses soins.

— Oui, Bernard, je vous ai fait prier de passer chez moi, afin de réclamer de votre obligeance un léger service, disait Dercy en s'adressant à un homme d'une cinquantaine d'années, en cheveux gris, à la mine vénérable, dont la tournure et la mise annonçaient l'aisance.

— Parlez, et je suis tout à votre service, comme je le fus trente ans à celui de feu M. votre père, à la générosité duquel je dois la pension qui me fait exister honorablement. — Très-bien! mon vieux Bernard, écoutez-moi; c'est une démarche qu'il s'agit de faire, une demande en mariage, et cela de la part d'un homme riche. — Pour un de vos amis, sans doute? s'informe Bernard.

— Oui, écoutez, un de mes amis désire s'unir à une jeune fille sans fortune dont il prétend être aimé; mais le jeune homme est soupçonneux et voudrait être certain d'avoir la maîtresse, que l'amour qu'elle lui témoigne ne fléchirait pas devant l'ambition, enfin si elle ne renoncerait pas à l'amant, pauvre et laid, pour s'unir à un homme beau et riche qui la demanderait en mariage. — Je comprends, c'est une épreuve que désire tenter M. votre ami.

— Comme vous dites, Bernard, il s'agirait donc que vous, homme respectable, vous vous présentassiez aujourd'hui même chez la mère de cette jeune fille, et vous lui fassiez la demande de la main de Thérèse, sa fille, pour un jeune homme soi-disant de votre famille, que vous direz être riche de quinze mille livres de rente. Votre jeune parent, continue Dercy, aura vu Thérèse dans un bal au bois de Vincennes, où il en sera devenu amoureux fou; il aura suivi la voiture qui, il y a quinze jours de cela, ramena Thérèse à sa demeure. Si, par hasard, la mère ou la fille s'informaient du physique du prétendant, vous faudrait répondre que ledit jeune homme est âgé de vingt-quatre ans, qu'il est bien fait, élégant, qu'il porte une barbe au menton, mais qu'il en ferait le sacrifice si Thérèse l'exigeait absolument. Me comprenez-vous,

Bernard? — Parfaitement, monsieur Dercy. — Fort bien! partez donc, voici l'adresse : « Madame Meurice, rue de Bondi, n° 4; » surtout de l'adresse et de l'activité, et venez m'informer des résultats de cette démarche. — Comptez sur mon zèle, monsieur.

Cela dit, Bernard s'éloigne; et Dercy, se laissant tomber sur son fauteuil à la Voltaire, s'écrie : — Qu'elle résiste à cette épreuve, et je suis le plus fortuné des hommes.

— Madame Meurice? demandait un instant après Bernard au portier. — Au cinquième, la porte à gauche.

— Madame Meurice? monsieur, donnez-vous la peine d'entrer, répond Thérèse en ouvrant la porte à Bernard... Maman, une personne qui te demande? reprend la jeune fille en introduisant le visiteur dans une seconde petite pièce où ce dernier trouva madame Meurice, qui à son approche quitta l'ouvrage à l'aiguille qu'elle tenait en ce moment pour venir au-devant de lui. — Ne vous dérangez pas, madame, je vous en prie. — Donnez-vous la peine de vous asseoir, monsieur, dit Thérèse en présentant un siége à Bernard.

— Pourrais-je savoir, monsieur, qui j'ai l'avantage de recevoir en ce moment? — A l'instant même, madame; mais étant chargé auprès de vous d'une mission aussi honorable que délicate, je désirerais vous entretenir un moment en particulier. — Thérèse, laisse-nous seuls, mon enfant.

Et la jolie fille, fort intriguée de ce mystère, se retira lentement dans la pièce voisine en jetant des regards inquiets sur le visiteur.

— Je vous écoute, monsieur, dit madame Meurice après le départ de sa fille. — Madame, je suis chargé, de la part d'un de mes jeunes parents, de vous faire la demande de la main de votre charmante demoiselle. — Beaucoup d'honneur nous fait votre parent, monsieur, mais... — Avant d'entendre votre réponse, madame, je vous apprendrai que Gustave, mon parent, a vingt-quatre ans, un physique agréable, des mœurs excellentes, beaucoup d'amour pour mademoiselle Thérèse, et de plus quinze mille livres de rente. — Voilà de superbes avantages, monsieur, et beaucoup plus qu'il n'en faut pour prétendre à la main d'une fille comme Thérèse, qui ne possède pour toute fortune que sa vertu et quelque beauté. — Aussi, madame, n'est-ce pas l'ambition qui guide mon jeune parent, mais bien l'amour que lui ont inspiré les charmes et les bonnes qualités de mademoiselle Thérèse. — Comment se fait-il, monsieur, que M. Gustave connaisse ma fille? — Ce fut à Vincennes, dans un bal champêtre, qu'il l'aperçut pour la première fois, il suivit la voiture jusqu'à sa demeure, où il s'informa de son nom, de son état et de sa position. — Hélas! monsieur, il me serait doux de récompenser par le don de la main de ma fille les bonnes intentions à notre égard de monsieur votre parent, mais sa demande arrive trop tard; car il y a trois jours que Thérèse m'a été demandée en mariage, et trois jours que je l'ai promise à un excellent jeune homme qu'elle aime et dont elle est aimée sincèrement. — Qui sans doute a de la fortune? dit Bernard. — Non, monsieur, mais un bon état, ainsi que Thérèse, répond madame Meurice. — Alors, permettez-moi de vous dire, madame, qu'entre ce jeune homme et mon parent la balance n'est point égale, qu'il y aurait faiblesse de votre part à refuser ce dernier, dont la fortune assurera à votre fille une riche et heureuse existence; croyez-moi, vous n'avez point à hésiter un seul instant, dégagez votre parole, et, dans l'intérêt de votre demoiselle, acceptez Gustave pour gendre.

— Non, monsieur, non, je ne puis me permettre une telle injustice; d'ailleurs, ma fille, que je laisse libre de son choix, n'y consentirait pas; et comme je ne cache rien à cette jeune enfant, permettez-moi de l'appeler, monsieur, afin de lui faire part de la mission que vous venez remplir auprès de nous; alors il vous sera facile d'entendre sa réponse et de juger de ses sentiments.

Tel était le désir de Bernard. Sur sa réponse affirmative, madame Meurice appela Thérèse, qui, trop discrète pour oser écouter à la porte, se dépitait dans l'antichambre de ne savoir quelle affaire pouvait avoir cet étranger à traiter avec sa mère.

— Thérèse, dit madame Meurice, voilà monsieur qui vient me faire la demande de ta main pour un de ses parents, jeune homme sage, aimable et riche, qui t'aime, et te désire pour femme. A ces mots, Thérèse rougit jusqu'au blanc des yeux et n'osait lever son regard. — Réponds, mon enfant, réponds à monsieur. — Ma mère! mа mère! balbutie Thérèse en se jetant dans les bras de madame Meurice pour cacher son visage dans son sein. — Eh bien! est-ce là répondre ainsi que tu le dois? me faut-il accepter l'offre honorable que nous fait monsieur? — Non, non, ma mère, vous le savez bien. — Cependant, réfléchis, mon enfant, l'époux que l'on t'offre aujourd'hui, par ses qualités et sa fortune, te promet un heureux avenir. — Je ne l'aime pas, ma mère, je ne l'aime jamais vu, répond Thérèse tout en larmes. — Pardonnez, mademoiselle, une fois seulement, dans un certain bal au bois de Vincennes, rappelez-vous un beau jeune homme, à barbe de bouc, au chapeau à la romantique. — Oui, oui, je m'en souviens, mais encore une fois, je ne l'aime pas! — Thérèse, dis franchement à monsieur que ton cœur ne t'appartient plus, qu'un autre le possède, et qu'à cet autre nous avons promis ta main en échange de l'amour qu'il t'a juré. — Ainsi donc, mesdames, nul espoir pour mon jeune parent?.... dit Bernard.

— Veuillez lui dire, monsieur, que ma fille et moi nous sommes sensibles à l'honneur qu'il daigne nous faire en désirant s'allier à nous, mais qu'un autre, avant lui, a demandé Thérèse et a reçu ma parole; que le choix de ma fille est sacré pour moi dès l'instant qu'il s'est fixé sur un honnête homme.

Après quelques instants d'entretien, pendant lesquels Bernard s'efforça de nouveau d'ébranler la résolution de la mère et de la fille en faisant briller à leurs yeux les avantages d'une riche union; les trouvant inflexibles, il se retira, enchanté de leur noble désintéressement, pour courir raconter à Dercy l'entretien qui venait d'avoir lieu et le peu de succès de sa démarche.

Ce fut alors que Dercy, au comble de la joie, fit le serment d'adorer Thérèse toute sa vie et d'en faire le plus tôt possible son épouse fidèle et chérie.

Le soir même de ce jour, Dercy s'empressa de courir chez Thérèse, chez Thérèse qu'il retrouva encore plus belle et plus aimante, chez Thérèse, qui fière du sacrifice qu'elle venait de faire à son amant, lui en fit néanmoins un mystère, parce que selon elle, selon sa belle âme, une noble action n'est qu'un devoir, et que faire son devoir est chose ordinaire.

— Ah! madame Meurice, que ne vous dois-je pas! comment reconnaître le précieux présent que je reçois de vous! Thérèse! chère Thérèse, ma femme, mon trésor, tout ce que j'aime au monde! fixé, de grâce, l'heureux instant qui doit m'assurer ta douce possession. — Quand vous voudrez, mon ami, car mon impatience n'est pas moindre que la vôtre. — Dans quinze jours, plus tôt encore si c'est possible; n'est-ce pas, Thérèse, n'est-ce pas, ma bonne mère? dit Dercy avec empressement. — Soit, mes enfants, dans quinze jours.

— Oh! bonheur! Amour, abrège, s'il se peut, cette éternité! s'écrie le jeune homme. — Ce n'est pas trop de ce temps pour les formalités, les apprêts de la toilette de la mariée? observa madame Meurice en branlant la tête et en souriant à l'empressement de son futur gendre. — La toilette de la mariée, ah! oui, car il faut qu'elle soit magnifique, éblouissante, c'est moi qui la choisirai. — De la prudence, de l'économie, point de folie, mes enfants, marions-nous sans bruit, avec simplicité, et conservez vos économies, mon cher Dercy, pour élever un jour un petit établissement. — Bah!! au diable l'économie dans un jour semblable, à nous les étoffes précieuses, les diamants, afin d'embellir encore plus, s'il est possible, la plus gracieuse des femmes, s'écrie Dercy avec enthousiasme. — Mais vous devenez fou! fit Thérèse en souriant. — Fou tout à fait, car pour faire ces choses il faut beaucoup d'argent! reprend madame Meurice. — De l'argent en voilà, c'est la dot de Thérèse, c'est elle qui payera sa corbeille. En disant cela, Dercy faisait pleuvoir sur les genoux de Thérèse cent billets de banque de mille francs. — Mon Dieu! qu'est-ce que tout cela? des billets de banque! s'écrient la mère et la fille tremblantes de surprise et de joie. — Oui, cent mille francs, fruit de mes économies sur quinze mille livres de rente que je possède et partage dès aujourd'hui avec Thérèse, mon épouse. — Quoi! vous êtes riche, monsieur, et vous nous l'aviez caché? dit Thérèse émue et surprise. — Franchement, je n'ai pas pensé à vous le dire. — Menteur! fait la jeune fille. — J'espère, ma douce amie, que vous ne m'en garderez pas rancune? — Non, car quand je bien fait; en vous sachant riche, Thérèse n'eût peut-être pas osé vous aimer, vous le dire, ni pu vous convaincre de la sincérité de son amour.

Depuis deux mois Dercy était marié, il avait voulu, dès le lendemain de ses noces, aller établir domicile à Champigny, délicieux village situé aux bords de la Marne. Il y avait mené Thérèse pour jouir loin des importuns de tous les bonheurs de la lune de miel.

Deux personnes avaient seules le mot de passe pour arriver au sanctuaire amoureux; c'étaient madame Meurice et Francis, à qui Dercy devait son bonheur. Francis, le seul ami d'enfance libre, mais la volage, un beau matin, avait fui en Angleterre avec un commis de nouveautés, laissant Francis, sans même le prévenir.

— Oh! les femmes! les femmes! s'était écrié Dercy en recevant cette nouvelle inattendue. Hélas! sur quoi compter, et qui pourrait m'assurer que ma charmante Thérèse, en me donnant la préférence sur la fortune que lui offrait Bernard, ne se laisserait pas séduire par un doux ramage et un joli visage! C'était à lui que Dercy adressait ces paroles.

Comme on ne peut pas toujours faire l'amour, nos jeunes époux partageaient leur temps entre les caresses et l'étude; car Dercy, excellent musicien, donnait des leçons de piano à Thérèse. Il craignait même les séductions d'un professeur.

Un mois se passa, puis vint l'hiver. Thérèse commençait à s'ennuyer et demandait timidement à son mari s'il n'irait pas bientôt à Paris, car il revêt au seul plaisir qu'elle aimait : le théâtre. Chaque fois que Thérèse, malgré toutes ses précautions, adressait cette question à Dercy, son visage se rembrunissait, il semblait mécontent. Un jour il lui dit : — Quoi! Thérèse, tu désires retourner à Paris? Es-tu donc déjà lasse du bonheur paisible que nous goûtons, ou plutôt l'amour, la présence seule de ton mari commenceraient-ils à te fatiguer? — Que vous êtes injuste, mon ami! hélas! je croyais que ma conduite et l'amitié que je vous témoigne devaient me mettre à l'abri de semblables soupçons. — C'est que je pensais, ma chère amie, que la société de ton époux était préférable à toute autre. — Oh! mon ami, tu as bien

raison! mais il fait froid dans cette maison! il serait impossible d'en sortir désormais, de se promener; les eaux ont gâté les chemins. Nous serons donc prisonniers ici pendant tout l'hiver. Puis, en me faisant artiste, vous avez éveillé en moi le goût des arts, de la musique, de la peinture, et ce n'est qu'à Paris qu'on peut étudier. — Oui, je comprends; vous voulez courir les concerts, les spectacles. — Oh! mon ami, quelle idée vous avez là! — Dame! c'est qu'il est triste pour une femme jeune et belle de rester continuellement en présence de son mari, quand les plaisirs de Paris la sollicitent. — Que vous me faites de peine! Restons ici, mon ami, et pardonnez-moi! s'écria-t-elle les larmes aux yeux. — Non, Thérèse, non, nous n'y resterons pas. Je vous aime trop, pour ne pas me rendre à vos désirs. Faites donc tout disposer; nous partirons demain pour Paris. — Ce départ vous contrarie; restons. Je serais désolée de faire quelque chose contre votre volonté. — A Paris, c'est dommage! je suis fou de la campagne. Je me promettais de chasser cet hiver; je me faisais une joie de t'apporter mon gibier, de te raconter mes prouesses de chasseur... — Eh bien! je ne vais pas à Paris. Je ne veux pas y aller, et je me révolte cette fois contre votre volonté, dit Thérèse en souriant à son époux. — Allons, puisque tu le veux absolument, restons; mais à une condition, c'est que tu me laisseras acheter un cheval, une voiture, afin d'être à même de te conduire une fois ou deux par semaine au théâtre que tu auras choisi. — C'est bien, c'est bien, monsieur, nous causerons de cela plus tard.

Un baiser dissipa ce léger nuage; et Dercy tint sa parole, car il acheta une voiture et conduisit Thérèse à l'Opéra. Mais, hélas! quel supplice n'eut-il pas à subir pendant cette soirée en voyant toutes les lorgnettes des beaux braquées sur Thérèse, en entendant tous les éloges qui s'adressaient à sa femme, et surtout en voyant qu'elle tournait les yeux vers un dandy qui venait de s'écrier en la voyant :

— Il n'est rien de plus admirable au monde!

Cette exclamation louangeuse aurait peut-être fait plaisir à beaucoup de maris; mais Dercy y vit une atteinte à son honneur. Il emmena Thérèse, et, malgré la promesse qu'il lui avait faite de passer la nuit dans leur appartement de Paris, il fallut retourner à Champigny dès le soir même.

— Les femmes, les femmes! Il n'y en aura donc jamais une qui restera fidèle à son mari. Oh! Thérèse, comme elle savourait les belles paroles de tous ces lions stupides! comme ils se pressaient autour d'elle! Oh! maudit Opéra... Comme ma présence a dû la gêner!... Mais non, j'ai tort; Thérèse est vertueuse... Je suis seul coupable... Fatale jalousie... Elle m'a peut-être aimé avant notre mariage; mais un mari!... Si au lieu de Bernard elle avait vu un beau jeune homme, un élégant, un homme au doux langage, aurait-elle résisté... Mais, j'y pense, si, pour mon repos à venir, je tentais une seconde épreuve?... J'y songerai.

Le printemps était revenu charmant et joyeux. Thérèse avait passé sans se plaindre un froid et ennuyeux hiver à la campagne. Elle avait patiemment souffert toutes les scènes de jalousie de son mari; car, quoiqu'il ne vit personne, Dercy la soupçonnait cependant. Un jour, c'était en mai, madame Meurice et Francis étaient venus rompre pour un moment la monotonie de cette vie solitaire. Dercy et son ami, tout en pêchant sur la Marne, sans rien prendre cependant, causaient sérieusement.

— Tu es fou, deux fois fou, mon pauvre Dercy! jamais, non, jamais on n'a eu idée pareille. Quoi! tu me proposes de courtiser ta femme. Imprudent! — Du moins feins d'en être amoureux, et arrête-toi si tu vois que la dame se prend à tes discours galants. Enfin, c'est une épreuve que je veux tenter et d'où dépend le repos de ma vie. Je suis certain que Thérèse en sortira triomphante. — Je le pense comme toi; mais songe, Dercy, que c'est une grave offense faite à ta femme, c'est outrageant. Aussi te conjurerai-je de renoncer à cette sotte épreuve. — Y renoncer! Non pas, j'y tiens; car de son succès dépend la guérison de la fièvre jalouse qui me dévore et me rend le plus injuste des hommes. — Douter ainsi de la fidélité de la plus parfaite des femmes! fait Francis avec l'expression du reproche. — Je suis un monstre indigne, je le sais, je ne puis m'ôter de l'idée que Thérèse, qui résista jadis à l'offre d'une fortune, n'aurait pas faibli devant l'hommage d'un joli garçon tel que toi. — Tout de même! — Peut-être! Mais ce doute me tue. — Non, je ne puis accepter un tel rôle! — Tu refuses, Francis? C'est dommage, car j'ai en toi plus de confiance qu'en tout autre. Mais; dût-il m'en arriver malheur, il faut que j'éclaircisse ce doute, et je suis décidé à charger un autre de me rendre le service que je réclamais de ton amitié. — Parles-tu sérieusement? — Je te l'assure. — Mais, malheureux, si l'homme à qui tu confieras une pareille mission devient amoureux de ta femme? dit Francis avec feu. — Il perdra son temps. La sagesse de Thérèse est un sûr garant de mon honneur. — Si c'est ta pensée, à quoi bon cette injurieuse épreuve? — Afin de mieux me convaincre. — Fou! fou! cent fois fou! — C'est possible. Mais tu persévères dans ton refus? — Non, j'accepte, répond Francis. — En vérité? — Oui, pour te protéger contre ta propre imprudence, pour garantir ta femme des insultes d'un étranger, enfin pour que la reconnaissance ne te devrai-je pas!

A dater de ce jour Dercy s'ingénia pour procurer à Francis des têtes-à-tête avec sa femme. Mais celui-ci, quoique trop délicat pour profiter des avantages que lui offrait son ami, ne put empêcher Thérèse de lui garder une sincère reconnaissance de ses bontés et de son assiduité. Il lui parlait de cent choses étrangères à l'amour; mais l'amitié de la jeune femme croissait à mesure qu'elle connaissait mieux Francis. C'est que l'ennui est une si terrible chose! Que ne ferait-on pas pour le fuir!

— Eh bien! comment vont les choses? que dit Thérèse? comment reçoit-elle tes déclarations? disait Dercy chaque soir. — Fort mal, mon cher; je perds mon temps auprès de ce dragon de vertu. L'épreuve est achevée, et la victoire reste tout entière à la femme... — Ah çà! mais tu n'es peut-être pas assez dans l'esprit de ton rôle? peut-être laisses-tu languir l'intrigue? — Au contraire, je me surpasse même; mais le moyen de triompher d'une femme qui, au moindre petit mot d'amour, s'emporte et menace d'instruire son mari de ce qu'elle appelle une conduite déloyale. — Vraiment! chère Thérèse! je n'attendais pas moins de toi! s'écrie le mari dans le ravissement. — Maintenant, j'espère que tu me permettras de retourner à Paris me livrer à des amours plus sérieuses? — Non pas, car il faut encore que tu fasses l'amant une semaine entière; puis je serai le plus fortuné des époux. — Soit! encore cette semaine. — Surtout, Francis, songe à bien l'employer, à faire usage de tous tes moyens de séduction. — Compte sur mon adresse.

Francis reprit donc ses entretiens avec Thérèse, et continua un cours d'astronomie qu'ils avaient commencé depuis plusieurs jours. Mais ne voilà-t-il pas qu'un soir il prit envie à Dercy d'aller écouter à la porte la conversation des deux jeunes gens, afin de s'assurer si Francis s'acquittait bien de son rôle d'amoureux.

— La lune, comme je vous l'ai déjà dit, Thérèse, a deux mouvements : le mouvement diurne, qui est apparent et causé par celui de la terre d'occident en d'orient; le mouvement propre, qu'elle exécute sur un cercle elliptique autour de la terre en 27 jours 7 heures 43 secondes, exactement dans le même temps qu'elle tourne sur son axe? disait Francis au moment où Dercy écoutait.

— Diable! diable! mais que dit donc là Francis, avec sa lune; ce n'est certainement pas là un langage d'amour.

Et, soupçonnant quelque supercherie, il vint encore écouter le lendemain, et cette fois il apprit que les comètes sont des planètes d'un ordre particulier qui décrivent autour du soleil des ellipses extrêmement allongées.

— Allons, il n'y a plus à douter, je suis la dupe de ce Francis, apprendre l'astronomie à ma femme, lorsque je l'engage à lui faire la cour... Quelle déloyauté!

Dercy, ne pouvant dissimuler son dépit, vint dès le lendemain matin dans la chambre de Francis, et l'accabla de reproches à propos de ce qu'il appelait sa déloyauté. Francis, voyant sa ruse découverte, ne put que faire sentir à ce singulier jaloux toute l'indécence de cette épreuve bizarre. Mais Dercy resta sourd et il finit par dire qu'il trouverait un ami plus obligeant qui lui rendrait le service que Francis lui refusait.

— Jamais on ne voudra croire à tant d'extravagance, renonce à ce projet, garde-toi de t'attirer le malheur que tu redoutes, songe à ton honneur, au danger auquel tu exposes ta femme. — Assez, assez, Francis, chacun pense différemment; moi, loin de voir la honte et le malheur dans tout cela, je n'y vois au contraire qu'un moyen adroit, original de me convaincre de la fidélité de Thérèse. D'ailleurs, me crois-tu assez sot pour ne point arrêter la chose à temps? — Je te crois le plus imprudent des époux, et je vois dans tout cela vingt fois plus d'égoïsme que d'amour. — Je suis tout ce que tu voudras, mais je n'ai pas le défaut de trahir mes amis sous un faux dehors d'obligeance. — Tu le veux donc absolument, eh bien! j'y consens, s'écrie Francis avec impatience. — Parles-tu sérieusement? — Sur mon honneur!

— Et chaque jour tu m'informeras de ce qui se sera passé entre vous, de ce qu'aura répondu Thérèse. — Je te permets, pour plus de sûreté, de venir écouter à la porte. — Très-bien! je te rends mon amitié.

— Oui, Thérèse, voilà ce que votre époux exige de moi, disait le soir même Francis à madame Dercy après lui avoir expliqué le rôle qu'il était chargé de remplir auprès d'elle... Quelle horreur! est-il bien possible que Dercy m'estime assez peu pour me soumettre à une telle épreuve? répondit la jeune femme en pleurant. — Ne soyez donc pas surprise, si mon langage, jusqu'alors sincère et amical, se transforme en paroles d'amour. — Ah! Francis, combien j'admire votre délicatesse! — Oui, je donnerais toute cette fortune pour que Dercy possédât votre douce aménité, votre cœur droit et sans défiance. — Et moi, que ne donnerais-je pas pour posséder une amie aussi parfaite? Hélas! pourquoi jadis mon cœur m'a-t-il trompé, pourquoi ai-je choisi Louise, lorsque Thérèse était près de moi?

Peu à peu la conversation devint plus sérieuse, et, sans qu'ils s'en aperçussent, Francis serrait tendrement la main de Thérèse. Puis la conversation devint plus intime. Chaque jour Francis parlait plus bas, Dercy ne pouvait entendre, mais il complimentait son ami de son dévouement. Francis voulait mettre fin à ce dangereux badinage, mais Dercy le força au nom de l'amitié de continuer encore quelques jours. Ce manège durait depuis assez longtemps déjà pour que le langage de Francis fût devenu brûlant comme l'amour qu'inspirait Thérèse. Celle-ci, blessée au cœur par les injurieux soupçons de son mari, enivrée par les douces paroles de Francis, attendrie par ses larmes, sentit que son courage l'abandonnait, que toute résistance lui devenait impossible. Elle voulut chercher un refuge dans la religion, mais il était

trop tard, son cœur n'était plus à elle. Elle courut chez Dercy et le trouva en train de parcourir une lettre qu'il venait de recevoir de province. Dercy, en voyant sa femme pâle et tremblante, courut au-devant d'elle.

— Qu'as-tu donc, ma chère amie? serais-tu malade, enfin? — Malade, oui, oh! oui, mais de l'âme, du cœur que vos indignes procédés froissent, répondit la jeune femme avec force et dépit. — Moi, me conduire indélicatement envers toi, jamais! Dieu m'en garde, chère amour, et tu vois un homme surpris des reproches que tu lui adresses. — De grâce, monsieur, gardez-vous de joindre l'hypocrisie à l'offense. — Mais, au moins, ma chère, de quoi m'accusez-vous? — D'une lâcheté, monsieur, aussi coupable qu'imprudente, de chercher à corrompre votre épouse en la mettant sans cesse aux prises avec un séducteur, afin de mieux éprouver sa vertu, dont vous osez douter, voilà ce dont elle vient se plaindre à vous. — Ma chère amie, je ne comprends pas, dit Dercy déconcerté. — Ainsi, vous niez que ce soit d'après vos perfides conseils que votre ami Francis se permet de me faire la cour?... — Certainement, certainement que je le nie et formellement encore... —Comment, ma chère, ce drôle s'avise de t'en conter? Le perfide! l'infâme! A qui donc peut-on se fier dans ce monde?... C'est odieux! — Ah! Dercy! pourquoi mettre ainsi le comble à votre faute en y ajoutant le mensonge? Sachez donc, monsieur, que Francis m'a tout dit... — Ah! bah! l'imbécile! — Vous convenez donc enfin du fait? — Non pas!... Eh bien oui, j'en conviens, là! ainsi pardonne-moi et ne m'en veux pas pour une simple espièglerie dont je suis repentant, dit Dercy en s'emparant de la main de sa femme. — Ah! il vous plaît de regarder comme une simple espièglerie la plus basse et la plus monstrueuse de toutes les imprudences, l'œuvre d'un fou, d'un homme sans cœur et sans âme! — Mon Dieu, Thérèse, pourquoi prendre au sérieux une simple épreuve, le désir de m'assurer si je suis véritablement aimé de toi? — Parce que cette épreuve, vos doutes sur la sincérité de mon attachement sont une insulte faite à ma vertu, que sans confiance il ne peut exister d'amour et que vous ne m'aimez pas. — Je ne t'aime pas! Ingrate! O Dieu! — Non, monsieur, car s'il en était quelque chose, vous ne vous exposeriez pas à me perdre. — A te perdre! est-ce possible, toi, ma femme, toi, qui jusqu'ici as su résister à l'un des plus beaux garçons de France; toi, que j'ai si souvent entendue repousser les propositions qu'il te faisait par mes conseils, oh! non, je ne te perdrai pas, car si un semblable malheur m'arrivait jamais, je n'aurais plus qu'à mourir! — Et cependant, monsieur, n'avez-vous pas tout fait pour cela? — Oui, mais il n'a pas triomphé; ce dont je suis enchanté, s'écrie Dercy plein de joie tandis que sa femme, en proie à une vive émotion, baissait les yeux et s'efforçait de contenir les battements de son cœur.

— Dercy, reprend la jeune femme d'une voix émue, je consens à vous pardonner l'injure et le mal que vous m'avez faits, je consens à tout oublier, mais à la condition que jamais vous ne recevrez Francis. — Quoi! renvoyer cet ami, après le service qu'il vient de me rendre, après m'avoir donné la preuve incontestable que ma femme n'aime que moi, allons donc! ce serait de l'ingratitude! — Vous m'accorderez cette faveur, il le faut absolument, et je vous la demande en grâce! — Non, cent fois non! je ne puis, pour satisfaire un caprice que je ne comprends pas, me priver de mon meilleur ami.

— Et pourtant il le faut absolument, monsieur! s'écrie Thérèse. — Comment, parce que ce pauvre garçon, pour me rendre service, a fait semblant de te conter fleurette, tu l'as pris en grippe, tu veux l'exiler; vrai, Thérèse, c'est pousser la vertu un peu trop loin... Mais peut-être ton austérité si moins si, au lieu d'une plaisanterie son amour pour toi eût été une réalité, qu'en dis-tu, femme? — Encore un soupçon, ah! que je vous plains, monsieur! répond la jeune femme douloureusement affectée; ne soyez pas surpris si je m'obstine à ne plus revoir Francis. — Allons! allons! ce n'est pas là ton dernier mot, j'espère, ou tu me ferais croire que tu ne te sens plus la force de résister et que la crainte de succomber te fait éviter le tentateur. — Peut-être. — Bah! laisse-donc, je parierais ma fortune entière, après ce que j'ai vu et entendu, que jamais un amant n'obtiendrait de toi la plus mince faveur. Avoue donc que je t'ai devinée et que ton courroux vient de la petite mystification dont Francis t'a fait la dupe. — Vous vous méprenez étrangement. Prenez donc, le cœur d'une femme n'est point invincible, et il bien peur... — Panique que tout cela, chère amie, je te répète que tout est vu et entendu, et cette épreuve a tourné à ta gloire; je suis désormais tranquille et guéri de ce vilain défaut qu'on appelle la jalousie.

Comme Dercy disait ces mots, une servante vint annoncer Francis. A ce nom, Thérèse fut agitée d'un violent tremblement; et ce ne fut qu'en réunissant toutes ses forces qu'elle put quitter son siège et s'échapper par une porte dérobée.

— Arrive donc, mon cher Pylade! j'ai du nouveau à t'apprendre, s'écrie Dercy en courant au-devant du jeune homme qui se présentait. — De quoi s'agit-il? — D'abord de savoir s'écrit après de ma femme, en lui apprenant que ton amour n'était qu'une feinte. — Ah! ah! qui d'ici à l'instant même; elle est furieuse contre toi, et ne veut plus te voir. Oh! tu ne risques rien! mais aussi pourquoi vas-tu bêtement lui avouer que tu te moques d'elle. — C'est vrai, j'ai eu tort, je suis un grand maladroit, d'autant plus qu'il n'y a plus moyen de continuer l'épreuve, dit Francis d'un ton où perçait le dépit. — Que dis-tu continuer? à quoi bon lorsqu'elle est terminée, je suis certain de la vertu de ma femme. — Ah! tu es convaincu? — Certes! et toi aussi, j'espère? — Parfaitement, du moment que tu l'es, et cependant.... — Comment! que veux-tu dire? aurais-tu des doutes? penserais-tu qu'avec un peu plus de temps Thérèse aurait succombé? ah! parle, parle vite, ami! — Je dis qu'il n'est pas de roc que l'eau ne perce à la fin, qu'il n'est pas de cœur de femme qu'on ne puisse attendrir, et que, si j'avais été partisan de cette singulière épreuve, si j'avais déployé mes grands moyens, ta femme n'aurait pu résister. — Tu crois! s'écrie Dercy en ouvrant de grands yeux. — Je le pense, dit flegmatiquement Francis.

—Bah! c'est le dépit qui te fait parler ainsi, gros fat! Va, tu n'es qu'un calomniateur, jamais Thérèse n'aurait cédé. — Peut-être. — Ainsi, à t'entendre, c'est parce que tu n'as pas daigné t'en donner la peine que tu as échoué. — Peut-être, te dis-je. — Cependant je t'ai vu à l'œuvre, garçon, et tu ne t'y prenais pas trop mal. — En paroles, c'est possible; mais les yeux ne disaient rien, et, sans leur langage pressant, nul moyen de conquérir. — Je sais cela, mais aussi pourquoi n'étais-tu tout entier dans ton rôle? — Parce que je ne suis pas amoureux de ta femme, et cependant cet échec blesse horriblement mon amour-propre : moi qui jusqu'ici n'avais qu'à paraître pour vaincre. — Mon cher, ce n'est pas avec une femme vertueuse comme l'est Thérèse qu'un amant n'a qu'à vouloir pour parvenir. A t'entendre, l'épreuve est incomplète, et j'ai tort de compter sur la fidélité de ma femme. — Quelques jours de plus m'auraient suffi pour te répondre.

— Mais, malheureux, tu ne comprends donc pas que tes paroles, tes doutes depuis une heure jettent le trouble et l'incertitude dans mon âme? .. Mon cher Francis, il faut recommencer l'épreuve, il le faut absolument dans l'intérêt de mon repos et lui faire ta cour dans toutes les règles, et surtout faire parler tes yeux. — Je suis désolé d'être dans la nécessité de te refuser, cher ami; mais j'ai assez de ce rôle d'amant ridicule. Et puis je t'avouerai que sachant aux écoutes, cela paralyse mon éloquence; vrai, je crois toujours faire mal et que tu vas venir me demander raison de ma déloyauté. — Quel enfantillage! puisque c'est moi qui te pousse à cette comédie. — N'importe! — Eh bien! consens à me rendre le service que je réclame de ton amitié, et, certain de ta franchise, je promets de ne plus écouter et de m'en rapporter entièrement à toi!... Mieux encore, voici une lettre que je viens de recevoir qui m'appelle forcément en Picardie, où des affaires d'intérêt vont me retenir une huitaine de jours; eh bien! profite de ce temps pour tenter de nouveau l'épreuve, et comme je suis plus que certain que tu échoueras, tout sera dit alors, je serai tranquille et satisfait.

Francis se fit encore prier longtemps, puis il se rendit enfin, car c'était son désir le plus ardent, et peu après il quitta l'imprudent mari après avoir reçu ses nombreuses recommandations.

— Dercy! Dercy! c'est toi qui l'auras voulu! disait le jeune homme en s'éloignant.

Depuis quinze jours Dercy habitait Amiens, où ses affaires le retenaient, et depuis quinze jours, par la volonté de ce malencontreux mari, Francis s'était installé sous le toit de Thérèse. Thérèse qui, effrayée et se méfiant de son cœur, avait supplié le jeune homme de prendre soin de son honneur, de son repos et de s'éloigner d'elle à jamais. Prières inutiles, hélas! car Francis, vraiment amoureux, n'avait tenu aucun compte des larmes de la femme dont il se savait aimé.

— Non, Thérèse, plus de séparation, je t'aime, vois-tu! je t'aime plus que tout au monde. Ah! pitié pour un insensé qui n'a plus qu'à mourir si tu repousses son amour. Crois-moi, amie! oublie un époux indigne de ton cœur, un homme dont la jalousie fera le malheur de ta vie, un homme qui méconnaît ton cœur, qui a osé dire à un autre : Aime cette femme, séduis-la, pour que je puisse ensuite l'accabler de mon mépris! Thérèse! Thérèse! qu'il soit coupable celui qui a conçu une telle pensée!

Ainsi parlait Francis, agenouillé, suppliant, en pressant sur ses lèvres brûlantes les mains tremblantes de la jeune femme qui hors d'elle, la tête partagée, le cœur en feu, avait fini par tomber vaincue dans ses bras.

Le vingtième jour de son absence, comme il se disposait à remonter en diligence, Dercy reçut de sa femme une lettre conçue en ces termes :

« C'est en mourant de confusion que je me reconnais, monsieur, pour la plus coupable des femmes, indigne désormais de votre estime et du titre de votre épouse. Il est enfin dans mon cœur le sentiment que vous avez voulu y remettre, ce sentiment coupable que je redoutais plus que la mort, il y est dans toute sa violence, et je sens à ma honte qu'il ne s'éteindra qu'avec ma vie! Dercy! Dercy! c'est vous qui m'avez perdue, vous dont la jalousie a causé mon déshonneur! Épouse adultère, je vous fuis à jamais; je cours ensevelir ma honte dans une retraite lointaine où me conduit ma mère, à qui j'ai confié mon crime, qui voulait me maudire, et qui n'a eu que la force de me

plaindre; adieu donc pour toujours, monsieur, oubliez une femme infidèle, qui, tout en détestant son crime, ne se sent pas la force de maudire son séducteur. Adieu, priez pour moi; car mon désespoir est extrême, et je sens que je vais succomber : adieu! adieu! et pardon! »

Dercy, après avoir lu, sentit le désespoir s'emparer de son cœur, ses yeux se mouillèrent de larmes.

—Thérèse! Thérèse! s'écria-t-il douloureusement. Hélas! tu n'as donc pas su résister... Infâme Francis! ou plutôt misérable que je suis! car c'est moi, moi qui l'ai voulu, qui ai livré à la séduction la plus vertueuse des femmes... Thérèse, je suis seul coupable! je te pardonne, j'oublierai tout pour te chérir et t'honorer!....... Mais non! l'ingrate aime son séducteur, elle en convient, elle me déteste, elle me fuit, ô malheur! malheur! Et il tomba sur un siège, privé de sentiment.

Rappelé à la vie par les soins de son hôtesse, Dercy, quoique se sentant faible, fit demander une chaise de poste pour courir à Champigny. Là il ne trouva que son domestique qui lui apprit que Thérèse était partie pour Paris depuis trois jours. Il s'y fit conduire aussitôt. Sa femme n'avait pas paru à son logement.

— Où est-elle? grand Dieu! il faut que je la voie, que je lui parle, que je la maudisse!... La maudire! oh! non, puisque c'est moi qui l'ai conduite au crime, à l'adultère... Mais ce Francis, ce perfide, où le trouver pour le tuer, cet infâme? En parlant ainsi, Dercy, la tête perdue, se rendait chez la mère de Thérèse : il ne trouva personne; il apprit que la bonne femme était partie avec sa fille on ne savait pour quel endroit.

Le pauvre désespéré se décida à courir chez le séducteur de sa femme, dans l'intention de le provoquer en duel; et, cette fois encore, Dercy trouva la cage vide. Francis était parti depuis huit jours.

— Parti, parti avec elle sans doute, pour aller se livrer loin de moi à leurs criminelles amours! me braver, m'insulter!... Et nul moyen de me venger de ces misérables, fatalité!

Le même jour, Dercy, rentré chez lui, tomba dangereusement malade; il resta sans connaissance et en proie à un affreux délire, appelant Thérèse, Francis. Les soins d'un habile médecin ramenèrent enfin le malade à la raison et à la santé; puis, se sentant assez de force pour supporter le grand air, il demanda à être transporté à sa campagne.

— Baptiste, est-il venu du monde ici pendant l'absence que je viens de faire? — Non, monsieur; une lettre pour vous est arrivée ce matin. — Une lettre! donne-la-moi, Baptiste. — La voici.

Dercy s'empressa de regarder la suscription écrite d'une main qui lui était inconnue; il rompit le cachet et lut les lignes suivantes :

« Thérèse ne veut point quitter la vie avant d'avoir reçu votre pardon. Si le vœu d'une mourante a quelque puissance sur votre cœur, hâtez-vous d'accourir; car ce soir peut-être il ne sera plus temps.

» Venez donc à Meudon; c'est dans ce village que, depuis deux mois, la douleur et la mort tuent votre trop infortunée et repentante épouse. »

— Baptiste! vite le cheval et cabriolet; que je coure près d'elle pour la voir, pour lui pardonner et la ramener, s'il se peut, à la vie! s'écria Dercy après avoir lu la lettre. En moins de trois heures, il avait franchi la distance de Champigny à Meudon. C'est à l'entrée du bois qu'est située la petite maison que lui indique le post-scriptum de la lettre. Il s'y précipite, il s'annonce; une servante, à l'air triste et consterné, le conduit à un premier étage, pour l'introduire dans une chambre où il reconnaît sa belle-mère, en larmes et en prières, agenouillée devant un lit, sur lequel il aperçoit avec effroi un cadavre : celui de Thérèse.

— Hélas! vous arrivez trop tard, monsieur; il y a une heure que l'infortunée a rendu le dernier soupir en vous criant du plus profond de son cœur : Grâce et pitié! dit la vieille dame en sanglotant.

— Grâce, pitié! ah! oui, je lui accorde tout, car son repentir a effacé sa faute! répondit Dercy en se penchant sur le corps de Thérèse pour l'embrasser et le couvrir de ses larmes.

— Thérèse! pauvre femme! reprend-il en sanglotant, c'est à moi de te crier pardon et merci, à moi qui ai fait ton malheur, qui ai causé ta perte! Toi que j'ai faite riche et que j'ai tuée, grâce! grâce! Dans le ciel, où tu habites maintenant, prie pour moi!

En achevant ces dernières paroles, Dercy perdit connaissance et tomba le visage sur celui de Thérèse.

Six mois après, toujours inconsolable, n'accusant que lui du malheur de son épouse, et se sentant incapable de faire jamais le bonheur d'une femme, Dercy se fit prêtre.

Quant à Francis, douloureusement affecté du malheur causé le malheur des deux époux, ce fut sous le beau ciel de l'Italie qu'il courut pédestrement, le sac sur le dos, essayer une diversion à sa peine; là, après un séjour de six mois à Florence, il épousa un million en la personne de la veuve d'un milord.

LITTÉRATURE, HISTOIRE, VOYAGES

MOLIÈRE.

*Œuvres complètes. 6 »
Le même, relié.. 7 »
*Le même, orné de
10 grav. sur acier. 6 »
Le même, relié... 8 »

On vend séparément :

Vie de Molière...
L'Étourdi........ » 25
Le Dépit amoureux » 25
Don Garcie de Nav.
Les Préc. ridicules. » 25
L'École des maris.
Sganarelle...... » 25
L'École des femmes.
La Critique de l'É-
cole des femmes. » 25
La Princesse d'Élide
Les Fâcheux..... » 25
Don Juan........
Le Mariage forcé.. » 25
Le Misanthrope... » 25
Le Méd. malgré lui.
L'Imp. de Versailles » 25
Le Tartuffe...... » 25
Amphitryon...... » 25
L'Avare.........
Georges Dandin... » 25
L'Amour médecin.
M. de Pourceaugnac
Le Sicilien...... » 25
Mélicerte........
Pastorale comique.
Les Amants magni-
fiques........ » 25
Le Bourg. gentilh. » 25
Psyché......... » 25
Les Fourb. de Scap.
La Comtesse d'Es-
carbagnas...... » 25
Les Fem. savantes. » 25
Le Malade imagin.
Poésies div., le Val-
de Grâce, etc ... » 25
Collect. des chefs-
d'œuvre de Molière 1 »

LA FONTAINE.

*Fables.......... » 90

RACINE.

*Œuvres complètes. 2 50

On vend séparément :

Vie de Racine... » 20
La Thébaïde.... » 20
Alexandre....... » 20
Andromaque.... » 20
Les Plaideurs... » 20
Britannicus..... » 20
Bérénice....... » 20
Bajazet........ » 20
Mithridate...... » 20
Iphigénie....... » 20
Phèdre........ » 20
Esther........ » 20
Athalie........ » 20

CORNEILLE.

*Œuvres complètes. 2 50

On vend séparément :

Vie de Corneille... » 20
Le Cid......... » 20
Horace.......... » 20
Cinna.......... » 20
Polyeucte....... » 20
Le Menteur..... » 20
Pompée........ » 20
Rodogune....... » 20
Héraclius....... » 20
Don Sanche..... » 20
Nicomède...... » 20
Sertorius....... » 20
Racine et Corneille,
reliés........ 7 »

REGNARD.

*Œuvres complètes. 1 90

On vend séparément :

Notice sur Regnard.
Le Bal........ » 20
Le Joueur...... » 20
Le Distrait..... » 20
Les folies amoureuses
Le Mar. de la Folie.
Le Retour Imprévu. » 20
Les Ménechmes... » 20
Le Légataire univ..
La Crit. du Légat.. » 20
Voyages de Regnard. » 70

FLORIAN.

*Florian........ » 50

VOLTAIRE.

*Hist. de Charles XII » 70

BOILEAU.

*Œuvres poétiques. » 90

AUG. CHALLAMEL.

Histoire de France.. 4 »
Le même, relié en
toile......... 6 »

Cet ouvrage est divisé en
quatre parties qui se vendent
séparément :

*Hist. de Napoléon. 1 10
Hist. de la Révolut. 1 10
Histoire de Paris.. 1 10
Histoire de France. 1 10

BRILLAT-SAVARIN.

*Physiologie du goût 1 10

LOUIS GARNERAY.

*Voyages et aven-
tures......... 1 50
*Mes Pontons...... » 90

LAS CASES.

*Le Mémorial de Ste-
Hélène........ 5 »
Le même, relié en
toile......... 7 »

O'MEARA.

*Mémorial de Ste-
Hélène 2e partie. 4 »
Le même, relié.. 6 »

On vend séparément :

*Napoléon en exil.. 2 10
*Batailles de Napol. 2 10

BOITARD.

*Le Jard.des Plantes 4 »
Le même, relié.. 6 »

DANIEL FOÉ.

*Robinson Crusoé.. 1 30

HOFFMANN.

*Contes fantastiques. 1 10
*Contes nocturnes.. 1 10
*L'Élixir du Diable. 1 10
*Contes des frères
Sérapion....... 1 10
*Contes mystérieux. 1 10
*Le volume broché.. 4 »
Le même, relié... 6 »

Mme STOVE.

*La Case du père
Tom.......... 1 50
*Fleur de Mai.... » 50

HILDRETH.

*L'Esclave blanc... 1 10

Mme DE MONTOLIEU.

*Le Robinson suisse. 1 90

LÉON PLÉE.

*Abd-el-Kader.... 1 10

PERRAULT.

*Le Cabinet des Fées 1 10

DESBAROLLES.

*Deux Artistes en Es-
pagne........ 1 10

MICHIELS.

*La Traite des nègres » 90

CHARLES DE BUSSY.

*Histoire de Saint-
Vincent de Paul.. » 90

ACHILLE FILLIAS.

*Histoire de Suède. 1 50

HAUSSMANN.

*La Chine........ 1 70

BÉNÉDICT RÉVOIL.

*Les Aztecs...... » 70

BENJAMIN GASTINEAU.

*La France en Afri-
que........... 1 30

CHRONIQUES POPULAIRES ILLUSTRÉES

Les Chroniques de
l'Œil-de-Bœuf, par
Touchard-Lafosse. 2 vol.
brochée....... 8 »
– relié en toile. 12 »
Le même, 3 séries.
brochées...... 1 10

* Mémoires de la
belle Gabrielle, 1
vol. br........
Mém. du cardinal
Dubois, 1 v. br. 2 10
Ces deux ouvrages en 1 v.
rel. toile....... 6 »

Mémoires de Mme
Dubarri, 1 vol. 4 »
– relié en toile. 6 »
Mémoires du duc
de Richelieu. 1 vol.
broch......... 4 »
– relié en toile.. 6 »

Mémoires sur l'im-
pérat. Joséphine,
par G. Ducrest.. 2 10
*Mémoires de Mme
de Genlis... 2 10
*Mémoires contem-
porains...... 2 10

DIVERS

*Le Livre de la jeu-
nesse, illustré par Ber-
tall, Foulquier et G.
Janet, contenant : Fa-
bles de la Fontaine, Fa-
bles de Florian, Fabu-
listes populaires, Œuvres
de Boileau, Histoire de
Charles XII, Nouvelles
genevoises, Broché, 4 fr.
Relié.......... 6 »

*Les Robinsons, illus-
trés par Janet-Lange, Ber-
tall et Foulquier, conte-
nant : Robinson Crusoé,
Robinson suisse, Robin-
son américain, le dernier
Robinson, 1 volume orné
de 120 gravures. Bro-
ché........... 4 »
Relié.......... 6 »

*Le Cuisinier impé-
rial, par Viart, Fouret
et Délan, hommes de
bouche, 27e édition aug-
mentée de 300 articles
nouveaux et du Glacier
impérial, par Bernar-
di, officier de bouche,
encyclopédie culinaire.
1 fort volume cartonné.
Prix.......... 6 »

CLICHÉS DE GRAVURES

LE CENTIMÈTRE CARRÉ :
en plomb.... 0.15
en galvano... 0.20